Empreliderazgo

Empreliderazgo

*20 años de sabiduría práctica haciendo
negocios desde las trincheras*

Dave Ramsey

HOWARD BOOKS
New York   Nashville   London   Toronto   Sydney   New Delhi

Howard Books
Una división de Simon & Schuster, Inc.
1230 Avenue of the Americas
New York, NY 10020

Copyright © 2011, 2012 por Dave Ramsey

Traducido del inglés por Juan Manuel Pombo

Todos los derechos están reservados, incluido el derecho de reproducción
total o parcial en cualquier forma. Para obtener cualquier información
diríjase a: Howard Books Subsidiary Rights Department,
1230 Avenue of the Americas, New York, NY 10020

Primera edición en rústica de Howard Books, mayo 2012

HOWARD y su colofón son sellos editoriales de Simon & Schuster, Inc.

Para obtener información respecto a descuentos especiales en ventas al
por mayor, diríjase a Simon & Schuster Special Sales al 1-866-506-1949
o business@simonandschuster.com.

La Oficina de Oradores (Speakers Bureau) de Simon & Schuster puede
presentar autores en cualquiera de sus eventos en vivo. Para más información
o para hacer una reservación para un evento, llame al 1-866-248-3049
o visite nuestro website en www.simonspeakers.com.

Diseñado por Davina Mock-Maniscalco

Impreso en los Estados Unidos de América

10 9 8 7 6 5 4 3 2 1

ISBN 978-1-4516-2421-2

*A los hombres y las mujeres del equipo
de Dave Ramsey.
Su dedicación cuando se trata de realizar
las "tareas que importan" y hacerlas
con excelencia sin perder el amor de unos por otros,
me inspira todos los días.
Louis Falzetti, Matt Woodburn y Bill Hampton, mi
pandilla de hermanos, ustedes han
sido verdaderos amigos, camaradas y guerreros.
Equipo querido, juntos hemos
construido algo muy extraño; sigamos respirando ese
"aire extraño".*

Agradecimientos

Tantas manos han contribuido a sacar adelante el proyecto de este libro que sería imposible hacer una lista adecuada y por tanto dar las debidas gracias. Igual, quiero extender mi gratitud a todos aquellos que contribuyeron con su esfuerzo a empujar y sacar adelante este proyecto desde el primer día.

En el equipo de Simon & Schuster:

Carolyn Reidy, por haber creído que saldríamos con algo grande

Liz Perl, genio del mercadeo

Jonathan Merkh, quien jamás aceptaría un "no" por respuesta

Becky Nesbitt, fabuloso editor que se hizo amigo en el proceso

En el equipo de Dave Ramsey:

Sharon Ramsey, mi primera y única socia, consejera, amiga y esposa

Bill Hampton, punta de lanza de todo el proyecto

Allen Harris, enorme ayuda con la redacción y edición

Jen Sievertsen, nuestro genio del mercadeo

Brian Williams, video *cum laude*

Daniel Bell, diseño gráfico y arte de la cubierta

Blake Thompson, producción radial

Preston Cannon, coordinador del proyecto

Beth Tallent, publicidad

Y tantos otros que es imposible mencionarlos a todos

Nota al lector

Las historias, los nombres y las circunstancias a las que se alude en este libro provienen de veinte años en las trincheras. Tales historias, nombres y circunstancias fueron modificados para proteger a las personas implicadas sin por ello dejar de ser fieles al punto en cuestión o la lección aprendida. De manera que si alcanzó a pensar que hablaba de usted, como dice Carly Simon en su canción: "You're so vain . . ." (Usted es tan presumido...).

Contenido

Introducción

Así empieza la cosa

¿Ha pasado por la experiencia de verse en la quiebra? Quiero decir, ¿se vio alguna vez sin tener con qué pagar la cuenta de la luz hasta que se la cortaron o estuvo a pocos días de que le embargaran la casa por demorarse en pagar la hipoteca o padeció porque no sabía cómo darle de comer a sus hijos? Bueno, yo sí.

¿Ha estado *quebrado*? Quiero decir, ¿se propuso alguna vez hacer realidad sus sueños, montó una empresa y durante un tiempo todo parecía marchar de maravilla hasta que un buen día ciertas cosas empezaron a ocurrir? Sí, ese momento en el que cosas malas empiezan a ocurrir y que, no importa qué tan duro trabajemos o qué tan listos seamos, el sueño se convierte en una pesadilla. Ese momento cuando a pesar de que hemos invertido en ello hasta la última gota de todo lo que emocional, espiritual, intelectual, financiera y físicamente somos, igual de pronto el tal sueño se da contra un muro y se desintegra. ¿Ha caído así, de bajo, en ese sentido? Yo sí.

Hace más de veinte años me dispuse a hacer realidad el sueño americano de crear y dirigir mi propia empresa. Siendo un hombre joven emprendedor con apenas veintitantos años, levanté un negocio de inversión en propiedad raíz con rapidez. Empecé de cero y a los veintiséis años ya tenía más de cuatro millones de dólares invertidos en propiedad raíz con un valor neto de más de un millón de dólares. Éramos propietarios y/o administrábamos cientos de unidades de alquiler, dirigíamos tres equipos de remodelación y pronto habíamos creado nuestro pequeño imperio. Sin embargo, levanté el negocio asumiendo demasiadas deudas y lo administré y dirigí mal. Nuestra principal entidad crediticia fue vendida a un nuevo banco y éste, tras examinar nuestra situación, tomó la aciaga decisión de limitar sus riesgos reclamando todos nuestros pagarés... todos al mismo tiempo. Los siguientes dos años los pasé perdiendo todo lo que poseía. Nos entablaron un millón de demandas y nos ejecutaron en múltiples ocasiones hasta que, por último, quebré. Allí estaba, con un bebé recién nacido y otro que daba sus primeros pasos, el matrimonio colgando de un hilo, convertido en un hombre quebrado y destrozado. Estaba tan asustado y maltrecho que me rendí. Total y completamente.

Pero este no es un libro sobre cómo recuperarse de un descalabro; aunque si usted piensa liderar y/o ser dueño de su propia empresa, igual aprenderá tales lecciones de a poco o, tristemente, a lo grande. Con todo, le convendrá llegar a conocer la raíz, el ADN de nuestro tremendo éxito en todas las áreas de nuestro actual negocio en los ya más de veinte años que siguieron a la debacle. Mi rendición total tras mi fracaso está a la base de nuestro colosal éxito hoy por hoy.

Hoy en día contamos con un equipo de cientos de miembros, millones de clientes y decenas de millones de dólares en ingresos. Nuestra compañía tuvo orígenes muy humildes en torno a una mesa de juego en mi sala de estar después de mi total fracaso a los veinte y pico de años. Este libro es nuestro cuaderno de estrategias. Les presentaré los mismos métodos que utilizamos no solo para alcanzar niveles inusuales de éxito financiero, sino, más importante, para derivar enorme satisfacción y alegría de nuestro negocio. El meollo del asunto es que es posible triunfar en los negocios y divertirse de lo lindo en el intento.

Lo que ahora empieza usted a leer no es un libro *teórico* sobre negocios y liderazgo. No será un libro con fórmulas que son el resultado de investigaciones. Es un libro con principios que se descubrieron gracias a la *experiencia*. Si examina con atención estas páginas, verá que están manchadas con grandes cantidades de gotas de sangre, galones de sudor y muchas lágrimas. Se trata del íntimo cuaderno de estrategias de un *emprelíder* superexitoso. Está usted por aprender de mí y de mi equipo de líderes lo que nosotros hemos aprendido HACIÉNDOLO. Somos profesionales prácticos. Es probable que una vez termine de redactar este capítulo me dirija a una reunión de mercadeo o a una cita con un miembro complicado del equipo o a una sesión de intercambio de ideas sobre cómo prestarles a nuestros clientes un servicio de mayor excelencia. En efecto, yo hago esto de "triunfar en el negocio" todos y cada uno de mis días.

Rendición

Entonces, ¿qué papel juega la rendición en nuestro éxito? Mi quiebra fue de tales dimensiones y estuve tan destrozado que, en el fondo de esa hondonada, mi fe personal ganó dramáticamente en profundidad. Como cristiano, tomé la decisión de conducir todos los aspectos de mi vida tan consecuentemente con la Biblia como me fuera posible. Epa, no se me asuste. No está a punto de cruzar el umbral que conduce a la teología cristiana. Prometo no machacarle mi fe en las páginas que siguen. Sin embargo, sí resulta importante señalar que, al empezar de nuevo y abrir nuestro nuevo negocio, decidí que seguiría el espíritu y la orientación de las Sagradas Escrituras para manejar nuestro negocio. Estoy convencido de que tales principios, entretejidos en las páginas a continuación, son la razón de nuestro triunfo.

Incluso si usted no es una persona de fe, tendrá que creer en el trabajo duro o jamás triunfará. Tendrá que creer en tratar a la gente como quisiera que lo traten a usted o no triunfará. Comprenderá, en la medida que yo vaya desempacando los principios que nosotros seguimos, que estos se parecen mucho al mero sentido común. Muy pocas cosas de las que hacemos pueden considerarse místicas o extrañas, a no ser que triunfemos. Así, sea usted o no una persona creyente, coincidirá y asentirá con nosotros a medida que lee este libro.

Al comenzar

Iniciamos nuestro negocio de educar a la gente en la manera de manejar su dinero alrededor de una mesa de juego en nuestra sala de estar. Empezamos impartiendo orientación individualizada y algunos encuentros a modo de charlas. Cuando ocupamos todas las horas de todos los días, decidimos contratar a nuestro primer empleado. Contraté nuevos empleados pero, la verdad, yo no quería empleados. Hasta donde yo sé, los empleados llegan tarde al trabajo, salen temprano y roban en el entretanto. Ninguno trabaja tan duro ni con tanto esmero como yo lo hago. De manera que me opuse a establecer el modelo y las relaciones que se consideran normales con un empleado. Soy una persona emprendedora, de modo que quería que mis empleados participaran de ese espíritu. Mi desencanto frente a la mentalidad estándar del empleado es tal, que dejé de usar la palabra "empleado". Los llamo miembros del equipo, y lo digo en serio. Hago que nuestros líderes y equipo hablen de "miembros del equipo". Pero lo verdaderamente extraño es que en efecto exigimos que se comporten como miembros de un equipo... como parte de un equipo. En nuestra organización queremos gente generosa, que entregue de sí, no queremos gente interesada solo en sí misma. Esta última, de hecho, abandona pronto nuestro grupo porque no logra integrarse.

Así fue que contraté los servicios de mi primer miembro del equipo, Russ Carroll, para que me ayudara con la carga de la orientación financiera. Pasamos nuestro escaso mobiliario de la sala de estar a un camión de acarreos y luego nos dirigimos a nuestra primera pequeña oficina. Recuerdo haberme golpeado los nudillos contra la puerta mientras cargaba un escritorio al camión. Dicho escritorio todavía está en nuestras oficinas y es probable que todavía se vea la mancha de sangre.

Contratamos una señora para que trabajara como secretaria, contadora, recepcionista y toda las otras tareas que fueran necesarias. A punta de largas horas de trabajo, grandes incertidumbres y pasión, poco a poco empezamos a crecer. Levantamos cabeza más o menos un año más tarde para ver que ya constituíamos un equipo de siete y que nos habíamos mudado a una oficina mejor y un poco más grande. Por entonces todavía intentábamos salir adelante sin mayor ayuda de nadie. Fue en este punto, con siete miembros del equipo a bordo, cuando empecé a comprender que necesitaba capacitar a otras personas para que me ayudaran a dirigir el negocio. Una idea aterradora. Como casi todo joven empresario, confiaba plenamente en mi capacidad para realizar bien mi oficio y me sentía perfectamente capaz de motivar y dirigir gente que a su vez me informaría a mí para que así se realizara bien el trabajo. La idea de delegar un poco de control y permitir que otra persona pudiera dirigir, realmente me llenaba de incertidumbre. Dividimos nuestra compañía en tres departamentos (que más tarde se convertirían en divisiones) y empecé a invertir horas y horas en las tres personas que lideraban esos tres departamentos. Mi meta era que llegaran a saber exactamente qué haría yo en cualquier situación y momento dado. El proceso de instruir a aquellos jóvenes para convertirlos en los líderes que necesitábamos fue lento y exhaustivo. Sin embargo, mi fe en aquellos hombres no dejó de crecer todos y cada uno de los días durante los veinte años que nos separan de aquel entonces, y hoy, tras haber luchado y derramado sangre juntos, algunos de ellos se encuentran entre mis mejores amigos y más fieles consejeros.

A medida que continuamos creciendo, llegó la hora de formar más líderes. Al llegar a ese punto, ya no disponíamos del tiempo que tuvimos mis tres vicepresidentes ejecutivos y yo al comenzar, de modo que necesitábamos otro plan. Cuando en duda, el maestro enseña. Soy un maestro. Dado que todos los días educo gente en el buen uso de su dinero, decidimos que lo primero que debíamos hacer para formar líderes era dictar una clase. Empecé dando una clase sobre nuestro cuaderno de estrategias culturales y operativas. La clase era todos los martes, de cinco a seis de la tarde. Dado que cerrábamos nuestras oficinas a las cinco y media, aquellos miembros del equipo que querían aprender cómo manejábamos y ampliábamos nuestro negocio podían hacerlo invirtiendo treinta minutos de su tiempo, y yo treinta del mío. Para comenzar, se acercaron entre diez y veinte personas. Luego, mi equipo empezó a preguntarse si sería posible la asistencia de cónyuges, pastores, amigos u otros miembros de la familia, ya que el contenido de las clases era, y sigue siendo, tan rico. Como el curso lo dictábamos fundamentalmente a partir de fotocopias y era fácil agregar gente, resolvimos que quien así lo quisiera sería bienvenido. Tras enseñar mi material un par de veces, observamos que en efecto estábamos formando líderes seguros de sí mismos y competentes. Antes de que nos diéramos cuenta, cerca de cien personas estaban asistiendo... y casi todos ni siquiera trabajaban para nosotros.

Nace el cuaderno de estrategias

Algunas veces no soy tan listo como creo, pero igualmente comprendí que mucha gente anhela aprender a dirigir bien sus propias empresas, y que necesitábamos ampliar nuestra clase. Entonces, empezamos a dar (y cobrar por) un apretado curso de una semana que hoy llamamos *The EntreLeadership Master Series*. La respuesta fue voluminosa y en último término se convirtió en la razón detrás de este libro. En los capítulos a continuación trabajaremos juntos a lo largo de nuestro cuaderno de estrategias. Un cuaderno de estrategias que condujo a un éxito increíble, un cuaderno de estrategias que nació en medio del dolor... un cuaderno de estrategias que se redactó cubriendo error tras error, uno por uno. Nuestro equipo campeón no es resultado de un accidente. Hemos creado deliberadamente una cultura, un sistema de valores y unos principios operacionales que hacen que triunfemos. La gran mayoría de las jugadas en el cuaderno de estrategias surgen de nuestros errores. Metimos la pata, la metida de pata nos causó dolor y juramos no volver a ser golpeados del mismo modo.

Cometer errores y aprender de ellos es fundamental para triunfar. Aprender de los errores de los demás es menos doloroso. Ya lo dijo Henry Ford: "Quienes jamás cometen errores, trabajan para bien de nosotros, que sí los cometemos".

Fue con este espíritu, con esta actitud, que se construyó Estados Unidos, y es este mismo espíritu el que ahora lo lleva a usted a abrir este libro. Si siente alguna afinidad con lo que he dicho o quiere sentirla, continúe conmigo que yo le indicaré cómo triunfar.

1
¿Qué quiere decir empreliderazgo?

Desde la ventana de mi oficina privada observaba la salida del sol. Llegué allí sumamente temprano porque no había podido dormir y necesitaba un par de respuestas. Se había hecho oficial que nuestro negocio me estaba quedando grande y el asunto me daba pánico. Tendría que sumarle a la empresa unas cuantas franjas más de puestos de liderazgo, cosa que me obligaba a delegar, a ceder el control o sufrir el riesgo de no progresar. El problema parece sencillo, pero resulta que soy un maníaco *cum laude* del control, de manera que delegar tareas y responsabilidades a otros no se me dá fácil.

Aquellos de nosotros que provenimos y nos formamos a partir de pequeños negocios, siempre nos encargamos de amontonar una sobre la otra nuestras propias cajas, de contestar nuestros propios teléfonos y atender a cada uno de nuestros clientes. Asegurarnos de que las cosas del negocio se hagan tal y como nosotros las hacemos es un asunto que importa *mucho* a tipos como nosotros, o como yo. Nada de programas de esos de capacitación corporativa con guiones mediocres sobre cómo hacer las cosas que luego unos maniquíes repiten como loros dejando al cliente con la sensación de que algo postizo acaba de ocurrir. No señores, los tipos como yo queremos que todo el mundo con el que entramos en contacto *sienta* nuestro sueño. Queremos y exigimos que los clientes tengan una experiencia real y verdadera. Muchos hemos pasado por el mundo corporativo... y no nos gustó. Queremos algo que nos parezca real, a nosotros, a nuestro equipo y a nuestros clientes. De manera que la carga emocional de delegar, de dejar algo en manos de otro es muy alta... porque la persona a la que encargamos el área en cuestión debe respirar el aire igual que nosotros.

Tras haber aconsejado y capacitado individualmente a lo largo de varios años a mis primeros tres líderes clave, empecé a vislumbrar los beneficios de formar compañeros que tuvieran fe en la misma causa. Pero este método cuerpo a cuerpo, uno a uno, resultaba demasiado lento e impedía el progreso de nuestra empresa. Necesitaba nuevos líderes y los necesitaba antes de tres años. Entonces, para formar nuevos líderes, mi equipo y yo nos dispusimos a dictar cada uno una clase que desde entonces se convirtió en nuestro cuaderno de estrategias en lo que concierne hacer negocios y hacerlos a nuestra manera. Con nuestros líderes discutimos, criticamos y nos aconsejamos a diario... y de manera muy deliberada. Pero en la base de todo el asunto está el curso de empreliderazgo.

¿Qué es un emprelíder?

Se han escrito toneladas de libros sobre cómo formar líderes. Hay líderes famosos de todas las profesiones y condiciones sociales de cuyos principios de liderazgo he aprendido mucho. Entonces, estaba allí sentado aquella mañana indagando por una manera de comunicarle a nuestros siguientes nuevos líderes qué era lo que queríamos que hicieran, cuando se me ocurrió que la cosa podía ser tan sencilla como enseñar el liderazgo.

¿Qué es un líder?

Cuando doy este curso en vivo y en directo, le pido a mi audiencia que imagine el rostro de un líder maravilloso. Luego les pido que escriban una palabra que describa las cualidades de la personalidad y el carácter de dichos líderes. ¿Qué palabra describe mejor la personalidad de un gran líder? Al hacer lo anterior siempre surgen cualidades como las siguientes:

- íntegro
- apasionado
- servicial
- fiel
- humilde
- buen escucha

- visionario
- influyente
- decidido
- motivado
- disciplinado
- carismático

Todas, en conjunto, parecen constituir una buena definición de liderazgo. Me parece interesante ver cómo la mayoría de nosotros podemos elaborar una lista indicando las características que nos gustarían en nuestro líder, pero no las aplicamos a nosotros mismos. ¿Se ha preguntado alguna vez qué tipo de líder quieren los miembros de su equipo? Si quiere dirigir o formar o reclutar líderes, tanto ellos como usted deben poseer las cualidades personales arriba mencionadas. Todos disponemos de algunas de estas cualidades y otras tantas sobre las que todavía podríamos trabajar. Lo importante aquí es recordar que esas mismas cosas que queremos en un líder son exactamente las mismas que la gente que dirigimos espera de nosotros. Cada día que pasa debemos incorporar de manera deliberada cada una de esas virtudes para bien de nuestro propio crecimiento y el de nuestra empresa: en la medida que dejemos de hacerlo, dejamos de cumplir con nuestro liderazgo.

¿Qué tanto importa el título de un texto, un curso, cualquier cosa?

Así, mientras estaba allí sentado en mi oficina viendo salir el sol, redactando lo que sería mi primera lección y pensando en cómo titular nuestro curso en liderazgo, di con un obstáculo. Sé muy bien que el título debe indicar de alguna manera el contenido del material a tratar. Pero cuando pensé llamar este material "liderazgo", sabía que no era el nombre correcto por la sencilla razón de que los negocios implican muchas cosas más que mero liderazgo y teoría del liderazgo. He atendido "cursos de gestión" y "seminarios de liderazgo" y para una persona práctica, que le gusta hacer cosas, como yo, no fueron suficientes. Algo aprendí, por supuesto, siempre aprendo, pero aquellas clases giraban demasiado en torno a conceptos abstractos para un tipo que ha amontonado sus propias cajas y contestado su propio teléfono. Concluí que no quería formar mi negocio solo y simplemente con líderes... aquello me parecía demasiado árido, demasiado teórico para un hombre emprendedor como yo, un empresario.

Empresario

Quizá lo que quería era formar empresarios. Quizá lo que quería era una compañía llena de "pequeños yo", mini Dave Ramseys. Después de todo, cuando pensamos en un empresario, ¿qué palabras nos vienen a la cabeza para describir a ese animal?

- intrépido
- original
- visionario
- decidido
- apasionado
- valiente
- ambicioso
- motivado
- cree en el trabajo duro
- aprende rápido
- creativo
- pionero

Pero pensando en lo que puede ser un empresario puro, no me tomó más de tres segundos resolver que no quería formar una compañía llena de tipos como nosotros los empresarios. Dirigir un grupo así sería tan difícil como arrear gallinas o clavar gelatina contra una pared. Ciertamente quisiera que el espíritu empresarial esté entretejido en nuestro ADN cultural, pero un edificio entero lleno de gente así realmente no sería un buen plan.

De manera que formar líderes me parecía demasiado refinado y tranquilo, pero formar empresarios demasiado alocado y caótico. Así estaban las cosas cuando resolví que lo que necesitábamos era formar una combinación de las dos cosas... y de esa manera llegó al mundo el emprelíder. Quiero emprelíderes que puedan ser:

- servidores apasionados
- visionarios motivados
- inconformes íntegros
- ambiciosos pero fieles

- intrépidos disciplinados
- gente que aprende e influye
- valientes humildes

¿Me voy explicando? Queríamos el poder personal del empresario pero pulido y alentado por el deseo de ser un líder de calidad. Queríamos grandes líderes con la pasión y el empuje del empresario. Estas son las cualidades que buscamos en un posible líder y las que intencionalmente fomentamos día a día en nuestro equipo para ayudarnos a triunfar.

Las palabras sí importan. De modo que cuando aquí llamamos a alguien "miembro del equipo", eso significa algo; no se trata de un mero programa corporativo de recursos humanos que intenta hacer sentir mejor a una manada de esclavos y tontos cambiando un par de palabras. Significa que será tratado (y se espera que actúe) como quien en efecto es parte de un equipo. Cuando decimos que alguien es un emprelíder, decirlo significa algo. Significa que esa persona es algo más que un llanero solitario renegado y algo más que un burócrata corporativo que trata a su gente como unidades de producción.

Definición

El diccionario *Webster's* define *leader* (líder en inglés) así: "persona que gobierna, conduce e inspira a otros". El mismo diccionario nos dice que un *entrepreneur* (empresario en inglés) es "alguien que organiza, opera y asume los riesgos de una empresa". La palabra *entrepreneur* en inglés proviene del francés *entreprendre*, que significa "tomar un riesgo" y por extensión "quien toma un riesgo". De modo que, para lo que aquí concierne, vamos a definir empreliderazgo como "el proceso de liderar para lograr que un empeño o empresa crezca y prospere".

Una vez alcanzamos la definición y el título para nuestro curso, teníamos que determinar los componentes de nuestro cuaderno de estrategias. Empezamos por hacer una lista de aquellas cosas esenciales que considerábamos debían saber hacer nuevos emprelíderes en formación sobre cómo poner en marcha, operar y liderar un negocio tal y como nosotros lo hacíamos. Dado que somos prácticos, terminamos tratando asuntos mecánicos como la contabilidad y los contratos. Dado que también nos preocupa mucho el asunto de nuestra *cultura*, nos veíamos obligados a explicar cómo se logra formar, motivar, compensar y unificar un equipo. Dado que también somos *vendedores*, sabíamos que teníamos que vender algo para que todos pudiéramos comer. De manera que nuestro cuaderno de estrategias realmente se ha convertido en algo así como "todo lo que usted quería saber sobre cómo desarrollar y dirigir un negocio pero no sabía a quién preguntarle".

Los principios básicos del empreliderazgo

Empecemos por el comienzo: su espejo. John Maxwell ha escrito un maravilloso libro sobre el liderazgo titulado *Las 21 leyes irrefutables del liderazgo*. En ese libro, John discurre sobre una de sus leyes, la que llama la ley de la tapa. En último término, lo que dice es que mi organización y mi futuro tienen una tapa y que esa tapa soy *yo*. Yo soy el problema de mi compañía y usted de la suya. Nuestra educación, carácter, capacidad, habilidad y visión limitan nuestra empresa. ¿Quiere saber qué está impidiendo que sus sueños se hagan realidad? Vaya y mírese en el espejo.

Cuando empecé a dirigir gente y tenía poco más de treinta años, fui un líder espantoso. Mi ambición y empuje me llevaban a cumplir la tarea para luego recoger los pedazos. Una fría mañana de invierno, cuando contábamos con cerca de catorce personas en nuestro equipo, me enojé porque la gente estaba llegando tarde al trabajo. No lo entiendo, pensaba, y les decía: lleguen temprano a trabajar como lo hago yo; no me lleguen aquí veinte minutos tarde arrastrando los pies y murmurando no sé qué cosas sobre el tráfico. He notado que hay menos tráfico antes de que salga el sol. Lleguen a tiempo a trabajar. Para eso les pago, de modo que cuando llegan tarde simple y llanamente me están robando.

Estábamos en las primeras etapas y cada venta significaba nuestra supervivencia. Todo cliente era un gran acontecimiento y cada uno de los miembros del equipo tenía por lo menos tres trabajos. No me cabía en la cabeza que esta gente que yo había contratado no entendiera que si aflojaban el ritmo perderían sus puestos porque quebraríamos todos. Metan el hombro, compadres, les dije, furioso. Algunas veces es bueno enojarse, pero lo que hacemos por ira puede tener consecuencias duraderas. No me enorgullezco de lo que sigue, pero el hecho es que aquella mañana de lunes, para realizar la reunión del personal saqué catorce sillas a la acera a una temperatura de menos nueve grados Celsius. Les di una charla sobre la importancia de llegar a tiempo al trabajo y les advertí que, si cada uno de nosotros no hacía el trabajo de dos, todos íbamos a terminar "en la calle".

Sé que aquellos de ustedes que han liderado gente y por tanto padecido mi frustración se estarán riendo en este momento, pero igual les diré que liderar recurriendo al miedo y la ira no es liderar... eso no es más que mala crianza para niños de dos años. Y si dirigimos así, nuestra compañía tendrá el desempeño de niños asustados de dos años. Todavía hoy suelo despachar periódicamente ante nuestro equipo aquel mensaje sobre nuestras expectativas de trabajo duro, pero hoy por hoy dicho mensaje está mucho más pulido y jala en vez de empujar a los miembros de nuestro equipo.

De manera que el problema con mi compañía, en aquel entonces y ahora, soy yo. El problema con su compañía no es la economía ni la falta de oportunidades ni su equipo. El problema es usted. He ahí la mala noticia. Ahora, la buena es que, si uno es el problema, también es la solución. Cada uno de nosotros es la persona que más fácil podemos cambiar. Podemos optar por progresar. Por desarrollar nuestras habilidades, fortalecer nuestro carácter, educación y capacidad. Podemos tomar la decisión respecto a quiénes queremos ser y ponernos en ello, en convertirnos en esa persona que queremos ser.

Un día, mientras dictaba esta lección a un grupo de emprelíderes, durante uno de los descansos un señor llamado George se me acercó para decirme que yo estaba equivocado. Me explicó que él se dedicaba a la construcción de muros y que, lo sabía a ciencia cierta, no había nadie en el oficio que valiera la pena contratar. Todos eran una manada de vagos y flojos que no trabajaban y que, cuando lo hacían, lo hacían mal. Ahí estaba pues, de pie frente a mí con la cara encendida explicándome que el problema con su negocio eran sus espantosos empleados. La cara de este enorme y duro hombre del mundo de la construcción se encendió aun más cuando le dije que la culpa de sus obreros "tontos" era él. "¿Cómo así?", me preguntó con cierta hostilidad. Mi respuesta fue sencilla: para empezar, él contrató a los tontos y peor aun, siguió con ellos. Sus empleados son su problema. George continuó alegando que con los sueldos que él pagaba no podía atraer precisamente a genios. Es tu culpa, George, le dije. Paga más, cosa que quizá implique que tendrás que cobrar más, cosa que podrías hacer si no te pones a explicar el por qué de la mala calidad del trabajo y el drama incesante que implica tener tontos en tu empresa. Los problemas en tu empresa son culpa tuya. Esa es, una vez más, la buena y la mala noticia.

A continuación les brindo una comparación de primera mano que viene bien para ilustrar aquello de lo que estoy hablando. En una misma semana nuestro equipo asesoró a dos tipos distintos, ambos en el negocio de la jardinería paisajista y ambos en el mismo sector de la ciudad. Uno de ellos estaba cerrando el negocio porque no le alcanzaba para ganarse la vida, alegando que "nadie podía ganarse la vida con la economía en tan mal estado". El otro, por el contrario, pasaba por el mejor año en ingresos de toda su vida. Ambos estaban en el *mismo* negocio y en el *mismo* sector de la ciudad. ¿Cuál era la diferencia? Ya van viendo por dónde van los tiros, ¿verdad? El problema era el tipo al timón. La persona que está al mando del barco, una de dos: es capitán o no es capitán. Y es uno quien decide qué es lo que quiere ser. Empezando ya: en sus marcas, listos, ¡ya!

De arriba abajo

Para continuar incentivándolo en esto de hacerse emprelíder, necesita saber que lo que quiera que ocurra en la cabeza de la organización afectará a todo el cuerpo. En la Biblia se dice que el óleo precioso desciende por la barba. En los tiempos del Antiguo Testamento, cuando alguien era declarado rey, los israelitas solían verter aceite (en grandes cantidades) sobre la cabeza de dicha persona. El aceite simbolizaba el espíritu de Dios que se vertía sobre la cabeza del líder. El copioso aceite vertido sobre la cabeza caía sobre el pelo, luego rodaba por las barbas y por último por el resto del cuerpo simbolizando que así como le fuera al rey le iría al reino. Una magnífica imagen para recordarnos que, en tanto "reyes" de nuestros negocios, nuestras fortalezas personales serán las de nuestras compañías y sí, en efecto, nuestras debilidades también serán las de la compañía.

Yo me formé en ventas, por ende nuestra compañía siempre se ha destacado en eso, mercadeo y ventas. Soy muy emprendedor, de manera que mi compañía tiende a ser impulsiva y demasiado presta a actuar. Hemos tenido que contrarrestar lo anterior contratando, pagando y formando miembros del equipo que piensan y actúan de manera más estratégica. Es decir, hemos tenido que trabajar con nuestras fortalezas naturales y en contra de nuestras debilidades naturales. Todo por mi culpa.

Hablé con un multimillonario que había heredado la compañía de su padre. Este exitoso e inteligente emprelíder, en apenas una década, había hecho de la empresa de su padre, valorada en mil millones de dólares, una de tres mil millones. Había sido más exitoso que su padre y sin embargo le guardaba un enorme respeto y gratitud al mismo. Me explicaba que las fortalezas de su padre, fundador de la compañía, solo podían llevar la compañía hasta cierto punto y que nuevos enfoques fueron necesarios. En sus palabras, "la rara brillantez del fundador solo podía conducirnos hasta cierta distancia".

Los emprelíderes son poderosos

Para ser un verdadero emprelíder debemos comprender que tenemos enorme poder, pero lo usamos poco. Tener mucho poder y manejarlo como una herramienta es lo que un verdadero emprelíder hace. Cuando alzamos la pluma sobre el cheque de la paga —que también implica el derecho a despedir a un equipo— tenemos poder sobre las vidas implicadas. Se trata simplemente del poder que nos confiere nuestro cargo. Pero si lideramos solo con este tipo de poder, no somos más que un simple jefe. Y cualquier idiota puede asumir el papel de Barney Fife.* "Jefe" es el jovencito en un McDonald's que lleva allí una semana más que todos los demás y entonces el gerente del local le concede un aumento de veinticinco centavos de dólar por hora y lo asciende poniéndolo a cargo de las papas fritas. Y luego se convierte en el nazi de las papas fritas: el cargo le da poder y lo usa.

En efecto, yo mismo alguna vez fui ese tipo durante un par de semanas. A los veintidós años estaba vendiendo bienes raíces en una subdivisión nueva de una gran empresa constructora de vivienda a nivel nacional. Vendía más que todos los demás miembros del equipo, de manera que tomaron la estúpida decisión de ascenderme a gerente de ventas. Inmediatamente me convertí en el gerente de ventas nazi que dirigía a todo el mundo por ahí, incluso a aquellos que ni siquiera debían rendirme informe a mí. No pasaron más de tres semanas antes de que echaran para atrás mi ascenso y me pusieran de vuelta donde me correspondía: en ventas. Durante las tres semanas en ejercicio de mi cargo perdí varios amigos y maltraté relaciones porque confundí tener un *puesto* o un *cargo* con el verdadero liderazgo. Tener hijos nos no hace buenos padres... solo significa que tuvimos relaciones sexuales con alguien. Eso es todo.

Un emprelíder comprende que, en último término, el único poder al que puede recurrir para formar un equipo de calidad es el poder de la persuasión. La persuasión es como *jalar* la cuerda

---

mientras que ejercer el poder que nos otorga el cargo es como *empujar* la cuerda. Todos sabemos que es imposible empujar una cuerda. Si queremos *empleados*, dediquémonos a mangonearlos; si queremos *miembros de un equipo*, expliquemos por qué hacemos lo que hacemos. Si persisten en no hacer lo que les pedimos, expliquémosles una y otra vez más. Ahora, si simplemente quieren llevar la contraria, entonces tendrán que trabajar en otro lado. Pero lidere sin recurrir a amenazas y al miedo.

Tengo tres hijos encantadores y mi esposa y yo los hemos disfrutado en todas y cada una de sus edades. He escuchado a muchos padres gemir y quejarse respecto a los años de la adolescencia, sin embargo, nosotros gozamos con su adolescencia y tuvimos unos buenos (no perfectos) adolescentes. Buena parte de nuestro éxito se debió a una cuestión de mando y liderazgo. Descubrí que los jóvenes de catorce años padecen múltiples trastornos de personalidad. Dentro de sus pequeños cuerpos en crecimiento conviven dos personas: un crío de cuatro años y un adulto de treinta y cuatro. El problema, en tanto padres, es que nunca sabemos cuál de las dos va a surgir en un intercambio dado. Los adolescentes desean desesperadamente ser tratados como adultos, pero con frecuencia son incapaces de comportarse así. Resolví preguntarles a mis hijos adolescentes con cuál de las dos personas iba a conversar: ¿el niño de cuatro o el adulto de treinta y cuatro? Porque, si me disponía a hablar con la criatura de cuatro, simplemente les decía lo que debían hacer y, si no lo hacían, tendrían problemas con sus padres. Como dijo Bill Cosby: "Yo te traje a este mundo, de manera que puedo echarte y hacer otro igualito a ti". Eso es lo que yo llamo liderazgo a partir de una posición de autoridad, pero si recurro a ello con mi hijo adolescente o con mi equipo de trabajo, no estoy construyendo para el futuro. Es probable que consiga lo que quiero en ese momento, pero no los estoy preparando para desempeñarse cuando yo voltee la espalda. Ahora, si estaba hablando con el adulto de treinta y cuatro años, podía explicarle a mi hija por qué no podía quedarse hasta las dos de la madrugada, fumarse un porro y quedar embarazada: porque al hacerlo destruiría su vida. Soy más viejo y más sabio y por tanto puedo convencerlos de que se comporten respetando ciertos límites para así alcanzar nuestras metas. Si logro persuadirlos, he construido para nuestro futuro; todos llegaremos allí donde de otro modo no podríamos llegar.

Lo curioso es que, a pesar de que el liderazgo mediante la persuasión toma más tiempo y, en ese momento, mayor esfuerzo por refrenarnos, a la larga resulta mucho más eficaz. Cada vez que les explicamos *por qué* a los miembros de nuestro equipo o a nuestros hijos, mejor equipados quedarán para tomar la misma decisión la próxima vez que no cuenten con nosotros. No tendremos que vigilar todos sus movimientos, no será necesario que marquen tarjeta ni nos veremos obligados a implantar un chip GPS en sus pellejos porque ya sabrán pensar por sí mismos. Ejercer el liderazgo desde nuestra posición de autoridad quizá tome menos tiempo mientras dura el intercambio, pero tendremos que repetirlo una y otra vez hasta la saciedad. Así, jamás disfrutaremos de nuestro equipo o nuestros hijos porque se convertirán en una fuente de frustración antes que en una de orgullo.

Benjamin Zander viene dirigiendo la Filarmónica de Boston desde 1979. A los cuarenta y cinco años algo cambió dentro de él. Explica: "Llevaba veinte años dirigiendo y de pronto comprendí algo. El director de una orquesta no emite el menor sonido. [Su poder reside] en su capacidad de otorgar poder a *otros*. Y eso cambió todo. Comprendí que mi trabajo era despertar posibilidades en otras personas". Y continúa: "Si sus ojos brillan, sé que lo estoy logrando. De lo contrario, me hago una pregunta: ¿Quién soy o qué hago que los ojos de mis músicos no están brillando?".*

Tenemos que servirle a alguien

Recuerdo haber asistido a un seminario de liderazgo cristiano en el que el tipo al frente dijo que los grandes líderes siempre eran servidores. Mi primera reacción fue: "¡No me diga! Dios mío, si yo quisiera ser un servidor entonces me iría a trabajar en el

---

* Tomado de la presentación de Benjamin Zander durante una de las Conferencias TED: www.ted.com/talks/benjamin_zander_on_music_and_passion.html.

mundo corporativo... muchas gracias, pero francamente no". Sin embargo, hoy por hoy y con frecuencia, cuando estoy preparando gente para que se convierta en emprelíder, introduzco la misma idea: un líder necesita tener mentalidad de servidor. Y recibo la misma respuesta de sólidos empresarios: "¿Servidor? ¡Debes estar bromeando!". Creo que la razón por la que reaccionan así es la misma por la que yo reaccioné así. Yo no oí "servidor", escuché "obsecuente", algo así como bajar la cerviz ante mi equipo... o en otras palabras, algo que de alguna manera implicaba que en efecto ellos estarían al mando.

Cuando comprendí que estoy sirviéndole a mi equipo al dirigir a sus miembros, del mismo modo que les sirvo a mis hijos al criarlos, me tranquilicé. Puedo estar sirviéndole a un miembro del equipo al reprenderlo o incluso permitiéndole que se vaya a trabajar a otro lado. Puedo estar sirviéndole al resto del equipo despidiendo en el acto a alguien que se comportó sexualmente de modo indebido con otro miembro del equipo. Les sirvo al formarlos y orientarlos. Les sirvo para su propio bien y el de la organización.

Todos los veranos hacemos un gran picnic con la compañía. Siempre que me dispongo a asistir a cualquier situación, reunión o evento, mi asistente se encarga de hacerme llegar una guía de viaje en la que se registran las biografías de todos los participantes (en caso de que no los conozca) además de mapas para llegar a todos los lugares, un cronograma de todo el acontecimiento y algunos datos sobre los hechos y las cifras de lo que vamos a hacer. Este día particular de verano que ahora recuerdo, mi esposa, mi hijo adolescente y yo nos dirigíamos al famoso picnic. Nuestro equipo es muy joven, con una edad promedio por debajo de los treinta años, de manera que son muchas las familias jóvenes. Al echarle una ojeada a la información sobre los acontecimientos del día, noté que entre los cerca de seiscientos asistentes aquel día había noventa y siete niños (hijos de nuestros miembros del equipo) menores de diez años. De manera que tendríamos toneladas de juegos para niños, como enormes casas inflables para saltar y deslizadores. Cuando llegamos al lugar, estacionamos y nos dirigimos a pie hacia el campamento donde tenía lugar el evento. La cosa parecía una gigantesca guardería infantil. ¡Dios mío, niños por todas partes! Mi esposa de inmediato se encontró con varios miembros del equipo y entabló conversación con ellos. Mi hijo adolescente y yo nos dirigimos en medio de este caos infantil hacia donde levantaban la gran parrillada. Mi hijo se acercó y me dijo lo que cualquier buen adolescente diría: "Papá, ¿hasta qué hora me tengo que quedar?".

En el acto comprendí que teníamos ahí un buen momento para ilustrar y enseñar.

—Hijo —le dije—, mira todo esto. ¿Qué ves?

—Demasiados niños —me replicó; yo no pude menos que reírme y coincidir.

—En efecto —le dije— hay noventa y siete niños de menos de diez años y todos hijos de los miembros de nuestro equipo. ¿Sabes lo que eso significa?

—No, pero te apuesto que ya me lo vas a decir.

—Sí, los padres de esos niños se están ganando la vida y tienen un futuro, y el futuro de esos niños en parte depende de cómo actúo yo. Si me comporto mal en mi vida personal, si fallo en mi integridad, si meto la pata, voy a arruinar una cantidad de vidas. Siendo, como soy, un líder servidor, me siento por lo menos en parte responsable por esas pequeñas criaturas.

—Papá, tanta responsabilidad la verdad me parece demasiada carga.

—Cierto, hijo, pero a quien mucho se le da, mucho se le exigirá. Nosotros, como familia, disfrutamos de las bendiciones financieras y de otra índole que un negocio exitoso hace posible. Y lo que eso implica es que debemos asumir nuestra responsabilidad como líderes con mucha seriedad. Es más, incluso si *tú* metes la pata, harás daño al futuro de todos esos niños. Si decides emborracharte, atropellas a alguien en tu auto y lo matas, nos demandarían a todos nosotros y toda esta gente podría perder sus trabajos. Has sido bendecido con pertenecer a esta familia y por eso has podido hacer todas esas cosas que el éxito permite, pero dicho eso, incluso tú tienes la enorme responsabilidad de hacer que el nombre de nuestra familia sea uno que nos enorgullece a todos. Ahora vamos y probemos el asado.

Aquí le comparto otro ejemplo de este concepto que hace poco me conmovió hasta las lágrimas: Tengo un amigo que es presidente de una pequeña planta manufacturera. Adora a su equipo pero es un líder muy severo que exige la excelencia. La economía sufrió un bajón y los pedidos a la planta se agotaron hasta tal punto que se vio obligado a suspender temporalmente a casi todo su equipo de producción... más de 250 personas. Algunos de aquellos miembros de su equipo habían trabajado en su planta durante décadas y entre ellos y sus familias se encontraban algunos de sus mejores amigos. La mañana en la que lo llamé para saber cómo iban sus cosas, me contestó que acababa de dar una larga caminata. Me dijo que había resuelto estacionar su auto al fondo del enorme estacionamiento todas las mañanas y caminar hasta su oficina hasta el día en que pudiera poner a andar de nuevo su planta. Estacionar al fondo de ese estacionamiento le implicaba atravesar a pie todas las mañanas 250 puestos vacíos que le recordaban en qué consistía su trabajo: traer de vuelta a esos miembros de su equipo. He ahí un buen emprelíder.

Entonces, ¿cómo empezar a promover y vivir este espíritu de servirle a nuestro equipo con vigor y entereza? Absténgase de privilegios ejecutivos y torres de marfil. Almuerce todos los días con su equipo en los comedores de su compañía. De vez en cuando sírvase su propio café. Nada de espacios reservados de estacionamiento. No deje escapar la oportunidad para realizar todos aquellos pequeños actos que le señalen a su equipo que, mientras usted esté al mando, mientras usted dirige con vigor y entereza, *todos están juntos en el empeño.*

Nosotros organizamos varios grandes eventos en vivo al año, eventos que implican camiones llenos de equipos y productos para vender. Hoy en día todo esto se empaca y carga previamente en las bodegas, pero unos pocos años atrás todos teníamos la oportunidad de cargar y descargar dichos camiones nosotros mismos como un equipo.

Con la participación de todo hombre sano y presente, incluyendo vicepresidentes, vicepresidentes ejecutivos, directores de finanzas y el director ejecutivo, el trabajo no tomaba más de media hora. Sí, lo que acaba de leer es lo correcto. Allí estaba yo, montado en la plataforma del camión ayudando a cargar y descargar. Jamás me pareció mayor cosa, sin embargo, un buen día, un nuevo miembro del equipo me escribió después un largo correo electrónico diciendo que nunca antes había trabajado en un lugar donde el jefe fuera un verdadero líder. El hombre no llevaba más de dos semanas con nosotros y se acercó al camión, solo para encontrarse con que el tipo que le pasaba cajas era el dueño y presidente ejecutivo. Después de tal experiencia, al buen hombre no le iba a quedar fácil darse ínfulas cuando se le pidiera hacer cualquier cosa, sea lo que fuere, mientras trabajara en mi equipo. El trabajo que hice ese día me tomó solo treinta minutos, pero ya durante años ha impactado mi relación con mi equipo.

Pasión

Antes de dejar atrás algunos de estos principios básicos de liderazgo, hablemos de algo que realmente brilla por su ausencia en muchas organizaciones y sus directivas: la pasión. No podemos dirigir sin pasión. La pasión es lo que hace que las cosas se muevan y la pasión a su vez se convierte en un multiplicador de fuerzas. La pasión, en efecto, sustituye una cantidad de pecados. Los verdaderos empized líderes se esmeran por lo que hacen y eso es, en último término, la pasión. La pasión no es ir dando alaridos por ahí o actuar con franco desenfreno; la pasión es, simple y llanamente, esmerarnos profundamente. Cuando nosotros y nuestro equipo nos esmeramos en serio por lo que hacemos, los subproductos derivados son calidad, excelencia, clientes contentos, empleados que se vuelven miembros de equipo y, en última instancia, mayores posibilidades de generar utilidades. Cuando realmente nos importa la organización de la que formamos parte, muchas cosas empiezan a ocurrir con toda naturalidad.

Una de las cosas que empiezan a ocurrir cuando nos importa de corazón el lugar donde trabajamos es que surge una inclinación o facilidad para entrar en acción. Una organización con un líder y un equipo apasionado dispone de más energía. La pasividad es lo contrario del liderazgo. Las organizaciones en problemas ven seriamente impedidas su necesidad y capacidad de actuar. De aquí que la tarea del emprelíder sea la de introducir pasión y gente apasionada a los procesos, los resultados y el rendimiento de la organización en cuestión. Hay grandes líderes en las compañías americanas existentes hoy por hoy, pero también hay que decir que son muchas las grandes compañías cotizadas en la bolsa o administradas con fondos públicos que contratan líderes y directivos talentosos pero no apasionados. El resultado es como comer cartulina de postre. ¡Guácala! Los clientes, los accionistas y los legisladores no ven más que una enorme compañía insípida, desabrida y ensimismada, absorta consigo misma. ¿Por qué? Porque eso es lo que su líder es. Si en verdad nos importa, nuestra preocupación y esmero circulará por toda la organización.

Esta pasión inclinada a la acción también aumenta la productividad y la excelencia. La gente por naturaleza es más productiva cuando le conciernen profundamente los resultados y la organización. Cuando la gente se involucra con pasión llega a interesarse mucho más en el cliente aunque no haya sido entrenada para ello. Cada vez que la productividad y la excelencia constituyan el sello de una compañía, casi siempre vamos a encontrar en ella liderazgo, miembros de un equipo e incluso clientes que sienten pasión por la marca y lo que ella hace.

Otra cosa sorprendente que la pasión logra es hacer que los miembros del equipo, los directivos y los clientes sean más comprensivos unos con otros. Si yo soy su cliente y considero que usted se preocupa en serio por entregarme un producto o un servicio de calidad, seré mucho más tolerante cada vez que algo falle. Sé que usted se preocupa, se esmera, de manera que sé también que dicho error o falla no fue resultado de la apatía o una falta de excelencia y además sé que es algo que no ocurre con frecuencia, por ende paso por alto el incidente. Por el contrario, si como cliente considero que a su compañía en realidad no le importo, se lo cobraré caro.

A mí me gustan los PC, no de los Mac. Pues, tengo un iPod, igual que mis hijos, y en mi compañía disponemos de varios maravillosos productos Apple, pero igual sigo siendo un hombre PC. Apple e iTunes son célebres por prestar un servicio que fascina a los clientes, y con seguridad eso constituye uno de los ingredientes de su éxito. En realidad han creado lo que Seth Godin llama una tribu, es decir, han hecho de sus clientes una hueste fiel y apasionada de seguidores. Tanto así, que sus clientes llegan incluso a defenderlos. Soy tan torpe con las computadoras que contratamos a un tipo experto en informática solo para que yo no me quede irremediablemente atrás. Así las cosas, el 99,9 % de mis errores son errores humanos, es decir, error del operador. Errores ID10TAS. De manera que cuando me suscribí por primera vez a iTunes a nadie le sorprendió, mucho menos a mí, que no pudiera hacer funcionar el mecanismo. Quizá para algunos de ustedes sea un asunto meramente intuitivo; bueno, para mí, no. Así que envié un correo electrónico a iTunes y en efecto me contestaron cuarenta y dos horas más tarde, cosa que me pareció bien, hasta que final y pacientemente me indicaron cómo resolver el asunto (todo había sido mi culpa, no la de ellos). Durante una conversación cualquiera mencioné que la respuesta por correo electrónico solo llegó un par de días después de haber enviado mi mensaje, y tres usuarios de Mac que participaban de la conversación saltaron a defender la firma alegando que su servicio al cliente era mundialmente reconocido y que debió haber sido mi culpa. Sí, *fue* mi culpa, pero lo que realmente me pareció muy interesante fue que estos clientes se habían convertido en unos evangelistas de Apple, por lo menos en parte, dada la pasión con la que Apple opera. Buen trabajo.

Este tipo de perdón o concesión de gracia también puede ocurrir en relación a su equipo. Se da incluso entre las directivas y el equipo. Ahora, en mi calidad de líder, si sé que ustedes se esmeran, se preocupan, también estaré más que dispuesto a darles una segunda o tercera oportunidad cuando metan la pata. Pero mi tolerancia para con sus errores es casi mínima cuando lo anterior no es el caso. A su vez, cuando soy yo el que mete la pata en mis funciones directivas, los miembros de mi equipo están prestos a perdonar si "conocen mi corazón", es decir, si confían en mis intenciones a pesar de haber formulado algún equívoco o incluso si metí la pata hasta el fondo en algún incidente. Los miembros de un equipo pueden sentirse muy unidos entre sí solo cuando se trata de un grupo de personas que verdaderamente cree que cada uno de los miembros se esmera. Las diferencias culturales, educativas y de personalidad se pasan por alto cuando los implicados confían en la intención y el compromiso apasionado de cada uno. Contamos con un equipo de gente muy diversa y las personas de afuera con frecuencia se maravillan de lo mucho que nos queremos unos y otros. Una de las razones para ello es que contratamos y conservamos solo personas completamente apasionadas con nuestra causa. Es imposible trabajar en mi equipo si se trata de una persona que solo está buscando un P-U-E-S-T-O.

La pasión es un elemento tan clave en la procuración y creación de la excelencia que siempre prefiero contratar pasión antes que mucha educación o talento. Por supuesto que prefiero ambas cosas, pero en el caso de que me toque escoger, opto por la pasión. El duque de La Rochefoucauld alguna vez dijo: "El hombre más romo cuando le domina la pasión persuade mejor que el más elocuente que carece de ella".

Estos son, pues, algunos de los principios básicos que nos servirán de cimiento para prepararnos a usted y a mí a examinar nuestro cuaderno "campeón" de estrategias. A medida que avance en su lectura, recuerde que nosotros en realidad de verdad hacemos estas cosas todos los días… esto que sigue no es teoría. Recuerde también que se trata de un cuaderno de estrategias para "ganar el campeonato", y que vamos ganando. En estas páginas no va a aprender de alguien que jamás se ha enfrentado a una nómina o que jamás se ha llevado terribles sustos o que solo ha corregido pruebas y exámenes por escrito; va a aprender de un tipo que se pone el casco todos los días para enfrentarse a alguien y que ha ganado muchos partidos.

2

Empiece con un sueño y termine con una meta

Vivir sus sueños, visiones, declaración de objetivos y metas

En 1972 yo era una criatura hiperactiva de doce años y viajaba con mis padres y hermanita por una autopista interestatal. Mis padres se dedicaban al negocio de bienes raíces y estaban empeñados en torturar a sus hijos escuchando grabaciones de superación personal dentro del automóvil durante todo el largo viaje. Decían que sería bueno que aprendiéramos a soñar, a pensar en grande y descubrir que podíamos llegar a ser lo que quiera que quisiéramos ser. Pero, a los doce años de edad, todo lo que yo quería era estar en cualquier lado distinto a atrapado y muerto del calor en el asiento trasero de ese automóvil oyendo la voz grave de Earl Nightingale. Parecía la voz del mismísimo Dios perorando sobre cómo "nos convertimos en aquello en lo que pensamos; he ahí el más curioso de los secretos". O el dejo sureño de Zig Ziglar diciendo cosas como que "damos en el blanco que tenemos en la mira pero, si no apuntamos a ningún lado, siempre vamos a dar en el blanco".

Después de tantos años, resulta interesante mirar atrás y comprender que aquellos mensajes quedaron profundamente grabados en mi alma. También comprendo el regalo que mis padres nos dieron a mi hermana y a mí porque estoy convencido que buena parte de mi éxito se puede rastrear hasta el asiento trasero de aquel Chevy Impala: sin más remedio que escuchar aquellas charlas, aprendí que debíamos soñar y hacer algo para que esos sueños se cumplieran. Y lo comprendí con tanta gratitud que terminé haciéndome amigo de Zig, su mujer Jean y sus hijos. Zig es una figura de renombre nacional. Earl ya no está con nosotros, pero en la estantería que tengo a mis espaldas guardo un acetato original del elepé *The Strangest Secret*, la primera grabación que se hizo sobre la motivación personal que llegó a vender más de un millón de copias. ¡Qué maravilloso legado nos dejaron este par de hombres y otros como ellos!

Soñadores

En las películas, la poesía y los seminarios no dejan de repetir que hay que "soñar en grande". Y creo que están en lo cierto: debemos soñar todo el tiempo. Soñar es una señal de que tenemos esperanza. Soñar es una señal de que todavía creemos que podemos triunfar. Soñar nos conserva jóvenes. Los emprelíderes no dejamos de soñar sobre lo que aún puede suceder y está por venir. Al despertar por las mañanas se nos cruzan por la cabeza un par de ideas mientras nos tomamos ese primer café, otras tres durante el trote matutino y seis sueños/ideas más mientras nos duchamos... todo esto sin siquiera haber llegado al trabajo. Soñar es vital para la gente y las organizaciones que están vivas y son prósperas. Si últimamente no ha soñado con algo nuevo, algo grande y mejor, espero que esta lectura sea un recordatorio para que empiece a hacerlo.

Sin embargo, soñar también tiene una connotación negativa. Algunas personas sueñan y ahí se detienen, pare de contar. Jamás hacen nada por *hacer* que sus sueños se hagan realidad. A los emprelíderes como yo nos exaspera la gente que no va más allá del mero soñar. Los llamamos soñadores, pero fruncimos el ceño. Un buen amigo, que además es un gran emprelíder, me comentó recientemente que su hija está saliendo con un tipo al que su hija definió como soñador. El comentario de mi amigo fue: "Caramba, ya los veo viviendo en nuestro sótano". Por lo general, cuando se dice de alguien que es un soñador, la gente suele virar los ojos porque, al hacerlo, lo que quieren señalar es que la persona es una de esas que hace mucho ruido pero ofrece pocas nueces. De manera que no quisiéramos ser simples soñadores, queremos ser más bien personas que sueñan en grande pensando en el futuro. Personas capaces de hacer feliz al padre con cuya hija están saliendo.

En breve, una de las lecciones que recibí durante mi infancia fue que no basta con tener sueños, debemos hacer algo para que se cumplan. Debemos levantarnos, abandonar la cueva, cazar una presa, sacrificarla, arrastrarla de vuelta a la cueva, cocinarla y solo entonces podremos comer. El pato al horno no va a entrar volando por la ventana ni vendrá precocinado. Debemos antes cazar el pato, matarlo... ya ve por dónde van los tiros ¿verdad?

Me sorprende la cantidad de gente con la que me cruzo que va por el mundo como si les hubieran regalado un pase de cortesía, convencidos de que ya dieron con la fórmula para hacer no solo que un pato al horno vuele sino que además entre por sus ventanas. No señor, el proceso en efecto sí empieza levantándonos temprano por la mañana soñando con patos y lo sabroso que saben. Ese es el sueño. Pero acto seguido tenemos que hacer algo para cumplirlo.

A mi modo de ver, los sueños son esenciales para triunfar. Sin embargo, los sueños por naturaleza nunca son algo muy bien definido. Son demasiado grandes y borrosos; sí, suelen estar como en las nubes. A medida que le damos cuerpo a nuestros sueños y que estos empiezan a tomar forma, algo de la neblina y el vaho se desvanece. Allí, en ese punto donde los sueños empiezan a cambiar de forma camino a la realidad, es cuando yo empiezo a llamar *visiones* a aquellos sueños. La visión es el paso siguiente que hay que dar para convertir el sueño en algo. Las visiones son sueños más claros. Los sueños solo se hacen realidad cuando lenta y cuidadosamente los bajamos de las nubes y los convertimos en visiones.

Visión

La visión es la capacidad de ver. Cuando alguien se queda ciego decimos que perdió la visión, que perdió la vista, tal y como en la vida real. Helen Keller dijo: "No hay nada más patético en el mundo que una persona que goza de la vista pero no tiene visión". Ser capaz de "ver" es una habilidad que todo emprelíder debe tener o desarrollar. La gente sin visión, en el mejor de los casos, simplemente consigue puestos de trabajo; pasan por la vida pero no van para ningún lado porque no saben a dónde ir. En el Libro de Proverbios, la Biblia dice: "Sin visión, perecemos". Como cristiano, he oído muchos sermones y hasta leído libros enteros sobre la visión y sobre lo mucho que la necesitamos para triunfar. De manera que siempre pensaba en ello como "las sagradas escrituras de la visión, de la revelación". Sin embargo, un buen día, mientras miraba el proverbio con ojos de pequeño empresario, me llamó sobre todo la atención la otra palabra: "perecer". Si nuestra organización no tiene visión perecemos, morimos... como animalitos atropellados al borde de la carretera, como una gallina muerta pudriéndose al sol. Perecer. Deteriorarse. Sin visión no podemos cumplir con la nómina, todos los miembros de nuestro "equipo" no serán más que meros empleados, la moral cae por los suelos, la rotación de empleados se incrementa, las ventas bajan. "Perecer" es una palabrota. He visto muchos negocios fracasar solo por esta razón. Y le echaban la culpa a otras cosas que en realidad no eran más que síntomas cuando el verdadero problema era la pérdida (o la falta) de visión.

Cuando no hay visión, nuestro matrimonio fracasa, la familia se desarticula, trastabillamos en nuestro camino espiritual, nos volvemos gordos y fláccidos y desaparece nuestro dinero. La visión incide sobre todos los aspectos de nuestras vidas. De modo que este es un excelente capítulo para compartir con su equipo y familia dado que, en la misma medida que ellos tengan poca o ninguna visión, se convertirán en un peso muerto en nuestras vidas, un lastre que nos impide progresar. Hágase usted de una buena visión y asegúrese de rodearse de gente con visión.

En calidad de emprelíderes debemos compartir nuestra visión con nuestro equipo desde el primer momento y con frecuencia. Es imposible hablar demasiado sobre ella. Andy Stanley publicó un gran libro titulado *Visioingeniería*. Allí, Andy señala que debemos discutir y repetir el asunto de la visión de la organización por lo menos veintiún veces antes de que la gente empiece a escucharla. También advierte que después debemos seguir repitiéndola permanentemente para que, mientras la organización crece y cambia, nunca deje de reflejar esa visión.

Declaración de objetivos

En la década de 1980, dos de las frases del mundo de los negocios que se pusieron de moda fueron "cambio de paradigma" y "declaración de objetivos". Daba la impresión de que todos los libros de negocios no dejaban de repetir que necesitábamos una nueva manera de ver las cosas y que era menester expresar con claridad nuestra misión y la de la compañía a los ojos de todo el mundo. Suelo cuestionar las cosas, de manera que me resistía a concretar mi muy personal misión a los ojos de todo el planeta en un par de frases bien redactadas. Es más, estaba seguro de que ni siquiera un par de párrafos (¡mucho menos una o dos oraciones!) podrían contener el futuro de mi organización que además permanecía en rápido cambio y crecimiento. He visto demasiadas declaraciones de objetivos talladas e impresas en los muros y folletos de compañías que más parecen una lista de deseos o una clase de historia sobre cómo solían ser las tales compañías en otros tiempos antes que la verdadera misión de la empresa. En otras palabras, esas frases no eran verdad o no sonaban verdaderas. Compañías que han perdido su alma, su verdadera razón de ser, no pueden remediar eso simplemente reuniendo un par de comités internos para que desarrollen una declaración de objetivos. Así las cosas, en lo que a mí concierne, con frecuencia las tales declaraciones de objetivos me parecían demasiado falaces, falsas, para poder creer en ellas.

Una mañana, durante los primeros tiempos de nuestra compañía, me encontraba tomando café con un buen amigo, Dan Miller. Dan es un orientador profesional bien conocido a nivel nacional, autor de un gran libro titulado *48 días para amar tu trabajo*. En su libro y en sus tutorías siempre hace lo posible para que, tanto individuos como organizaciones, se detengan y decidan quiénes o qué son antes de seguir en ello. Aquella mañana me recordó lo bueno que yo era para proponerme metas; pero también me dijo que a falta de una buena declaración de objetivos corríamos el riesgo de llegar al último peldaño de la escalera solo para descubrir que la habíamos recostado contra el edificio equivocado. La declaración de objetivos es una manera de clarificar y definir mejor nuestros sueños y visión y garantiza que nuestras metas apunten al blanco correcto. De manera que, ese mismo día pero no con mucho entusiasmo, me dispuse a intentar redactar una declaración de objetivos personal y luego empecé a pensar en elaborar otra para nuestra compañía.

Para ser honesto, odié hacerlo al empezar. Sentarse ahí a poner por escrito quiénes somos y qué significa eso realmente me pareció muy difícil. Supongo que habrá gente a la que le gusta hacer ese tipo de cosas, pero yo me sentía como si tuviera que entregar un trabajo para terminar el semestre. A medida que me entregué a ese proceso, que tanto me exigía, me fui entusiasmando. Esto de decir en voz alta quiénes somos empezó a adquirir un poder capaz de transformar una vida a medida que me ponía en ello. Pero debo confesar que mi declaración de objetivos personal hasta el día de hoy no logra ajustarse a la fórmula. Jamás he sido capaz de decir a satisfacción lo suficiente en un par de oraciones breves, de manera que infringí las normas. Sé que lo que sigue puede horrorizarlo, pero el hecho es que tengo por lo menos tres declaraciones de objetivos relativas a las metas de mi negocio/ministerio pastoral, la familia y mi vida personal. Tuve que dividirlas en segmentos para que mi cabeza pudiera sortear el obstáculo.

Luego, en compañía de mi primer miembro del equipo, entramos en el proceso de decidir cuál sería el futuro de nuestra por entonces pequeña empresa intentando imaginar cómo podría llegar a ser cuando creciera. Dado que profesamos una fe, literalmente rezamos y le pedimos a Dios que nos dijera qué quería de nosotros. Acto seguido nos pusimos a trabajar en la cosa y llenamos varios cubos de basura con papeles arrugados reflejando lo muy frustrados que nos sentíamos ambos. Nos tomó más de un mes de oración, trabajo y frustraciones irnos haciendo a una idea respecto a lo que nos propondríamos hacer durante varias de las siguientes décadas. Lo bonito es que, hoy por hoy, tras más de veinte años, aún operamos guiados por la misma declaración de objetivos. Eso nos dice que redactamos una buena declaración y que hemos sido fieles a la base de nuestro negocio, fieles a nuestro llamado.

He aquí la declaración de objetivos de nuestra empresa: "El Lampo Group, Inc., busca educar, capacitar y potenciar, desde el sentido común y basados en la Biblia, para brindarle *ESPE-RANZA* a todo el mundo, desde quienes se encuentran económicamente estables hasta quienes pasan por momentos de estrechez".

Resaltamos la palabra *ESPERANZA* con mayúsculas y en itálicas porque esa es la meta primordial de todo lo que hacemos. Si usted trabaja en remesas y envía uno de mis libros, lo que acaba de despachar no fue un libro, despachó *ESPERANZA* a una familia que quería salir de deudas o a alguien que quería convertirse en un futuro emprelíder. Cuando vendemos un boleto para un evento, quien lo hace no es un mero vendedor de boletos, a la persona interesada se le vendió *ESPERANZA*. Es probable que alcance a ver cómo y por qué puedo implantar esta idea de manera que cubra a cualquiera de las personas que forman parte de nuestro equipo, desde el trabajador de mantenimiento hasta la mujer que atiende en el lobby de nuestras oficinas. Vinculamos todas nuestras actividades y a todos y cada uno de los miembros de nuestro equipo a esta premisa esencial. Así se establece una verdadera sensación de unidad, se crea valor en cada cargo de la compañía y nos mantenemos con los ojos bien puestos en el mismo balón. Estamos tan locamente convencidos de esta idea, que obligamos a la gente a memorizar y recitar la declaración de objetivos durante los primeros noventa días que trabaja para nosotros. Dicha declaración es lo que somos como grupo y por tanto necesitan saberlo muy bien si quieren formar parte de nuestro equipo. ¿Alcanzan a oler y sentir el aire que circula en mi organización? La declaración de objetivos es una de las maneras mediante las cuales creamos nuestra cultura.

Nuestra cultura interna respira esto hasta tal punto que nuestros creativos (es el nombre que les asignamos a los miembros de nuestros equipos de mercadeo, diseño gráfico y video) organizaron un concurso para escoger el afiche que mejor representara la idea de "articular esperanza"; lo hicieron porque saben que, concorde a nuestra declaración de objetivos, articular y expresar esperanza es su tarea como vendedores. Al entrar esta mañana al departamento de los creativos, vi el aviso de articular esperanza pintado sobre una de las paredes en grandes letras. A lo largo de todo su espacio hay distintos afiches indicando bonitas maneras de "articularle esperanza" a nuestros clientes. Mi equipo va entendiendo; llevo una vida buena.

Uno de los mejores libros de negocios de los últimos veinte años es *Empresas que sobresalen* de mi amigo Jim Collins. Nuestra declaración de objetivos nos ayuda a no perder de vista el camino y concentrarnos en aquello en lo que somos buenos. Jim llama a esto el principio de la rueda volante.* Las grandes empresas descubren sus fortalezas y su llamado y se aferran a ellos. Concentrarse en lo más importante y perseverar en aquello de que lo más importante siga siendo lo más importante, aumenta las posibilidades de que tanto individuos como empresas triunfen. Elaborar nuestra declaración de objetivos nos obliga a decidir de antemano quiénes y qué somos y, por definición, quiénes y qué no somos.

Nuestra declaración de objetivos nos ha sido muy valiosa en tanto que declara lo que somos para nosotros mismos y para los demás. Pero sigo pensando que tal vez lo más valioso que nos ha dejado la declaración de objetivos es que nos dice de manera clara y distinta quiénes *no somos*. Necesitamos algo que señale bien nuestros límites porque de lo contrario es muy difícil jugar el juego. Una de las mayores causas del fracaso de muchas pequeñas empresas es el éxito. Cuando se tiene éxito ocurren varias cosas que nos pueden hacer muy vulnerables. Y una de esas cosas es que miles de "oportunidades" vienen a nuestro encuentro. Fue precisamente esto lo que le ocurrió, hace ya un buen tiempo, a un pequeño empresario que se acercó para que lo orientara. Tenía un negocio muy exitoso de bienes raíces. Durante años él y su compañía crearon un muy buen nombre en el mercado, habían sistematizado su operación y estaban haciendo mucho dinero. Un amigo suyo, al tanto del éxito de su compañía, lo convenció de que comprara un restaurante que estaba en problemas y que, por

---

* Jim Collins, *Good to Great*, HarperCollins (2001), pág. 164.

lo tanto, comprarlo sería un "gran negocio". Dado que nuestro hombre, dedicado a los bienes raíces, tenía algún dinero y además creía "saber cómo se hacen los negocios", invirtió una buena suma de dinero en el restaurante. Sin embargo, dado que el restaurante no levantaba cabeza, nuestro hombre empezó a pasar más y más tiempo allí en un esfuerzo por darle vuelta al negocio y proteger su inversión. El tiempo que pasaba alejado de su empresa de bienes raíces hizo que esta última empezara a decaer, primero lentamente y después cada vez más rápido. Afortunadamente comprendió su error a tiempo y cerró el restaurante. Y, supongo que ya lo imaginó, tan pronto como se dedicó de nuevo a su verdadero llamado, los bienes raíces, su negocio empezó a mejorar y volvió a prosperar.

Como ven, su éxito le otorgó dos cosas que casi provocan su fracaso. Primero, le dio dinero suficiente para jugar por fuera de su declaración de objetivos. Segundo, le produjo la impresión de que los mismos procesos que hicieron de él un exitoso agente de bienes raíces se podían transferir automáticamente al negocio de los restaurantes. De haber contado con una declaración de objetivos, hubiera comprendido que el asunto del restaurante estaba fuera de su competencia, la alarma hubiera sonado y el hombre hubiera tomado medidas para protegerse. Lo que ocurrió, sin embargo, fue que perdió varios cientos de miles de dólares en el restaurante y en los negocios de bienes raíces por falta de concentración.

Debido a mi éxito y un cierto reconocimiento en los medios de comunicación, con frecuencia la gente nos bombardea con "grandes ideas" convencida de que yo puedo ayudarla. Parte del trabajo que realiza mi asistente personal consiste en rechazar de la manera más amable posible cientos de solicitudes para reunirse conmigo y tratar ideas que sabotean nuestra misión. Estoy convencido de que una de las razones de nuestro éxito reside no solo en saber con claridad cuál es nuestro objetivo, sino en aferrarnos a él rechazando muchas "oportunidades". Que una idea sea una buena idea *no* significa necesariamente que asumirla sea bueno para nosotros o nuestra compañía. Lo repito: jamás pierda de vista el balón.

Entonces, ¿cómo elaborar nuestra declaración de objetivos personal y la de nuestra compañía? Primero, recuerde que esto no será una cuestión de una única reunión de dos horas; es menester invertirle tiempo al proceso. Segundo, a medida que su compañía y el mercado cambian, resulta válido optar por volver a redactar y cambiar de manera deliberada pero cuidadosa su declaración de objetivos.

Dan Miller dice que nuestra declaración de objetivos debe reflejar nuestro particular llamado y que debe incluir los siguientes elementos:

1. *Sus habilidades o las de su empresa.* Esto da razón del *qué.* Si lleva veinte años dedicado al sector manufacturero, es muy probable que en su declaración de objetivos no se hable mucho sobre desarrollo de software o de mercadeo... esa no es su cosa. ¿Qué es lo que usted hace, quiere y puede hacer?

2. *Los rasgos de su personalidad o los de su empresa.* Esto da razón del *cómo.* ¿Cómo ejecutan usted y su equipo el trabajo? La manera de hacerlo refleja sus rasgos de personalidad. ¿Se inclina más por las tareas a realizar y los proyectos o es una persona compasiva que piensa antes que nada en la gente? O quizá se incline más por los detalles. Creo que yo no querría que una empresa de ingenieros diseñe un paso elevado en una autopista interestatal si a la empresa en cuestión le interesan más la compasión y la gente que los detalles. En este caso los detalles importan más.

3. *Sus valores, sueños y pasiones o los de su compañía.* Esto da razón del *por qué.* Explica por qué hace lo que hace. En lo que concierne a la declaración de objetivos de una empresa, es por aquí por donde se le insufla verdadera vida a los pulmones de su organización. Las metas importan solo cuando este asunto está bien expresado.

Metas

Las metas son las visiones y los sueños vestidos en uniformes de trabajo. Es aquí cuando abandonamos la teoría y nos vamos a lo práctico. Esta es la etapa en la cual abandonamos lo estratégico para dedicarnos a lo táctico. ¡Ya basta de hablar! Es hora de cazar la presa. Las metas nos obligan a dar pasos prácticos para procurar nuestros sueños. Ya concebimos nuestro sueño imposible, ya lo precisamos en una visión y le dimos dirección a través de nuestra declaración de objetivos, de manera que ya es hora de *hacer* algo. Las metas son el trabajo duro y difícil y hacen que el trabajo duro y difícil se realice.

Las metas transforman la visión en energía. Al diseñar y exponer con claridad y lujo de detalles lo que queremos hacer, inmediatamente sentimos que empieza a sacudirse la tierra bajo nuestros pies. Nos vemos arrojados en nuestra nueva vida como en una película. Las metas hacen a los grandes hombres. J. C. Penney alguna vez dijo: "Denme un empleado de bodega con una meta y yo les devuelvo un hombre que hará historia. Denme un hombre sin una meta, y yo les devuelvo un empleado de bodega".

No se salte lo mejor

La información que aparece en este capítulo le parecerá tan elemental a aquellos de ustedes que durante años han tenido éxito y han sido líderes bien calificados, que corren el riesgo de cometer uno de dos errores si no prestan suficiente atención.

- Dejará escapar la oportunidad de leer este capítulo atentamente para pulir y mejorar su ya exitosa vida.
- O puede llegar a cometer el segundo error, que es aun peor: olvida compartir este recordatorio sobre cómo triunfar con su equipo, sus hijos o cualquier otra persona a quien usted debiera estar orientando.

Yo he cometido ambos errores. Como ya dije, desde muy joven me enfrenté a la importancia y al proceso de establecerme metas, de manera que tiendo a dar por hecho el asunto. Creí que todo el mundo conocía ese material. Un buen día, mientras dictaba mi curso sobre empreliderazgo a mi equipo, Jorge, un hombre joven de treinta y pocos años, me detuvo después de clase. Se trata de un joven muy agudo que ya llevaba algún tiempo en mi equipo, de modo que me sorprendió oírlo decir que era la primera vez en la vida que había oído hablar sobre la importancia y los procesos detrás de establecernos metas. Dicha información —ideas que conozco y con las que he convivido desde hace años— lo estimuló y mentalizó hasta tal punto que su productividad se disparó por las nubes. Por lo tanto, si ya sabe todo esto, asegúrese de hacerles llegar este capítulo como recordatorio a las personas a quienes orienta en su vida... quizá les cambie la vida.

Se ha dicho y escrito tanto sobre metas y cómo proponérselas que basta mencionarlas para desanimar a algunos. La gente que no ha triunfado en la vida o en los negocios suele hacer un mohín de desdén a la mera mención de cosas como pensamiento positivo o la importancia de proponerse metas... y tiendo a coincidir son sus sentimientos. Hay demasiados libros y seminarios que parecieran decir que basta con proponernos unas metas y pensar positivamente para lograr hacer cualquier cosa. Lo siento, pero eso es una gran tontería. No podemos volar. No importa cuántos podcasts o CDs escuchemos o cuántas metas nos propongamos o qué tan positivamente pensemos... no podemos volar. Podemos escuchar mensajes mientras dormimos, incorporarlos a nuestro subconsciente, igual no podremos volar. Yo mido 1,85 metros y tengo más de cincuenta años; de manera que no voy a jugar en las ligas profesionales de fútbol o de básquetbol. No importa cuánto lo sueñe ni qué tan duro trabaje ni qué metas me proponga, no tengo lo que se necesita para tener éxito en esos terrenos e intentarlo sería lastimosamente cómico. No puedo volar.

He visto durante años a Brian Tracy, Zig Ziglar y otros enseñando a proponernos metas y, mientras están en ello, siempre aluden a aquello que Zig llama "la rueda de la vida". La rueda tiene unos rayos que representan cada una de las áreas de nuestras vidas y, para que nuestras vidas sean exitosas de manera integral, debemos atender cada una de esas áreas. Los rayos de la rueda, a la hora de proponernos unas metas, cubren los siguientes aspectos:

1. Profesionales
2. Financieros
3. Espirituales
4. Físicos
5. Intelectuales
6. Familiares
7. Sociales

Aquellos grandes maestros están en lo cierto: debemos proponernos metas cuidadosa y deliberadamente en cada una de esas áreas. Al observar cada una de esas áreas, es probable que veamos dos o tres para las que somos naturalmente buenos... áreas que nos son fáciles. Y también veremos un par de áreas que casi odiamos; no tenemos talento espontáneo para lidiar con ellas y quizá nunca hayamos tenido éxito en ellas. Todos tenemos la misma experiencia al observar esta lista. Ahora, lo que yo he aprendido es que todavía debo lidiar de manera deliberada y meterle esfuerzo a todas y cada una de las áreas. No podemos dejar una parte de la rueda desinflada; un pedazo desinflado de rueda significa toda una rueda desinflada. Echar a rodar nuestras vidas hacia adelante con una rueda desinflada implica muchísimo más esfuerzo y, por tanto, igual que ocurre con un automóvil que lleva una rueda pinchada, a nuestra vida le saldrán más ruidos y la fricción producirá recalentamientos que no deseamos.

Los rayos de la rueda que atañen a la vida profesional y las finanzas siempre se me han facilitado. Siempre he podido hacer dinero. No siempre lo he conservado —sufrí una quiebra— pero siempre he podido hacerlo. Una idea por minuto se me viene a la cabeza cuando se trata de crear o ampliar una empresa; me viene fácil. Sin embargo, el rayo de la rueda para el que estoy peor dotado es el del área social. Y lo curioso es que me gusta la gente y no me molestan para nada las multitudes. En efecto he venido mejorando gracias a esto de proponerme metas, pero debo confesar que los eventos sociales obligados y artificiosos me ponen los pelos de punta. De joven estaba tan concentrado en mi éxito profesional y financiero, que cualquier tipo de reunión social me parecía que me quitaba tiempo que de otro modo podía invertir en ganar dinero o hacer crecer mi empresa, por ende odiaba las reuniones sociales. A medida que he madurado y he tenido más éxito, he aprendido a disfrutar cada vez más de mis amigos e incluso de algunas de aquellas fiestas, pero admito que tuve que hacer un esfuerzo deliberado al respecto. Soy tan malo para los asuntos sociales, que estoy convencido de que, si no fuera por mi esposa Sharon, no tendría amigos, sino fueran meras amistades de negocios. Años atrás, Sharon y yo iniciamos la costumbre de proponernos metas al iniciar el año. No estoy hablando de resoluciones de Año Nuevo sino de verdaderas metas. Observar la lista con estas áreas nos ayudaba a esforzarnos en cada una de ellas. ¿Le suena aquello de esos amigos con los que nos cruzamos de vez en cuando y a los que les mentimos? ¿Aquellos a los que les decimos, "Veámonos pronto, cenemos juntos", pero nunca llamamos? Mentimos. No era nuestra intención, pero la vida se complica tanto que jamás los llamamos. Bueno, pues resolvimos que una de nuestras metas personales sería hacer una lista de aquellas personas y planear algunas cenas. Hago lo posible por realizar todas esas cenas durante los primeros meses del año para salir pronto de ellas, precisamente porque no soy muy sociable. Sé que suena ridículo pero, al proponerme una meta en esa área, por lo menos logro hacer algo en mi vida que de otro modo no haría. Entre más veces hemos hecho este ejercicio, más disfruto la vida social y, quién sabe, quizá algún día llegue incluso a ser bueno para ello.

Metas que funcionan

Las metas que funcionan tienen cinco componentes. Debe trabajar cada uno de estos componentes para constituir una meta que en efecto funcione. Recuerde, las metas no son vanos deseos o sueños... ni siquiera visiones. Las metas son precisamente una manera de bajar todas esas cosas de las nubes y, con los pies bien puestos sobre la tierra, empezar a dar pasos concretos para hacer realidad sus sueños. En realidad debe realizar cada una de estas cinco cosas para alcanzar esas metas.

Las metas deben ser objetivas y mensurables

Las metas no pueden ser vagas. Las metas brumosas e indefinidas no son metas; en dicho caso no son más que sueños y deseos, y no queremos ser uno de esos soñadores que no hacen nada. No podemos simplemente decir, "Quiero bajar de peso"; decir eso no es lo suficientemente específico. No podemos simplemente decir, "Quiero ser mejor educado"; lo anterior no se puede medir ni es específico. Decir, "Quiero hacer más dinero", es un sueño y no va a ocurrir porque, aunque "más dinero" sí es algo que se puede medir, el asunto no es específico.

Entonces, a la hora de proponernos metas, debemos decir cosas como las que siguen:

1. Quiero bajar quince kilos de peso.
2. Quiero reducir siete centímetros de mi talle.
3. Quiero ganar $100.000 al año.
4. Quiero un título profesional en _____.
5. Quiero cenar con seis parejas.

Cada una de las anteriores metas es específica y mensurable. Una de las mejores cosas de proponernos metas es que hacerlo nos empuja hacia ellas porque podemos verlas de manera clara ante nosotros. Unas metas bien formuladas y propuestas se pueden colgar de la puerta de la nevera o en la pizarra blanca en la oficina, ofreciéndole de paso a quien las mire la posibilidad de medir nuestro progreso. El progreso mensurable se conoce como tracción, adherencia. Poder observar nuestro movimiento camino a nuestras metas nos estimula.

Las metas deben tener un plazo fijo

Las metas que no tienen plazo o fecha de cumplimiento no se pueden dividir en micrometas para medir nuestro progreso, para observar nuestra adherencia. Podemos decirnos: "Quiero escribir un libro". Maravilloso. ¿Pero cuándo? ¿Dentro de veinte años? ¿En veinte meses? Si no le imponemos a la meta una fecha de cumplimiento, jamás la alcanzaremos y no tendremos más remedio que pasarnos el trago amargo de no haberlo logrado. Nos veremos diciendo cosas como "siempre quise escribir un libro pero por alguna razón jamás me puse en ello". No soy un escritor muy bueno en términos literarios, pero resulta que un libro como este es una excelente manera para presentar y transmitir ideas, de manera que escribo. En el momento de sentarme a escribir este libro me impuse uno de esos plazos fijos: el 1 de diciembre para tener el manuscrito terminado. Así las cosas, elaboré un bosquejo de los capítulos que me indicó que debía terminar unos cuatro capítulos por mes, cosa que significaba uno por semana. Y aquí estoy, una mañana de viernes, terminando este capítulo para conservar el ritmo que necesito para alcanzar mi meta. ¿Ven la importancia de proponerse metas claras y distintas?

Decir que queremos ganar $100.000 no es suficiente. Ahora, si decimos que este año queremos ganar $100.000, estamos en algo. Casi todos los días almuerzo en el refectorio de la empresa por varias razones: porque siempre he preferido los sobrados de mi esposa que la comida de un restaurante, porque puedo comer más rápido (jamás he tenido eso que llaman *hora* de almuerzo) y porque así tengo la oportunidad de pasar un rato con mi equipo. Allí bromeamos, hablamos de fútbol y algunas veces hasta hablamos de negocios. Hace ya un buen tiempo, estaba un día sentado con uno de mis jóvenes de ventas y el tipo resolvió impresionar al jefe diciéndome que ese año él iba a ganar $100.000. Toda mi vida me he dedicado a las ventas y he dirigido gente de ventas, de manera que no le creí. Le pregunté que cuántas llamadas o visitas semanales tendría que hacer en promedio para ganarse $100.000, y el tipo no sabía, de manera que le dije que estaba hablando pura paja, cosa que hirió sus delicados sentimientos. Entonces lo invité a mi oficina y el di una lección en cómo se establecen metas. El hombre trabaja por una comisión del 10%, así que necesita vender un millón de dólares al año para recibir sus anhelados $100.000. Esto es, $83.000 mensuales, o sea cerca de $21.000 por semana. Nosotros conocíamos bien el promedio de ventas en su área y también cuántos contactos serios en realidad necesitan hacerse antes de consumar una venta. De modo que las matemáticas del asunto eran sencillas y mi joven parlanchín empezó a comprender que tendría que realizar sesenta y cuatro contactos serios por semana para producir $21.000 que, multiplicados se convertirían en los $100.000 que buscaba.

Como siempre observo nuestros informes de ventas, en donde se incluyen desglosadas las actividades de nuestros representantes, noté que durante varias de las siguientes semanas el promedio de sus contactos iba bien por encima de los sesenta, de modo que parecía que alcanzaría su meta. Pasé por su sección y lo felicité. Una seis semanas más tarde noté que el volumen de sus llamadas y visitas había caído a cerca de treinta y cinco contactos por semana y me volví a cruzar con él en el refectorio. Le pregunté por qué había abandonado sus metas y me replicó que no había abandonado nada. Cosa que me presentó otra buena oportunidad pedagógica. Le dije, si no hacemos lo necesario para alcanzar la meta en el tiempo estipulado, dicha meta se encargará de condenarnos y convertirnos en "soñadores". Curiosamente, el volumen de sus llamadas volvió a aumentar y terminó por convertirse en uno de nuestros miembros más productivos. El problema con los cumplidos es que uno mismo puede llegar a creérselos. Para triunfar hay que trabajar duro... y no hay substitutos.

Quiero bajar quince kilos de peso. No basta. ¿Cuándo? Quiero bajar quince kilos en tres meses. Ahora sí contamos con algo para empezar. ¿Ya está haciendo sus cálculos? Eso significa cinco kilos al mes y por tanto más o menos 1,2 kilos semanales. De manera que vamos a hacer más ejercicio y comer menos para alcanzar los 1,2 kilos semanales que nos propusimos. Si nos comemos la tarta de chocolate o repetimos una ración, la báscula empezará a dar alaridos para advertirnos que no estamos dando en el blanco.

En resumen, si queremos hacernos personas más sociales, bajar de peso, ser dueños de nuestro propio negocio, aumentar nuestros ingresos, escribir un libro o tener un mejor matrimonio, nuestras metas deben ser específicas y mensurables y tener una fecha de cumplimiento.

Las metas deben ser sus metas

"Mi esposa quiere que baje quince kilos de peso". Jamás ocurrirá. "Mi madre quería que fuera médico". No quisiera ser su paciente. "Mi padre quería que me hiciera pastor protestante". Yo quisiera un predicador llamado por Dios Padre, no por su papá. Si no poseemos la meta y ésta no surge de nuestros sueños, no tendremos la fuerza que se necesita para perseverar cuando las cosas se pongan duras. Y les aseguro que las cosas se pondrán duras. Sin excepción, toda persona que triunfa tendrá que sortear obstáculos, muchos obstáculos. No nos vamos a levantar al alba para trotar nuestros cuatro o cinco kilómetros simple y llanamente porque nuestra esposa nos quiere ver más delgados. Las grandes metas requieren mucha fibra —enclenques favor no presentarse. Se necesita coraje y el coraje no se puede importar; proviene de la importancia profunda que le asignamos al resultado. Cuando el final de la historia nos importa, trabajaremos hasta llegar allí.

Las metas deben consignarse por escrito

Por alguna curiosa razón este último componente es uno que casi todo el mundo incumple. Suena bien aquello de poner por escrito nuestras metas, pero la mayoría de la gente no lo hace. Y sus implicaciones saltan a la vista: casi nadie triunfa. Quienes triunfan son tan pocos que por eso los admiramos. Con muy raras excepciones, los triunfadores en efecto registran por escrito sus metas. Es casi imposible realizar algo sin la ayuda de un programa escrito. Uno de mis más preciados bienes es un fólder barato de cuero sintético en donde pongo y conservo mis listas de metas y oraciones desde hace quince o veinte años. En una de las páginas de 1993 se registra la génesis de una de las áreas más grandes de nuestra compañía. Andaba muy poco contento con mi desempeño en el campo de la asesoría financiera personalizada. Me sentaba con mis clientes para examinar sus presupuestos indicándoles qué debían hacer para pagar sus cuentas con los ingresos que recibían e incluso en ocasiones para empezar a salir de deudas. A punta de teléfono detenía la ejecución de sus deudas y embargos y negociaba un plan cuyas cifras se ajustaban a sus ingresos con las compañías que habían expedido sus tarjetas de crédito. Problema resuelto; iban por buen camino. Pero luego, demasiadas veces, seis semanas después de haber presentado sus solicitudes de declaración en quiebra, incumplían. Y es aquí cuando daba alaridos de frustración. Entonces empecé a comprender que las finanzas personales no eran una cuestión de matemáticas, son un problema de comportamiento. Elaborar un presupuesto tras una reunión no iba a modificar su comportamiento.

Así las cosas, un buen día me encontraba estableciendo metas, haciendo sesiones de intercambio de ideas y orando. Redacté una meta sencilla: "Desarrollar el concepto de grupo de apoyo personalizado que sea a la vez un seminario y una asesoría". He aquí el poder que da redactar un sueño, una visión y luego reducirla hasta convertirla en una meta: esa sencilla declaración se convirtió en lo que hoy llamamos la *Financial Peace University* (Universidad de la Tranquilidad Financiera). Millones de personas han pasado por ese curso y literalmente le ha cambiado la vida a millones. Sí, en efecto, a lo largo del camino hubo grandes cantidades de trabajo duro, de grandes ideas y también toneladas de frustraciones y reveses, pero dos décadas más tarde todavía se me empañan los ojos cuando miro aquella vieja hoja con mi lista de metas y comprendo que allí empezó todo.

Dice la Biblia, en Habacuc 2:2: "Escribe la visión y grábala en tablas, para que pueda leerse de corrido". La meta por escrito es el desayuno de los campeones. Es simplemente imposible hacer grandes cosas sin antes haber hecho que nuestras metas sean específicas, mensurables, personales, con fecha de cumplimiento y ponerlas por escrito.

Liderar con metas

No olvide que este capítulo tiene un doble propósito: recordarle asuntos que quizá ya ha visto y, tal vez más importante, recordarle que debe inculcarle este principio básico del éxito a su equipo. No con poca frecuencia nos encontramos con un líder que ha encontrado el éxito en parte gracias a que se propuso metas, pero que después olvida seguir proponiéndose metas y, peor aun, empieza a exigirle a su equipo que se proponga metas cuando él ya no tiene ninguna. *La moraleja de esta historia es: no le pida a su equipo que se proponga metas cuando usted no tiene una.*

En nuestra empresa, cuando salimos con un gran proyecto o una gran visión, inmediatamente entusiasmamos a todo el mundo con la cosa. Su entusiasmo, su convencimiento, hace que de manera automática ellos mismos empiecen a ver qué papel desempeñan en ello y, al hacerlo, estamos arrastrándolos hacia tales metas, no empujándolos a ellas.

Por ejemplo, no podemos acercarnos a nuestro equipo de ventas y anunciarles una meta presupuestal arbitraria para el departamento que a su vez se encargaría de repartir cuotas de ventas a cada uno de los miembros de aquel equipo. Más bien hábleles sobre la importancia que tiene servirle a un mayor número de clientes, y no solo sobre lo que aquello significará para cada cliente, sino sobre las cosas que el incremento de los ingresos nos permitirá hacer dentro de la compañía, mejor aun, lo que implicará respecto a los ingresos personales del equipo. Luego proponga una meta presupuestal y pregúntele a cada persona que con todo cuidado esboce a qué parte de aquella meta cree que podrá contribuir. Una vez más, así estamos arrastrando, no empujando; incitando, no arreando. Cuando los directivos establecen por sí mismos las metas no estamos hablando de metas, en ese caso se trata de cuotas. Y a nadie le gustan las cuotas.

Una de las primeras clases de administración y negocios que recibimos nos enseña aquello de la gestión mediante objetivos o MBO (por sus siglas en inglés: *management by objectives*). Bueno, pues gestión mediante objetivos no es más que lograr que nuestro equipo se proponga sus propias metas como parte del objetivo global. Desde la perspectiva del compromiso y la responsabilidad que se asumen, resulta emocional y relacionalmente mucho más fácil que los miembros de un equipo pongan la mano en el fuego respecto a una promesa que ellos hacen, una meta que ellos se imponen, antes que intentar mangonearlos para que alcancen una meta en la que no tuvieron arte ni parte.

Las metas compartidas generan comunicación

La mayoría de las empresas añoran más y mejor comunicación. La comunicación en nuestra empresa es francamente increíble, pero no siempre fue así. Trabajamos duro en esto de la comunicación, y dedicaremos un capítulo entero para indicarle varios asuntos prácticos que pueden hacerse en aras de una verdadera comunicación en medio de su cultura empresarial. Uno de los grandes beneficios de disponer de metas claramente expresas por escrito es que, al hacerlo se gesta una comunicación instintiva e intuitiva.

Puede llegar a ser algo tan sencillo como el fútbol. La meta del fútbol es sencillísima: meter más goles que el otro equipo. Todo el mundo en el campo de juego sabe cuál es el principal objetivo: los delanteros, los defensas, el portero. De modo que cuando las cosas marchan bien, todos sabemos cuál es la meta: hacer que el balón entre en la portería contraria. Incluso cuando las cosas salen mal, igual todos seguimos sabiendo cuál es la meta: meter el gol. De manera que cuando un defensa ve que se genera una oportunidad, aunque se trate de una para la que no se ha entrenado, hará lo posible por cambiar de papel y atravesará el campo de juego como una bala para hacer lo que, en principio, no le corresponde: meter un gol. En pocas palabras, si compartimos una meta realizamos nuestro trabajo específico para alcanzar aquella meta, pero cuando la meta en realidad importa, incluso llegamos a hacer el trabajo de otro para asegurarnos de que nuestro equipo haga el gol.

Entre nosotros es un acontecimiento normal ver a un vicepresidente o vicepresidente ejecutivo sudando la gota gorda mientras movemos cajas llenas de libros para asegurarnos de que haya una mesa con libros durante un evento. El otro día un nuevo miembro del equipo se levantó durante una reunión del personal y se disparó en elogios al hablar de cómo nuestros directores están siempre hombro con hombro con los otros miembros del equipo para asegurarnos de que alcancemos nuestras metas. Sí, esto tiene mucho que ver con el tono del liderazgo para servir, pero también le transmite el mensaje al resto del equipo de que estamos dispuestos a hacer lo que sea necesario para triunfar. ¿Acaso se pueden imaginar a un defensa o un delantero dejando pasar un balón adrede y alegando algo tan estúpido como que "en esa zona ese trabajo no me corresponde"? En este momento hay compañías por todo el país fracasando porque han permitido que cuaje una cultura de líderes y equipos a quienes no les importa la meta, que solo están interesados en sí mismos. Cuando los miembros de un equipo solo están interesados en sí mismos, por definición, ipso facto, dejan de ser equipo... no son más que empleados. Y tan pronto como eso ocurre, el virus del fracaso ha entrado a la organización. Cuando el fracaso ocurre por este motivo, la culpa es tanto de la dirección como del equipo. No hubo una meta compartida que se comunicara con claridad para gestar el convencimiento de todas las partes implicadas. Una de las cosas que más rápido nos llevarían a prescindir de alguien en nuestra empresa sería que dicha persona dijera algo tan estúpido como "ese trabajo no me corresponde". Tanto la gente que trabaja en pequeños negocios o incluso en medio de cientos de compañeros de equipos, deben aprender a desempeñar múltiples tareas. Hay demasiado trabajo por hacer y demasiadas cosas urgentes que son menester, como para que a algún inútil despreocupado se le ocurra que está exonerado de realizar algo distinto a lo que expresamente estipula su contrato.

El tipo de comunicación que las metas compartidas gesta reduce los niveles de frustración dado que la mano derecha en efecto siempre sabe qué está haciendo la izquierda. Y este tipo de comunicación fomenta la convicción entre todos los miembros de un equipo manteniendo a raya la mentalidad egoísta, tanto entre las directivas como entre el equipo.

Las metas compartidas generan unidad

La mayoría de las compañías añoran más unidad, igual que ocurre respecto a la comunicación. Y tal y como hicimos en lo que concierne a la comunicación, vamos a ahora a hablar en profundidad sobre cómo crear el tipo de unidad con el que cuenta nuestro equipo. Lograr una unidad increíble, algunas veces pareciera ser un trabajo de tiempo completo. Y tener metas compartidas hace buena parte de la creación de tal unidad.

En primer lugar, la unidad se crea porque resulta relativamente fácil inspirar a otros miembros de un equipo en pos del triunfo y el desempeño en su respectiva área. Nos inspira comprender lo estrechamente ligado que el éxito de los otros está al nuestro y el de nuestra organización. Cuando no vemos de qué manera lo que otro tipo hace atañe tanto a nosotros como a toda la organización, ¿por qué deberíamos sentirnos unidos a esa persona?

La espantosa murmuración infantil y la rivalidad y el odio entre departamentos presente en la mayoría de las organizaciones francamente me enferma. Niños envidiosos que operan al mismo nivel emocional de una criatura de cuatro años en el fondo desean el fracaso de los otros departamentos de la compañía. Eso es algo así como si nuestra cabeza deseara que la nuca sobre la que gira dejara de funcionar. Estas peleas internas prueban una vez más que la mayoría de las empresas son su propio peor enemigo. Entre nosotros jamás hemos descendido a tales niveles de desdén interno. ¿Por qué? Porque permitimos estar en desacuerdo, incluso disputarse entre unos y otros, pero sin olvidar nunca que la discusión concierne a la meta. En el momento en el que la discusión se convierte en una batalla territorial infantil, la situación de quien lo haga corre peligro en nuestra empresa. Para ser claro, lo despediría por ese tipo de comportamiento infantil y estúpido. La unidad se crea cuando todo el mundo coincide respecto a la meta y lucha y se abre camino a como dé lugar para alcanzarla. La tarea de los miembros de un equipo es comportarse como adultos y no perder de vista la presa. La tarea de los directores es iluminar permanentemente con luz direccional la meta y deshacerse de cualquier distracción, como aquella en la que pueden incurrir los miembros de un equipo cuando empiezan a comportarse como empleados "envidiosos". Tras varias décadas de hacer lo anterior, mi equipo es tan fuerte que, hoy por hoy, se encarga de instruir de manera muy concreta a todo nuevo miembro respecto al modo en que trabaja un miembro del equipo a diferencia de cómo lo haría un mero empleado. La tolerancia de nuestro equipo para con un burócrata en el horizonte es muy baja, de manera que la presión de grupo positiva convierte a la gente nueva o la espanta. Y la verdad sea dicha, en lo que a mí concierne, ambos resultados me parecen bien.

La segunda manera de gestar unión es compartiendo metas personales. Si sabemos que nuestro colega en ventas está ahorrando para comprar su primera vivienda después de haberse casado, nos convertiremos en su más entusiasta porrista cada vez que logre una venta. En breve, este tipo de actitud crea relaciones. En el mundo de los negocios hemos cometido el enorme error de separar la tarea de la persona y su vida.

Cuando tanto los líderes y las directivas como los miembros del equipo pueden ayudar a otros miembros a alcanzar sus metas personales, se ilumina el árbol de Navidad que son sus mentes y almas. Una de las asistentes de uno de mis vicepresidentes ejecutivos es una excelente compañera de equipo y una maravillosa mujer que ha estado con nosotros muchos años. Hace un par de años, estaba leyendo las metas comerciales y personales de los miembros de nuestro equipo, cosa que suelen entregarme. Nota: a los miembros de nuestro equipo se les alienta para que compartan sus metas personales si se sienten cómodos haciéndolo, pero no es un requisito obligatorio. A medida que la confianza aumenta, así mismo ocurre con la profundidad de lo que se comparte.

Entonces me percaté de que una de las metas de esta asistente

Considero que hay algo aun más importante que creer en algo: ¡actuar! El mundo está lleno de soñadores pero no hay suficientes de aquellos que resuelven ir adelante y dan pasos concretos para hacer realidad su visión.
—W. Clement Stone

era verse libre de deudas, y que una de las cosas que quería hacer una vez logrado lo anterior, era comprarse una pluma estilográfica Montblanc. Resulta que tenía una colección de plumas estilográficas. Yo no tenía ni la menor idea y jamás me lo hubiera imaginado. Tengo varias plumas Montblanc y de pronto me dio la picazón de que las había comprado sin siquiera pensar en ello y que una de ellas era su gran meta personal. Así las cosas, pedí una y se la envié a su oficina al día siguiente. A la mujer le encantó y yo me divertí aun más pillándola con la guardia baja y participando en el cumplimiento de una de sus metas. ¿Me creerían si les digo que la unidad de nuestra organización aumentó como resultado de ese gesto sencillo? Por supuesto que sí. Entonces, ¿por qué no nos divertirnos con más frecuencia haciendo cosas por el estilo? Porque no compartimos metas. Y las metas compartidas gestan unidad.

Tener un sueño que luego se vuelve una visión, que a su vez se convierte en una declaración de objetivos y por último se desglosa en metas específicas es esencial para triunfar personalmente pero definitivamente crucial para el emprelíder. Ahora, lo que me parece aun más interesante que todo es lo compleja y divertida que es la sinergia que se crea dentro de una organización que opta por seguir estos pasos. Creo que es hora de que usted se siente y haga algunos ajustes. Hágalo ahora mismo.

3

Póngale sabor a su día
con salsa de carne

*Cómo sacarle el mayor provecho
al tiempo y a la organización*

Es muy decepcionante trabajar sin descanso un día entero y sentir que no ha pasado nada. Cuántos de ustedes no han experimentado lo siguiente: nos levantamos temprano y nos dirigimos derecho a la oficina, allí pasamos el día apagando incendio tras incendio, no nos acordamos qué pasó con el almuerzo y doce horas después llegamos a casa completamente exhaustos, nos derrumbamos sobre el sofá y nuestra mujer nos pregunta: "¿Qué hiciste hoy?". Entonces sacudimos la cabeza y pensamos: *No tengo ni idea*. La mayoría de quienes nos matamos trabajando, de quienes vamos a por ello con todo el empeño, hemos vivido eso. Dicha experiencia es desagradable y poco gratificante; nos sentimos como un ratón tonto dando vueltas en una rueda... correr, correr, correr y no llegar a ningún lado. Para poder disfrutar de nuestro trabajo necesitamos sentir que engranamos, necesitamos la sensación de tracción, de adherencia.

Aquello de administrar bien el tiempo siempre me ha sonado como una especie de programa corporativo de capacitación cocinado a la carrera por alguien que nunca ha trabajado en serio y que jamás se ha enfrentado a un día de esos en los que una crisis sigue a la otra. Sea lo que sea, el hecho es que cuando implemento los siguientes principios básicos a mi vida, logro hacer toneladas de cosas y, curiosamente, me siento mucho más sosegado... ¿o será más bien más satisfecho?

Mi amigo John Maxwell dice que un presupuesto es indicarle a nuestro dinero dónde debe ir antes de que nos estemos preguntando a dónde diablos se fue. Con el manejo del tiempo ocurre lo mismo; una de dos: le decimos al día que tenemos por delante qué debe hacer o de lo contrario terminaremos preguntándonos en qué diablos se nos fue. Y lo curioso es que, cuanto más eficientes, más sobre la jugada, más a punto estemos respecto al tiempo del que disponemos, más energía tenemos. Trabajar sin tracción, sin adherencia, o para el caso, simplemente desperdiciar un día, no nos relaja, lo contrario, nos agota, nos consume. ¿Alguna vez se tomó un día libre, durmió hasta tarde, luego dio vueltas por ahí sin ton ni son antes de sentarse a ver alguna mala película repetida en televisión tras miles de saltos de canal en canal y, al final del gran día, de pronto descubre que está totalmente agotado? Raro como pueda parecer, cuando cumplimos un plan diario para alcanzar una metas que hemos puesto por escrito, metas que surgieron de nuestra declaración de objetivos a su vez nacida de nuestra visión para hacer realidad nuestros sueños, resulta que tras un largo día arduo nos sentimos más enérgicos, vigorosos.

Siendo una persona creyente, siempre más o menos consideré que administrar el tiempo con el propósito de ser productivos era un asunto más bien empresarial y desprovisto de las menores implicaciones espirituales o personales. Mientras dictaba esta lección hace años, uno de mis jóvenes líderes, muy brillante, se me acercó después de clase y me lanzó la siguiente pregunta capciosa: "¿Dave, tú sabes cuándo se concibió el concepto de segundos y minutos?". "No", le repliqué, "pero con seguridad tú me sacarás de mi ignorancia". Bien, según mi joven líder, que tiene una maestría en teología, hasta el año 1300 de nuestra era el ser humano medía el tiempo solo en horas ayudado de instrumentos como el reloj de sol. Sin embargo, en algún momento de ese siglo XIV que se iniciaba, unos matemáticos que eran monjes fueron capaces de hacer los cálculos necesarios para que hoy nos sea posible dividir las horas en minutos y segundos. Los tales monjes hicieron este trabajo matemático para que les fuera posible adorar con más precisión a Dios. De manera que, hoy por hoy, administrar bien el tiempo y el dinero y verlos como bienes preciosos es un ejercicio normal para todos nosotros, en particular quienes somos creyentes.

Lo urgente y lo importante

Todos nosotros podemos pasar horas haciendo cosas ridículas que son una franca pérdida de tiempo con tal de no abandonar nuestra zona de confort. El doctor Stephen Covey explica en sus escritos que todo nuestro tiempo lo invertimos en uno de los cuatro siguientes cuadrantes, cosas que son:

I. Importantes y urgentes
II. Importantes pero no urgentes
III. No importantes pero urgentes
IV. No importantes y tampoco urgentes

Los puntos del cuadrante I son fáciles. La mayoría de quienes lideramos o aspiramos a liderar reconocemos y hacemos las cosas importantes y urgentes. En el mundo de los negocios se trata de cosas como pagar la nómina, porque de lo contrario todo el equipo renuncia esa misma semana. O cumplir una fecha de entrega de un producto porque de lo contrario vamos a tener unos clientes insatisfechos. El tipo de asuntos que cobija el cuadrante I son las tareas obvias y necesarias para permanecer en el negocio. Cuando apenas se inicia un negocio y no se tiene un equipo al que se le pueda delegar tareas, somos nosotros quienes tenemos que hacer los depósitos bancarios, pagar la nómina, encender las luces por la mañana... en fin, desempeñamos todos los papeles o casi todos. Estas tareas son imprescindibles.

Los asuntos que cubre el cuadrante IV son casi tan fáciles. Las cosas que no son importantes ni urgentes son una obvia pérdida de tiempo. La mayoría de las personas que lean estas páginas así lo comprenderá. Es probable que en algún momento cuente con algunos empleados a los que, en su camino a convertirse en miembros de un equipo, sea menester explicarles lo anterior, pero por lo general muy pocos dirigentes o directivos o líderes o simplemente gente productiva tiene problemas con este cuadrante. La mayoría del tiempo que se pasa mirando televisión cabe en esta categoría, particularmente cuando se hace en exceso, como la mayoría de la gente hace si vamos a ello. Consultar nuestra cuenta personal en Facebook o en Twitter mientras se supone que debemos estar trabajando también califica como pérdida de tiempo. Estas son todas actividades en las que la gente que cae en ellas casi nunca lo hace con el propósito expreso de perder el tiempo. Se trata de aquellos momentos pasivos e improductivos en los que la mayoría de la gente cae.

En fin, la mayoría de la gente no tiene que bregar con los cuadrantes I y IV. Son el II y el III con los que tenemos que ser muy específicos para poder triunfar a un nivel más alto.

El cuadrante III cubre aquellos asuntos "no importantes pero urgentes". Este cuadrante puede resultar engañoso dado que la urgencia lo hace parecer importante cuando en realidad es una pérdida de tiempo. Aquí, sentado, mientras escribo este capítulo, recuerdo una tarea importante, olvidé cerrar mi correo electrónico, y claro, ¡*din-don*! El timbre me anuncia que recibí un correo y yo, como una polilla atraída por la luz, tengo que interrumpir y perder el hilo de mis reflexiones solo para encontrar un correo electrónico de un "amigo" cuyo único propósito en el mundo es reenviarme cuanta "broma" o basura política se le cruce por delante. Quizá esto sea importante o gracioso en otra vida, pero la cosa me distrae de tal modo que acabo de hacer algo urgente pero no importante y no algo urgente e importante. Todos lo hacemos.

A medida que aumentan nuestras responsabilidades y pasamos por distintas etapas de la vida, lo que alguna vez se consideró importante puede cambiar. De niños nos educaron de manera rigurosa respecto al protocolo telefónico. En los años 1960 el teléfono era la vida y el alma de los agentes inmobiliarios como mis padres. Y por tanto, ambos eran muy poco tolerantes con la posibilidad de que un niño, al contestar el teléfono, les costara las arras de un negocio o incluso el remate de una venta porque la criatura manejara mal el intercambio. De manera que, desde muy pequeño, aprendí a contestar el teléfono como un recepcionista profesional. Recuerdo vocalizar con toda claridad el "Sí señora" o "Sí señor", tomar rigurosa nota del mensaje y confirmar el número telefónico de quien llamaba con voz firme y una sonrisa. Con frecuencia, al devolver la llamada, elogiaban a mis padres por los buenos modales de su "hija" adolescente, a lo que mis padres respondían: "Es niño y tiene siete años". En consecuencia, el repicar de un teléfono quedó profundamente grabado en mis sentimientos como algo importante. Sin embargo, de unos años para acá, con hijas adolescentes en el hogar, una esposa muy sociable y yo supeditado al correo electrónico, de pronto tuve una revelación: cuando en mi casa suena el teléfono, la llamada *nunca* es para mí... ¿entonces para qué contestarla? Cierto, mi temprana formación hace que brinque cada vez que suena el teléfono, pero dado que la llamada nunca es para mí y que además contamos con un excelente correo de voz, ¿para qué tomar nota del mensaje que alguna de las señoras con las que mi mujer sale a trotar todas las mañanas en la YMCA quiere dejar? Así que, en mi casa, ya no contesto al teléfono. Nunca. Es cierto que algunas veces me siento extraño, pero la llamada *nunca* es para mí.

He ahí una maravillosa metáfora de aquello que sería perder el tiempo haciendo algo que es urgente pero no importante. Pregúntese en qué cosas usted o algunos de los miembros de su equipo invierten tiempo y qué realmente no conduce a sus metas. Bien puede haber algo lo suficientemente urgente e importante como para asegurarse de que algo se haga al respecto, pero no es importante que *usted* lo haga. En el caso de mi casa, aquello de contestar al teléfono ha sido delegado a la persona que en efecto quien llama quiere contactar o, en su defecto, a un sistema de correo de voz muy competente. A medida que el tamaño de nuestro negocio y responsabilidades aumenta, nos toca alejarnos del espectro de asuntos que realizamos personalmente. Debemos invertir nuestro tiempo en aquellas cosas que *solo* nosotros podemos hacer. Como ya dije, al iniciar un negocio desempeñamos cientos de roles, pero a medida que aumentan nuestros ingresos y crece nuestro equipo, vamos delegando esos roles. Mi asistente personal, que hace las veces de conserje y guarda, me permite trabajar en las cosas que yo debo hacer personalmente. Cuando hace ya muchos años abrimos nuestro negocio, yo hacía personalmente, una por una, todas las asesorías financieras. Pero ya hace muchos años que no asesoro ni un alma. Cuando mis mejores amigos o incluso miembros de mi familia necesitan ayuda, sé que recibirán mejor y más rápida ayuda con muy buen seguimiento si los remito a uno de mis asesores para que los ayuden. Hoy por hoy les estaría prestando un mal servicio si los asesorara. Y por supuesto, duro como pueda sonar, eso es una tarea que, como líder, debo delegar.

¿Todavía corta el césped a pesar de que odia hacerlo? En ese caso debe proponerse una meta económica para dejar de hacerlo tan pronto pueda. ¿En qué cosas quiere invertir su energía vital? ¿Acaso todavía contesta personalmente el teléfono de su negocio, sigue llevando la contabilidad, redactando sus cartas, haciendo las reservas para viajes o incluso pasando la aspiradora por su oficina? Yo he hecho todas y cada una de las cosas anteriores y no soy tan engreído u orgulloso como para no hacerlo ahora, pero he aprendido que redactar estas páginas o dar una charla u orientar a un joven líder son cosas que solo yo puedo hacer y que no podría realizar si se me fuera el tiempo haciendo lo urgente pero no importante.

El cuadrante II contiene aquello importante pero no urgente. Y el tiempo aquí invertido puede llegar a ser el más útil como empnelíder. Las cosas que caen en esta categoría probablemente inciden más sobre la calidad de nuestras vidas y negocios que las de cualquier otra área. Ejemplos de lo que cabe en esta área son asuntos como el ejercicio, la planeación estratégica, el establecimiento de metas, la lectura de libros sobre liderazgo y negocios, tomar dos o tres cursos, construir relaciones, orar, salir de noche con nuestro cónyuge, tomarse un día para sesiones de intercambio de ideas, elaborar nuestro plan de patrimonio/testamento, ahorrar dinero y cambiar el aceite del motor de nuestro automóvil. Casi todos coincidimos en que las cosas que no son urgentes pero sí importantes quizá sean las actividades más importantes que hemos realizado cuando miramos en retrospectiva nuestras vidas, pero el problema es que vivimos en una sociedad donde el gusanillo de estar en movimiento, en desenfrenado movimiento todo el tiempo, a veces pareciera ser el espíritu de la época. Hay algo en las actividades que cobija el cuadrante II que nos invita a hacer una pausa, respirar profundo, exhalar despacio y entonces emprender la actividad. Actividades como las arriba mencionadas constituyen los componentes básicos de una vida y unos negocios de alta calidad y, sin embargo, precisamente porque no son urgentes, al mismo tiempo parecen ser algunas de las cosas que con más frecuencia eludimos.

Lo interesante es que, si evitamos las actividades que cubre el cuadrante II, terminarán por pasar al cuadrante I y se volverán urgentes. Si no hacemos ejercicio ni nos alimentamos bien (simple y llanamente porque no tenemos tiempo para ello) ya tendremos la oportunidad de tomarnos un tiempo libre cuando necesitemos una triple cirugía cardiovascular de bypass. Si no salimos esa noche para asegurarnos de que el fortalecimiento de nuestra relación haga parte de nuestro mes a mes, ya tendremos que tomarnos un tiempo para recibir consejo matrimonial. Si no cambiamos el aceite, no tendremos más remedio que comprar un nuevo motor. De manera que, las actividades "no tan urgentes", cuando no se hacen, tienen un enorme costo potencial, así que más le vale destinar tiempo para las actividades de los cuadrantes I y II, eluda tanto como le sea posible el cuadrante IV y delegue o evite a toda costa las cosas del cuadrante III.

Controle el tiempo con la ayuda de una lista de cosas por hacer

Cuando he asistido a lo largo de los años a cursos o seminarios sobre la administración del tiempo, siempre he escuchado la siguiente cita: "Si todas las mañanas inviertes quince minutos redactando en un papel un plan para el día, tu productividad aumentará en un 20%". Si está leyendo este libro francamente no creo que usted esté desperdiciando una quinta parte de su día, pero sí apuesto que hay miembros de su equipo a quienes eso sí les ocurre. De modo que cuando empiece a administrar su tiempo como es debido y le enseñe a su equipo a hacer lo mismo, con seguridad verá un cambio notorio en la productividad e incluso mayor satisfacción laboral. Recuerde que la tracción es satisfacción.

Un antiguo y consagrado pero sencillo método para gestionar nuestro día antes de que comience es el de hacer una lista de prioridades. Cada mañana elabore una lista con las actividades que necesitan hacerse hoy. Luego observe la lista y pregúntese qué cosas deben hacerse *hoy*. Ponga una "A" delante de cada una. Luego observe el resto de la lista y pregúntese qué cosas deben realizarse muy pronto (y si fuera hoy, mejor). Ponga una "B" delante de cada una. El resto de las actividades se marcarán con una "C" y, si en un par de semanas no han ascendido a B o A, deben delegarse o poner en un archivo de ideas. Mire ahora todos los puntos "A" y pregúntese: *¿cuál es el punto o la actividad que debe hacerse hoy... y en el caso de que sea lo único que se haga, habré hecho lo correcto?* Ponga un 1 al lado de la A para convertirlo en A1. Luego hágase la misma pregunta respecto al siguiente asunto en importancia que se convertirá en A2 y así sucesivamente a lo largo de las A, luego de las B y C. Por supuesto, ahora volvemos a escribir la lista en el orden que corresponde empezando por A1, pasando a las B y las C.

Ahora tiene en la parte superior de su hoja la cosa más importante que debe realizar hoy, A1. A esto yo lo llamo salsa de carne en honor a la salsa de carne A1. Póngale un poco de sazón a su carne —a su vida— invirtiendo sus preciosos momentos en este planeta haciendo tareas y trabajos importantes en vez de leer correos electrónicos basura. Al tiempo que empieza su día armado de su lista de prioridades, en algún momento durante la primera hora será puesto a prueba. Levantará la cabeza y verá, recostado contra su puerta, café en mano, a un colega o un miembro del equipo con un "problema" o distracción. Debe acostumbrarse a mirarlos a los ojos y preguntarse: *¿son salsa de carne?* ¿Su problema es más importante —no más urgente sino más importante— que su propio A1? Por lo general no.

Cuando nuestra compañía aún era joven y apenas sumábamos diez personas, tenía una joven mujer en ventas que siempre aparecía en mi puerta cada vez que la fotocopiadora se atascaba. Me tomó un buen tiempo habituarme a no reaccionar ante la frustración de la mujer levantándome para correr a arreglar el aparato en vez de hacer que ella buscara a alguien más, cualquier otra persona, para encargarse del asunto. Por otro lado, hace un par de años, un día estaba yo en mi escritorio a primera hora de la mañana, recién terminada mi pequeña lista, cuando el director de recursos humanos se apareció en la puerta para decirme que una ambulancia estaba en camino porque uno de los tipos en otro piso se había desmayado. Obvio que este asunto era más importante que cualquier A1 que yo tuviera en mi lista, de manera que me dirigí a donde estaba el paciente quien ya había vuelto en sí. Buenas noticias: a pesar de que igual se lo llevaron en la ambulancia, el tipo estaba bien, había sido un pequeño bajón de azúcar. Y entonces, como dice Brian Tracy, "de vuelta a la lista".

Tener por delante un día cuidadosamente planeado es como contar con una plomada, un mecanismo de guía y medida para evaluar las interrupciones y un lugar al cual volver tras la interrupción si ésta así lo ameritaba.

En mis tiempos de joven empresario, antes de convertirme en un emprelíder, con frecuencia intentaba manejar los resultados. Hacía esfuerzos por incrementar los ingresos por ventas o subirle la moral al equipo o aumentar las utilidades netas. Hasta que finalmente comprendí que son las actividades las que se encargan de generar resultados. Si manejo bien mis actividades, entonces obtengo los resultados que quiero. Si mi equipo de ventas hace más visitas y llamadas, ofrece un mejor producto y atiende mejor a los clientes, el resultado natural es un incremento de los ingresos. Si le ponemos ojo de águila a los gastos creando una cultura de equipo en donde se odia cualquier gasto innecesario para así aumentar nuestros ingresos, el resultado natural de tales actividades es mayores utilidades. Si quiero subirle la moral al equipo necesito involucrarme en actividades como prestarle suma atención a la manera de manejar la situación particular de cada uno de los miembros del equipo… y el resultado será un equipo con la moral más alta. Debemos prestarle mucha atención a la administración de nuestro tiempo y el del nuestro equipo, de manera que las actividades en las que nos involucramos sean aquellas que producen los resultados que esperamos. No perdamos tiempo trabajando con el síntoma; ataquemos la causa de síntoma.

Vengo administrando mi tiempo a partir de la sencilla lista de prioridades desde mi adolescencia. Me educaron en esta técnica desde muy temprano, de modo que me impaciento rápido con la gente que pierde el tiempo. Hay un tiempo para holgar con un buen libro, hay un tiempo para el esparcimiento, cosa que me parece muy bien. Pero esas personas que entran a la oficina con una taza de café, como si estuvieran en una escena sacada de *Office Space* y cuya única razón para existir en este planeta es hacer que todo el mundo haga todo de manera más lenta, terminarán por enervarlo a usted y a su equipo... sobre todo una vez la productividad aumenta y tomamos consciencia de la importancia de cada precioso minuto.

Hace años trabajaba para nuestro equipo un hombre que era un gran tipo. Es más, era un tipo que trabajaba duro... cuando había trabajo por hacer. Pero es una de esas personas que necesita interacción humana, mucha interacción humana. De modo que cuando no estaba ocupado se acercaba a mi puerta y me preguntaba si disponía de un minuto; treinta minutos más tarde el tipo todavía no había llegado al punto. Terminé por contratar a alguien para que se encargara de mantenerlo ocupado. Así, logré que el hombre siguiera con nosotros, permaneciera ocupado, realizara un gran trabajo y me dejara en paz. La verdad es que no soy tan poco sociable como puede parecer, pero igual que usted tengo muchas cosas que hacer en un día dado y la gente que pierde el tiempo absorbe nuestra vitalidad y la de nuestra compañía. Piense en las implicaciones económicas: somos nosotros quienes pagamos la nómina de quien pierde el tiempo y el de la persona que éste interrumpe.

Algunas personas no son infractores tan grandes en lo que concierne al tiempo y lo pierden de manera más informal. Nuestra productividad puede mantener a raya a este tipo de persona. Si estamos sobre la jugada, en movimiento, ocupados, con la agenda llena, entonces el tipo con la historia genial sobre el partido de fútbol sabrá que no tiene más remedio que esperar. Para efecto de una mejor comunicación yo mantengo mi agenda en Outlook, donde mi asistente puede verla y cambiarla, y donde mi esposa y unas pocas personas más en la compañía pueden verla pero en "Read Only" (solo para leer), de modo que les sea posible encontrar el momento de ponerse en contacto conmigo respecto a las cosas en las que estamos trabajando. Mantengo una pantalla plana de cuarenta y dos pulgadas sobre la mesa de juntas en mi oficina con el archivo de Outlook abierto y allí está mi agenda. Soy una persona muy ocupada, de manera que la agenda está llena varios meses por adelantado. Esto trajo como consecuencia inesperada un incidente con un ocasional perdedor de tiempo. No sé muy bien por qué, pero yo solía destinar algo de mi tiempo a orientar líderes en la comunidad a razón de una vez por persona y en algunos casos incluso un par de veces. Uno de mis futuros jóvenes líderes había solicitado un encuentro conmigo para hablar sobre cómo hacer crecer su apostolado sin fines de lucro, y yo acepté. Mi asistente es amable, pero muy claro en lo que concierne al horario y duración de las reuniones y al hecho probable de que yo tenga compromisos antes y después de las mismas, de modo que más vale que las reuniones se lleven a cabo a tiempo. Un buen día (teníamos programados treinta minutos) el joven llegó, se sentó y habló diecisiete minutos de fútbol. Entonces ocurrió algo muy interesante. El hombre dirigió la mirada a la pantalla plana y vio mi agenda. De pronto se encendió una lamparita y el tipo dijo: "¡Ay Dios, usted está muy ocupado, más vale ir al grano". Que es justamente lo que yo venía pensando los últimos diecisiete minutos transcurridos. Entonces, acto seguido, celebramos una muy productiva reunión de trece minutos. Mi productividad lo alentó a ser más productivo. Lo mismo también ocurrirá en su organización.

¿Odia las reuniones?

Cuando su organización alcance un tamaño que haga necesarias hacer reuniones para trabajar en los distintos proyectos y para crear un espacio de comunicación de calidad, pronto llegará a odiar las reuniones de grupos si no las administra con sumo cuidado. ¿Ha asistido alguna vez a una de esas reuniones con un pequeño grupo de personas donde, a pesar de que la razón de la reunión había sido debidamente divulgada igual todo el mundo sigue allí sentado hablando sobre nada? Cuando alguien no acaba de comprender, a pesar de todas las indicaciones, que la reunión ya ha llegado a su fin, es probable que nos toque recurrir a la técnica de ponerse de pie: en pocas palabras, cuando la reunión ya terminó, pero nadie parece percatarse de ello, póngase de pie. Quizá el gesto sea un poco descortés, pero también lo es un majadero sentado en nuestra oficina desperdiciando la luz del día. Al ponerse de pie verá cómo la reunión llega a su fin y la gente empieza a recoger sus cosas y se dirige a la puerta; hasta el más grande de los payasos entenderá el mensaje y lo seguirá camino a la salida.

Ahora, si odia las reuniones porque piensa que son una pérdida de tiempo, entonces hay algo que tiene que cambiar. Mi amigo Patrick Lencioni escribió un gran libro titulado *Reuniones que matan* donde ofrece algunas excelentes recomendaciones. Varios de mis líderes leyeron este libro y exigieron hacer unos cambios en los procesos de nuestras reuniones. Hoy por hoy cuento con veintitrés personas en lo que llamamos nuestro Consejo de Liderazgo. Lo componen los vicepresidentes de los distintos departamentos y algunos otros líderes claves en la compañía. Nos reunimos una vez al mes para discutir y hablar sobre cualquier asunto relativo a nuestra organización y hacia dónde se dirige. Esta gente es una pandilla de hermanos y hermanas. En promedio hemos combatido desde las trincheras durante más o menos diez años... algunos más, otros menos. Nos une una vieja camaradería. Con frecuencia las risas predominan en las reuniones del Consejo de Liderazgo, gozamos en compañía e incluso a veces recordamos viejas historias de combate. Todo lo anterior es bueno y laudable, pero no era ese el propósito expreso de nuestras reuniones. Como alguna vez señalara uno de mis vicepresidentes ejecutivos, sumemos el pago por hora de quienes asisten a esa reunión y luego veamos si seguimos tan contentos de haber perdido una hora. Guácala, como para revolverle a uno el estómago. Cualquiera de los miembros del Consejo puede proponer algo para la agenda hasta una hora antes de la reunión, pero luego cumplimos rigurosamente la agenda. Anoche tuvimos una reunión del Consejo de Liderazgo que solo duró treinta y ocho minutos, de manera que todos volvimos temprano a casa para estar con nuestras familias. Dios, cómo me gusta tener un plan. No me importa que tales reuniones sean largas siempre y cuando no estemos ahí pasando o más bien perdiendo el tiempo. Mis directivos odian perder el tiempo.

Al programar una reunión, tómese un tiempo para prepararla. Con demasiada frecuencia asistimos a una reunión y allí sorteamos el asunto sobre la marcha. Si estamos dispuestos a invertir tiempo y dinero valiosos en una reunión, bien vale la pena tener una agenda y estar bien preparados a la hora de presentar nuestras ideas. Casi se puede decir que cada reunión necesita su propia declaración de objetivos; a falta de eso, por lo menos una meta expresa. A medida que las soluciones vayan surgiendo, asígnele el seguimiento a una persona en particular, seguimiento que debe entregar en un plazo de tiempo específico. No hay nada más frustrante y poco motivador para nuestro equipo que participar en reuniones donde se presentan ideas y se proponen soluciones sobre las que luego no se procede. Inmediatamente cunde la sensación de que las reuniones son una pérdida de tiempo... porque en ese caso, eso es lo que son: una pérdida de tiempo.

Intente distintos tipos de reunión. Uno de mis vicepresidentes lleva a su gente clave de paseo al campo en su camioneta y observan tierras de labranza mientras hablan. Dicho sea de paso, el tipo dirige uno de los departamentos más rentables de mi compañía, de manera que algo tendrá el asunto. En nuestro lobby hay una cafetería en donde veo que se celebran muchas reuniones de equipo. Con seguridad una carrerita a comprar un poco de helado puede incentivar la creatividad para reducir pérdidas. Si tiene pensado organizar un retiro de liderazgo o una sesión de intercambio de ideas, hágalo extra muros para que nuevas reflexiones entren a la discusión. Estas cosas parecen obvias, pero como soy una criatura de hábitos tiendo a sentarme en el mismo sitio para proceder con la misma discusión sin entender por qué no surgen nuevas respuestas. Qué tonto, ¿verdad?

Tecnología

Como ya dije, mi asistente se encarga de tener al día mi agenda en Outlook y por tanto a la vista de los demás. Puedo acceder a mis correos electrónicos, contactos y agenda por computador y teléfono celular veinticuatro horas al día, siete días a la semana cuando viajo, en casa o en la oficina. Jamás prescindo de este acceso a menos que así lo desee. Y que así sea resulta ser algo muy eficiente incluso cuando se trata de mi mujer planeando una cena. Así ella puede ver qué noches tenemos libres en los próximos seis meses.

En el marco de una pequeña empresa por lo general surgen dos tipos de fallas tecnológicas. Una de ellas es aquella persona que se resiste a usar la tecnología y por lo tanto desaprovecha los beneficios en ahorro de tiempo que ofrecen asuntos como los calendarios electrónicos, el correo electrónico y esa gran cosa que son las herramientas para elaborar toda índole de presupuestos. Tengo un amigo dedicado a la construcción de vivienda particular que realiza todos sus cálculos, presupuestos y cronogramas desde su teléfono celular. Su oficina es la cabina de su camioneta. Conozco otro constructor cuya idea para manejar el presupuesto de su trabajo consiste en el talonario de una pequeña cuenta corriente que lleva en el bolsillo trasero para cada negocio. Yo personalmente odio aprender nuevas tecnologías. Para cuando más o menos he podido acostumbrarme a mi navegador en la red, con todos mis marcadores favoritos bien ubicados y he aprendido a manejarlos bien, me caen encima para que actualice mi *software* y entonces me toca empezar de nuevo. Guácala. Sin embargo, cada vez que consigo un nuevo y mejor teléfono o nuevo y mejor *software*, aumento mi productividad una vez he superado el síntoma del guácala. Por ende, haga lo posible por no perder varias valiosas horas a la semana debido a esa tendencia a resistirnos a la tecnología. Ya no poseo una máquina de escribir ni una calculadora de diez teclas a pesar de que alguna vez ambas cosas fueron básicas en mi negocio.

La segunda falla en la administración del tiempo debido a la tecnología se encuentra en el otro extremo del espectro: concentrarnos tanto en la tecnología que terminamos por no hacer nada distinto a divertirnos con nuestro nuevo juguete y no trabajamos. Las personas con esta inclinación suelen ser más jóvenes y viven fascinados con las nuevas proezas posibles gracias a los nuevos artilugios y *software*. Sí, debemos comprender todas las maravillas que podríamos hacer con nuestros juguetes, pero es menester que *realicemos algún trabajo* como resultado de ello. A veces pareciera que la adicción de un joven videojugador se transformara en una adicción por los artilugios, y todo en nombre de los "negocios". Entonces, a pesar de nuestro deseo de usar la tecnología para ser más eficientes, recordemos que puede ser terriblemente ineficiente no hacer nada distinto a aprender sobre la tecnología.

Un par de palabras sobre lo básico

La mayoría de nosotros nos hemos alejado del uso del papel. Mi lista de cosas por hacer solía estar en un documento en Word dentro de mi computador; hoy ha evolucionado hasta tal punto que el 90% de las listas están contenidas en la bandeja de entrada a mi correo electrónico. Delego, elimino, archivo y/o rápidamente contesto mis correos electrónicos según su prioridad. Quienes trabajan en mi equipo reciben de mi parte cantidades de correos electrónicos diarios de una sola palabra. Mi correo puede decir "No", "Chévere", "k", "Todo suyo". Si la persona quiere que me explaye, su correo descenderá en la lista de prioridades o arreglo con ella una cita relámpago. Niéguese a involucrarse en discusiones por correo en las que la función "contestar a todos" se utiliza para regañar a la gente. He caído en esa trampa y, aunque en el momento puede parecer una medida eficiente, nos aleja de la posibilidad de tener un contacto de calidad con un miembro del equipo a quien más adelante podrá delegar tareas si hace de este momento una instancia educativa personal. Tim Sanders recomienda "suprimir de manera definitiva el 'contestar a todos'". Coincido con él.

Desde que nos hemos venido alejando del papel, mi asistente personal se encarga de todos mis archivos impresos. Sobre mi escritorio no tengo nada más que lápices. Delegue usted ese tipo de uso del tiempo. Nuestros archivos deben estar en nuestras computadoras y sincronizados entre sí de manera que podamos acceder a ellos desde cualquier lugar y a cualquier hora. En una de las esquinas de mi escritorio reposa una bandeja donde dejo cualquier cosa que quiero que mi asistente distribuya. Allí incluyo cosas como recibos, cartas firmadas, cheques firmados o cualquier otra cosa que ella hubiera dejado antes sobre mi escritorio para que yo me encargara.

La superficie de su escritorio representa el estado organizacional de su cabeza e incluso, tal vez, el de toda su compañía. Yo solía pensar que una cantidad de cosas acumuladas y esparcidas sobre mi escritorio eran prueba de que estaba ocupado y trabajaba duro. Luego descubrí que significaba que no sabía cómo organizar y delegar el flujo de trabajo. Un flagrante ejemplo de lo anterior lo pude observar un día cuando visité la oficina de un amigo llamado Cecil. Por entonces yo era un joven haciendo mis pinitos empresariales y él ofreció ayudarme con algunas inquietudes financieras que yo tenía y además el hombre quería alentarme para ayudarme a pasar por unos tiempos más bien duros. Cecil era propietario de una operación de planeación financiera bastante grande, con un equipo de cientos de personas y toneladas de dinero. Al entrar en su oficina todo me pareció tan limpio, despejado y prolijo que sentí como si hubiera entrado a una sala de cirugía. Ni siquiera tenía un escritorio, apenas una simple mesa de biblioteca sin cajones. Había un teléfono, un computador y, en la mitad de la impecable mesa, un cuaderno con un lápiz encima. El lugar parecía listo para una sesión de fotos para alguna revista. Viniendo de mi atiborrada y desordenada oficina, ésta me parecía estéril. Al final de nuestra reunión le pregunté: "¿Dónde haces todo tu trabajo?". Como si el hombre debiera tener alguna secreta y desordenada oficina de verdad en algún cuarto adjunto y ésta fuera la que usaba para mostrar. Se rió y me dijo: "Aquí mismo". Como no acababa de entender la cosa, empecé a hacerle preguntas como "¿Dónde están tus cosas? ¿Acaso no tienes una grapadora? ¿Archivadores? ¡Aquí pareciera que no trabaja nadie!". Volvió a reírse y empezó a explicarme que yo jamás llegaría a tener una empresa grande mientras no alcanzara ese punto en donde alguien más se encarga de grapar y archivar. Me explicó que su trabajo ahora consistía en no hacer eso; que ahora su trabajo era establecer la visión de su compañía y dirigirla bien en todos los aspectos y que para ello lo único que se necesitaba eran cerebro y deliberación. De manera que ordene su sucio y desordenado escritorio y oficina. No, usted no sabe en qué montón o pila está tal cosa y no, tampoco es porque sea de temperamento artístico... simplemente es desordenado. Limpie y ordene el desorden, y deshágase de todo lo demás. El archivo trece, es decir, la papelera, puede llegar a ser uno de los mayores ahorradores de tiempo de los que pueda disponer.

Repaso

He ido avanzando de sueños a visiones a declaración de objetivos a metas y ahora a cómo administrar cada una de nuestras horas y minutos para que todas las cosas anteriores ocurran. Recuerde que incluso en el caso de que esta información le parezca demasiado básica y elemental, a medida que la induce en sus hijos y/o equipo, para ellos será revolucionaria. Lo reto a que se atreva a inyectarle nueva vida a su negocio llevando a cabo este proceso. Intente implementar este enfoque durante noventa días sin interrupciones. Le puedo prometer que verá nuevos niveles de tracción y de aquí mayores niveles de satisfacción y gratificación. No hay nada tan poco satisfactorio como trabajar muy duro solo para ver que no se mueve el fiel de la balanza.

4

Hablar de "líder sin carácter" es un oxímoron

La manera más fácil de tomar decisiones difíciles

Un líder que se niegue o sea incapaz de tomar decisiones jamás alcanzará el éxito y con seguridad jamás se convertirá en un emprelíder hecho y derecho. Cuando optamos por definirnos como líderes, o mejor aun, cuando aspiramos convertirnos en emprelíderes, nos toca declarar de manera categórica que la pasividad deja de ser una opción. El liderazgo no es para los débiles y timoratos; requiere enormes cantidades de fibra, de fuerza. Y entre más grande el sueño, más grande la organización, más complicadas y emocionalmente extenuantes serán nuestras decisiones. En breve, el empreliderazgo a lo grande simplemente no es para enclenques.

Sin embargo, todos hemos enfrentado situaciones en las que nos paralizamos, nos tornamos indecisos. Y "líder indeciso" ciertamente es un oxímoron, una contradicción de términos. Nuestro negocio, familia, equipo y futuro se paralizan cuando somos así. Ponemos todo

> **Un *buen* plan, violentamente ejecutado hoy, es mejor que un plan *perfecto* ejecutado la semana entrante.**
> **—George S. Patton**

nuestro sueño en peligro cuando somos irresolutos. No daremos en ningún blanco si todo lo que decimos es algo así como "¡listos, apunten, apunten, apunten..." sin rematar con "¡fuego!". Así, lo único que lograríamos sería enloquecer a nuestra gente más ta lentosa y terminaríamos por perder nuestras mejores relaciones por no apretar el gatillo. ¿Ha visto alguna vez a una gran mujer joven saliendo con un gran hombre joven que se niega a formular la gran pregunta? El hombre terminará por perderla porque, si la mujer vale la pena, no va a envejecer esperando a que el tipo se ponga a tono.

El mercado espera con ansiedad una versión más adecuada de ese servicio o producto que usted ofrece pero usted se obstina en el viejo método porque es incapaz de tomar una decisión. Si este es su caso, tenga la seguridad de que más temprano que tarde un competidor le saldrá al camino, del mismo modo que la joven mujer encontrará a alguien que sí le formule la pregunta. Y así, tal y como le ocurrirá al tipo que perderá a su novia debido a su indecisión, usted perderá a su cliente por el mismo motivo. Pero el competidor que entra en escena en cualquiera de los dos casos no es el problema; es solo el síntoma. El problema es su inacción. De haber tomado medidas, el competidor jamás hubiera tenido dónde apoyar el pie. Usted habría conservado a su cliente y nuestro hombre joven hubiera tomado la mano de su bella doncella.

La indecisión es algo que a todos nos afecta. El reto consiste en alejarla de nuestras vidas para poder triunfar como emprelíderes. Pero para hacer a un lado la indecisión debemos antes identificar qué la causa.

El miedo

Una de las cosas que hace que *no* tomemos lo que de otro modo serían decisiones obvias, es el miedo. El miedo es la causa primordial de las parálisis. Nos ocurre como al venado encandilado por las luces de un automóvil que se paraliza justo en medio del peligro. El apóstol Santiago dice en su carta que "el hombre de ánimo doble es inconstante en sus caminos". En otras palabras, la persona incapaz de decidirse, de tomar partido, es inestable, impredecible y arruinará su organización. Lo anterior suelo llamarlo la "teología de la ardilla", porque me recuerda aquellas ardillas que cruzan el sendero delante de nuestro auto. El miedo que nuestro automóvil produce en la ardilla hace que ésta empiece a correr de aquí para allá, cambiando de dirección sin ton ni son, en medio de la calle, hasta que oímos el *pluf, pluf*. ¡Ayayay! La indecisión que el miedo nos produce puede matarnos.

Una vez comprendí que el miedo estaba a la base de mi irresolución, y que la irresolución aniquilaría mis sueños y por tanto arruinaría mi vida, me vi obligado a diseñar un método para lidiar con el miedo. Uno de los valores esenciales de nuestra empresa es que allí no tomamos decisiones guiados por el miedo. Algunas veces tenemos temores. Podemos temer perder un cliente o un pleito o temer perder dinero. Es prudente reconocer que dichos temores bien pueden tener fundamento y por tanto no debemos ignorar las posibles consecuencias de nuestra decisión, pero no permitiremos que el espíritu del miedo sea quien nos dirija. De lo contrario, todo competidor que resuelva amenazarnos nos obligaría a correr a la esquina a chuparnos el dedo. Es sabio reconocer que el competidor puede o no representar una amenaza, pero muy poco sensato permitir que nos paralicen con sus provocaciones de plaza de mercado. Les Brown, un antiguo orador motivacional, dice que muchos de nosotros no vivimos nuestros sueños porque vivimos nuestros miedos. De manera que, entre nosotros, solemos decir, de manera deliberada y en voz alta, que esta o aquella situación o problema nos produce temor y acto seguido nos ponemos en el asunto de tomar una decisión sin permitir que el miedo sea el factor primordial detrás la decisión. Dorothy Bernard dice que el coraje es solo miedo que ha hecho las debidas oraciones.

> **No tomamos decisiones basadas en el miedo.**

Las críticas

Puede estar seguro de que no faltarán las críticas si emprende cualquier cosa de escala importante. No debemos temerle a la crítica. Es un gaje del oficio, forma parte del paquete. Sin embargo, me he cruzado con gente que no hace lo que debe y toma una decisión porque teme que alguien en alguna parte se pueda molestar. Por el contrario, será mejor si simplemente asumimos que a alguien no le gustará nuestra jugada. Así, ponderaríamos con sensatez a quién podría no gustarle algo y trabajar desde aquí para crear un consenso en lo que concierne a las decisiones, pero sea como sea, al fin de cuentas, el miedo a las quejas por parte de los entusiastas del no hacer nada o de la oposición no le impedirá al verdadero emprelíder hacer su llamada, tomar la decisión. Aristóteles dijo: "Solo hay una manera de evitar las críticas: hacer nada, decir nada y ser nada". Entre más cosas hagamos, no faltará quién encuentre más cosas negativas para decir. A pesar de la cantidad de trabajo que hago en los medios y tan grande como nuestra marca se ha vuelto, igual sabemos cómo lidiar con la correspondencia que recibimos llena de insultos y amenazas. Viene con el paquete; no permita que eso le impida hacer lo que debe hacer o vivir su sueño.

Elementos de la buena toma de decisiones

Los grandes emprelíderes no permiten que el miedo los lleve a la indecisión. Cierto, algunas veces tenemos temores, pero igual cumplimos con nuestras obligaciones y no permitimos que sea el miedo lo que impulsa nuestras decisiones. Puede ocurrir algunas veces que tomar una buena decisión signifique optar por ser pasivamente activo. ¿Cómo así? Sí, optar por no decidir en este justo momento *es* una decisión. Cosa muy distinta a verse completamente paralizado por el miedo. Son muchas las veces que, a lo largo de los años, hemos optado por no decidir hoy.

Cuando nuestro negocio comenzaba, nuestro departamento de contabilidad consistía de una señora encargada de todos nuestros asuntos contables. Yo odiaba la contabilidad y delegué esta tarea con felicidad. Pero de hecho, fracasé, y fracasé precisamente porque me desentendí de nuestra contabilidad de manera tan completa que ni siquiera miré el proceso. Resultó que la señora no llevaba nuestra contabilidad para nada, lo único que hacía era entregarme una vez por semana un informe de una hoja donde señalaba que estábamos al día en nuestros pagos y que todos los cobros se habían recogido. Según ella, no le debíamos dinero a nadie y nadie nos debía dinero. Una situación óptima si la hay. Pero era una mentira. Fue mientras estaba en Disney World con mi familia cuando un vicepresidente me llamó para informarme que los funcionarios de recaudación de Hacienda estaban en la oficina disponiéndose para sellar nuestras puertas porque no habíamos pagado los impuestos de nómina. ¿Cómo podía ser? Yo estaba seguro de haber visto informes que decían lo contrario. En tanto mis líderes empezaron a investigar el asunto, encontraron no solo que teníamos varias cuentas atrasadas sino que mucha gente nos debía dinero que no habíamos reclamado. Y peor aun, ¡los de Hacienda tenían toda la razón! La mujer era una mentirosa... ¡con mi dinero! Ahora existe en Disney una vuelta en un aparato que tiene mi nombre porque aquel día allí se me saltaron todos los fusibles y casi salgo de órbita. Sacamos dinero de una cuenta personal para pagarle a Hacienda y, una vez de vuelta en casa, inicié un proceso que tomó dos meses para recoger lo que se nos debía y pagar lo que debíamos. Fue vergonzoso y yo estaba iracundo. Sin embargo, por entonces, tomé la decisión de no decidir respecto al destino de esta señora mientras estuviera tan furioso. Esperé a que terminaran mis vacaciones y, cuando volví a casa, examiné todo el asunto y terminé por despedir a la señora, pero no lo hice antes de que me hubiera calmado.

Es decir, opté por no tomar decisiones mientras estaba furioso. Algunas veces optamos por no decidir mientras no tengamos más información o por no hacerlo mientras estamos fatigados o tenemos temores. Optar por no decidir en caliente es muy distinto a la indecisión motivada por el miedo. Personalmente me precio de ser una persona que toma decisiones con rapidez y he tenido que aprender el arte de tomarme las cosas con más calma y dejar que las situaciones se desenvuelvan. Algo que no es más que el arte de la paciencia al tomar decisiones, de nuevo algo muy distinto a la indecisión.

Establecer una fecha límite

Podemos evitar aplazar asuntos estableciendo para nosotros mismos una fecha límite o simplemente aceptando la inminente realidad de aquel término. Si su contrato de arrendamiento se vence en agosto, no espere hasta julio para empezar a buscar algo o para llegar a un nuevo acuerdo con el dueño del inmueble. Si el flujo de su inventario lo deja sin existencias para octubre, entonces, por el amor de Dios, asegúrese de empezar a visitar proveedores o de hacer un nuevo pedido para no quedarse sin cosas que vender.

En el caso de que no exista una fecha límite real, impóngase una para tomar la decisión y así obligarse a lidiar con el asunto. Con frecuencia me preguntan dueños de pequeñas empresas en mi programa de radio cómo saber que llegó la hora de cerrar un negocio en dificultades. Se me ocurre un ejemplo reciente cuando Tim, un diseñador de páginas web, llamó a mi programa y me preguntó si debía "conseguir un empleo como Dios manda" y cerrar su negocio. Importante decisión. Tómese su tiempo, pero también autoimpóngase una fecha límite. Le sugerí que pensara en tres o cuatro cosas para aumentar sus ingresos y establecer una fecha para medir el éxito de sus nuevas ideas. El tipo venía ganando apenas $1.000 al mes y creía poder conseguir un empleo donde devengaría $5.000 mensuales, pero no quería renunciar a su sueño. Hablamos un rato, le solté un par de ideas sencillas de mercadeo y le sugerí que se impusiera una fecha para alcanzar su ingreso deseado de $5.000 mensuales. Dijo que creía poder hacerlo en 120 días, de manera que anotamos esa fecha en el calendario. Si para entonces sus ingresos no habían subido, era hora de cerrar. Y ocurrió una cosa extraña… con la espada de Damocles sobre su sueño, empezó a trabajar el asunto del mercadeo. Un tiempo después me llamó de vuelta para celebrar que estaba haciendo $7.000 mensuales y que había salvado su negocio. No olviden que la espada de Damocles colgando sobre su sueño se la impuso él mismo. Una fecha tope autoimpuesta para tomar la difícil decisión de abandonar su sueño lo llevó a sacudirse y conseguir algunos clientes.

Un amigo mío, que ganaba un salario realmente astronómico,

dejó su empleo en una corporación y abrió un negocio de venta al por menor con múltiples sucursales. Llamó y me preguntó si sería posible que nos reuniéramos con nuestras respectivas esposas para tomarnos un café. La razón del encuentro era que su mujer había entrado en pánico respecto a perder la supuesta seguridad que el empleo en una corporación brindaba y estaba por tanto convencida de que el nuevo negocio los llevaría a la quiebra. Lo que mi amigo tenía en mente era venir a mi casa y que yo sacara a su mujer de su error. Una vez sentados observando el estado de su nueva empresa, pude ver que estaba perdiendo dinero con verdadera rapidez. Su flujo de caja negativo era cercano a $200.000 mensuales. El hombre tenía cerca de 1,6 millones para poner a andar el negocio, pero tal monto se estaba agotando con rapidez, de modo que su mujer entró en pánico. Y la mujer tenía toda la razón: no sorprende que su matrimonio estuviera en problemas. Incluso un niño con las matemáticas de sexto grado hubiera podido saber que este millonario estaría quebrado en ocho meses perdiendo dinero a ese ritmo. Es cierto que el optimismo de cualquier persona viviendo el sueño de tener su propio negocio puede llegar a enceguecerla hasta tal punto que se niega a ver los hechos duros y concretos.

Hablamos al respecto un rato y mi amigo acordó imponerse una fecha de cuatro meses, tiempo que llevaría el negocio hasta el mes de diciembre, un mes que suele ser bueno para los negocios de venta al por menor. Admitió que, si no generaba utilidades para diciembre, abandonaría el asunto. Redacté una frase que decía: "Si no damos utilidades para el 20 de diciembre, cierro el negocio". Eso lo dejaría con cerca de $800.000 más el dinero de su indemnización de retiro y la casa, y se dedicaría a otra cosa para ganarse la vida. Hice que firmara la sencilla oración por escrito. Al hacerlo, su mujer empezó a sollozar. El alivio manifiesto en su rostro de que su marido no los iba a llevar a la quiebra, le cambió la actitud. Mi compañero tenía una esposa tan transformada que, en vez de ser su más enconada crítica, se convirtió en su más entusiasta porrista. Se subió al barco y empezó a trabajar en uno de los locales para ayudarlo a triunfar. La próxima vez que los vi estaban muy sonrientes y tomados de las manos. ¡Dios! Y ocurrió una cosa extraña... dos meses más tarde (dos antes de la fecha tope) mi amigo llamó para contarme que había cerrado los almacenes y conseguido un empleo. El negocio fracasó pero se salvó el matrimonio y todavía había dinero en el banco... todo gracias a una sencilla fecha tope autoimpuesta para tomar una decisión.

Tómese el tiempo que sea necesario

Otra práctica que ayuda a tomar decisiones y hacerlo bien es dedicarle un tiempo proporcional a la envergadura de la decisión. Las grandes decisiones toman tiempo y las pequeñas deben resolverse inmediatamente. A mayor cantidad de dinero implicado, mayor calma para abordar el asunto. A mayor cantidad de personas involucradas, ídem de ídem. Pero, por lo que más quiera, cuando vaya a comprar una goma de mascar, simplemente cómprela y hágalo rápido... ¡está atascando la fila!

A medida que un negocio crece la cantidad de dinero necesario para darle más tiempo a la toma de una decisión aumenta. Hace poco más de doce años compramos por unos $7.600 un sistema telefónico. Por entonces, éramos una pequeña compañía compuesta por unas siete u ocho personas, aquello era una cifra gigantesca. El gasto representaba un alto porcentaje de las utilidades o ventas brutas, de manera que la compra en cuestión era una decisión importante. Habíamos pasado meses oyendo propuestas y aprendiendo sobre los detalles de la tecnología implicada. Leímos informes y consultamos asesores. Realmente nos esmeramos y tomamos una gran decisión. Dos de nuestros criterios eran que el sistema fuera escalable y que contara con la última tecnología. Y debió haber sido ambas cosas porque, más de doce años después, ahora con cientos de miembros en nuestro equipo, todavía lo seguimos usando aunque, claro está, el sistema ha sido mejorado y aumentado. Hoy por hoy, el trabajo para tomar una decisión sensata de $7.600 dólares lo hace alguien en alguno de los departamentos, pero hoy también significa, comparativamente hablando, una decisión tan pequeña que podría compararse con comprar una goma de mascar.

Otra manera de mirar este concepto es plantearse que a mayor importancia tenga la decisión para la salud y el futuro de la organización, más tiempo debemos invertir en ella. Si estamos por firmar un contrato de arrendamiento por cinco o diez años, es sumamente importante que juguemos el papel de gurú inmobiliario. Debemos conocer bien valores y avalúos y tener conciencia real de cómo la ubicación del inmueble va a incidir sobre el futuro de nuestro negocio. Con todo, cabe recordar que escoger el color para el baño de servicios no debiera tomarle mucho tiempo, en ese caso simplemente decida.

Cantidades de opciones

Hace milenios, cuando estaba en el bachillerato, solía cargar una "pequeña agenda negra". Si no tiene edad suficiente para saber qué era la tal agenda negra, les cuento que se trataba de una pequeña libreta telefónica en la que anotaba los teléfonos de todas las chicas que conocía o me atravesaba. Aquello ciertamente no significaba que todas saldrían un día conmigo ni que yo quisiera salir con todas, pero igual registraba sus números. Como no pensaba casarme durante el bachillerato, salir con chicas era un juego muy divertido. Desde muy temprano comprendí que la mejor manera de evitar que nos rompan el corazón y/o pasar un fin de semana sin plan era tener muchas opciones. A más opciones, menos graves serían los rechazos. Incluso podía priorizar mis opciones; después de todo, ¿cómo podía saber la chica que ya había llamado a cinco antes que a ella? La verdad es que durante mi adolescencia no fui ningún Casanova, más bien lo contrario, sin embargo muy pocas veces me vi alicaído un sábado por la noche gracias a que tenía cantidades de opciones a mano cuando de tomar decisiones se trataba.

Un poderoso elemento de la buena toma de decisiones es justamente contar con muchas, pero muchas opciones. Las opciones dan poder, y por tanto nos quitan miedos. Si solo dispone de un proveedor para un elemento clave de su negocio, no sorprende que lo acometa el miedo. Tarde o temprano se verá acorralado por el precio, la calidad o los envíos. Dicho proveedor será su patrón o dueño porque usted no tiene opciones. Entre más opciones tenga y explore, más cualificada será su decisión. Cuando se vea atrapado, se sentirá atrapado porque en efecto lo está.

Ahora bien, si no tiene opciones buenas eso solo significa que no tiene suficientes opciones; busque más. El mes pasado un joven líder de mi organización pasó por mi oficina convencido de que si no cambiábamos una posición que yo había tomado por cuestión de principios, su departamento estaba condenado al fracaso. Así las cosas, su método para convencerme fue presentarme dos opciones: 1) abandonar un principio sobre el cual habíamos levantado este negocio durante ya más de veinte años o 2) admitir que su área estaba condenada. Ninguna de esas dos opciones era buena. El joven cometió dos errores al hacer su presentación: 1) intentó obligar a un perro viejo como yo a hacer lo que él quería y 2) no tenía suficientes opciones. Tras discutir unos minutos el asunto, el hombre salió convencido de que o encontraba otras opciones, otras maneras de sortear el problema o, de lo contrario, yo me vería obligado a encontrar a alguien que lo hiciera. Y no fue un gesto mezquino, fue simplemente un firme pero divertido momento pedagógico para él. Se trata de un joven talentoso y con seguridad se convertirá en un gran emprelíder. Entretanto, una de las cosas que irá aprendiendo en su camino a convertirse en un gran emprelíder es que, una de las razones por las que la gente toma malas decisiones suele ser que no tienen una buena decisión entre sus opciones.

Cuando recién iniciábamos nuestra carrera en la radio, establecimos una maravillosa relación con una compañía propietaria de un buen par de emisoras. Se trataba de nuestro cliente radial más grande, significando por ello que nosotros estábamos en sus emisoras más que ninguna otra compañía. En los programas de radio donde el público participa a través de llamadas telefónicas, el arreglo comercial típico consiste en que, el programa a nivel nacional —nosotros— recibe a cambio unos cuantos espacios publicitarios por hora que a su vez vendemos a clientes nacionales para hacer dinero y la emisora local que transmite nuestro programa recibe el resto de los espacios publicitarios para que lo vendan a nivel local. Así, ellos hacen su dinero de la venta de sus avisos locales y nosotros de los anuncios nacionales. Nosotros no les pagamos nada pero ellos no tienen que hacer gastos para cubrir el costo del talento al aire en directo. Un buen arreglo.

Un buen día, nuestro cliente grande se acercó para decirnos que habían examinado cuántos libros míos y otras cuantas cosas vendía nuestra compañía gracias, por lo menos en parte, a que yo salía al aire en sus emisoras. En opinión de su presidente ejecutivo, ellos debían ganar algo de ese dinero, de manera que optaron por empezar a cobrarnos por salir al aire en sus emisoras de radio... millones de dólares al año. Se nos dijo que, si no estábamos dispuestos a pagar, nos sacarían de sus estaciones radiales, que representaban el cubrimiento de varias ciudades importantes a lo largo y ancho de los Estados Unidos. Nos dejaron dos opciones: 1) perder millones de dólares en utilidades debido a que perderíamos las emisoras o 2) perder millones de dólares en utilidades porque yo les "pagaría" a ellos ese dinero. Mientras estábamos en conversaciones empezamos a explorar la opción de aparecer en otras estaciones de radio.

Hicimos una lista de las ciudades que dicha empresa cubría en orden de importancia para nosotros y, todo nuestro equipo radial, yo inclusive, empezamos a buscar y crear nuevas opciones. Fuimos capaces de cubrir el 80% de las posibles pérdidas antes de anunciarle a nuestro viejo cliente que nos marchábamos. Encontramos otras opciones y esto nos dio el poder de decirles adiós. Una cosa interesante ocurrió durante el proceso: en la mayoría de las ciudades aterrizamos en emisoras más reconocidas y más potentes. Cierto, perdimos algunas pocas ciudades que todavía tenemos que recuperar, pero nuestra audiencia y utilidades totales aumentaron de modo espectacular. Allí estábamos, felices y cómodamente sentados, cuando surgió el problema. Primero pensamos que este rollo nos iba a arruinar, pero luchando en busca de otras opciones, aquello que creímos nos llevaría a la ruina lo que hizo fue impulsarnos a hacer algo que de otro modo no hubiéramos hecho: conseguir nuevas y mejores salidas radiales para nuestro programa. Vaya.

¿Cuál es el peor panorama posible?

Otro aspecto de indagar por las opciones que tenemos consiste en considerar cuál sería el peor de todos los posibles panoramas. No deja de sorprenderme la cantidad de poder que da digerir y aceptar emocionalmente el más rotundo y peor de los panoramas posibles. Una vez sé que no voy a morir por dar ese paso, aunque me equivoque, me libero y hago la movida. Obvio que ese, el peor de los casos, no será la más placentera de las experiencias, pero muy rara vez morimos en el intento. A pesar de que el peor de los casos implique la pérdida de dinero o el cierre de una parte de mi negocio o pasar una vergüenza ante el mercado, puedo dar un paso al frente y tomar la decisión con cierta confianza. Aunque la "muerte" merodee vagamente en el horizonte, igual estamos haciendo el esfuerzo de ir hacia delante.

Hace años creamos un departamento para transmitir por satélite y en vivo nuestros eventos en emisión simultánea a múltiples localidades. Por entonces la tecnología era muy costosa y no resultaba fácil encontrar las localidades. Nosotros, por supuesto, empezamos la cosa pensando en grande y pagamos en efectivo, nada de deudas, para lanzar y poner en operación nuestra gran idea. En el peor de los mundos posibles perderíamos el dinero invertido porque no alcanzábamos las ventas esperadas, el fracaso sería vergonzoso y la gente que habíamos contratado para el proyecto tendría que ser asumida por otras áreas de la compañía. Y nuestro sueño se convirtió en una pesadilla. Perdimos $378.000 en cuestión de dos años, padecimos algo de vergüenza (sobre todo dentro de la compañía) y toda la gente implicada se redistribuyó y sigue trabajando para nosotros hasta el día de hoy. Ciertamente no eran esos nuestros planes, pero nos fue posible dar la orden de seguir adelante dado que de presentarse incluso el peor de los panoramas, sabíamos que sobreviviríamos. El riesgo valía la pena para triunfar de una manera nueva. Hoy, después de tantos años, resulta divertido comprender que algunas de las personas que se unieron a nuestro equipo como resultado de este "fracaso" nos han dejado mucho más de lo que perdimos durante nuestra pequeña pesadilla.

Después, cuando la tecnología cambió y se hizo asequible, volvimos a hacer emisiones simultáneas y se ha convertido en un gran departamento.

La información es amo y señor

El 90% del trabajo detrás de la toma de decisiones correctas consiste en recoger información. Entre más grande e importante sea la decisión a tomar, más opciones debemos acumular y mejor nos debemos informar. Para un joven estudiante universitario sin un peso, la compra de un teléfono celular es una gran inversión y el aparato constituye su cordón umbilical social, de manera que escoger el artilugio es siempre una decisión en grande. La verdad creo que los emprelíderes deberían tomar una clase con los jóvenes: es increíble la cantidad de investigación que hacen antes de la compra de un celular. Saben intuitivamente la importancia que tiene el negocio, de manera que hacen muestreos (prueban los teléfonos de otros usuarios), examinan entre grupos de sondeo (a todo el mundo en su medio le preguntan cuál creen que es el mejor celular) y por lo general terminan comprando un aparato que es justamente lo que pensaban que era. ¿Por qué se toman los adolescentes tantas molestias para averiguar hasta el último detalle recogiendo información? Porque es importante para ellos. Sin embargo, me cruzo con hombres de negocios que arriendan un local o compran un sistema de computadoras de $20.000 o contratan a diez personas sin pensarlo más de lo que lo hacen a la hora de pedir una cena.

El arte de tomar una buena decisión implica compilar información. Algunas veces la gente piensa que cuanta más información tenemos por delante para sortear, más difícil resulta tomar la decisión. Pero lo cierto es lo contrario: a mayor información, más obvia resulta la decisión correcta y por tanto más fácil de tomar.

La información acaba con el miedo. Tito Livio dijo: "Tememos las cosas en la misma proporción que las ignoramos".

Eduque a su equipo

Las decisiones más fáciles y eficaces son aquellas que jamás tomamos. Y no tenemos porqué tomarlas dado que ya hemos entrenado a alguien en el arte de hacer la llamada que conduce a la acción. Nuestra aspiración como padres es educar a nuestros hijos de manera que sean capaces de tomar sus propias decisiones, y que sean buenas, por supuesto. ¿Por qué? Porque resulta ineficiente y frustrante tener un holgazán de cuarenta años viviendo en nuestro sótano esperando que nosotros le digamos todos los días qué debe hacer. En los negocios ocurre lo mismo y, a pesar de lo obvio que es el asunto, en múltiples ocasiones le entregamos una pila de decisiones a algún miembro de nuestro equipo sin antes asegurarnos de que tengan la capacidad de hacer la movida crucial.

Más adelante hablaremos con lujo de detalle sobre los secretos de la delegación de responsabilidades, pero por el momento es menester que hablemos un poco sobre qué hacer para que nuestro equipo tome decisiones. No podemos dar el salto de tomar todas las decisiones a no tomar ninguna de un solo golpe. Debemos enseñarle a nuestro equipo a hacerlo, particularmente a nuestros líderes o futuros líderes. El primer error de las pequeñas empresas que han contratado a un grupo pequeño de personas es que, el equipo, y el dueño, comenten el error de otorgarle al dueño el título de "bombero jefe". Así las cosas, la tarea del dueño se convierte en que él mismo se encarga de apagar todos los incendios, es decir, de tomar todas las decisiones. Esto agota al dueño y crea un cuello de botella en el flujo del trabajo. Cuando recién iniciábamos, yo me encargaba de decidir sobre la calidad y el precio del papel que usaríamos para la fotocopiadora, el tipo de café que compraríamos y todos los otros asuntos hasta el último detalle. De acuerdo, yo estaba a cargo, pero pronto me sentí exhausto y el equipo no tenía ni poder ni dignidad. Frente a mi oficina se estacionaba siempre una cola de gente para pedir permiso y orientación sobre todos y cada uno de los detalles. Lo anterior es parte normal del progreso de una pequeña empresa y una que podemos superar emocionalmente, pero apresúrese a reconocer esto como un mal procedimiento y eduque a su gente de modo que tome decisiones.

Steve Brown, un maestro en liderazgo, habla sobre contemplar el anterior proceso pensando en monos. Una vez lo hice, y cambió mi perspectiva, incluso sobre la crianza de adolescentes. Steve lo describe así: cuando un miembro de su equipo entre a su oficina con un problema, con alguna decisión que debe tomarse, imagine que la persona carga un mono al hombro. Cuando el miembro del equipo asevera "tenemos un problema", debemos ver al mono saltando del hombro del tipo a la mitad de nuestro escritorio (imagine ruidos simiescos en este momento). De manera que si su equipo no deja de pasar por su oficina durante todo el día y cada uno le va dejando su mono, pronto estará dirigiendo un zoológico.

Su tarea como emprelíder consiste en asegurarse de que cuando los miembros de su equipo salgan de su oficina, lo hagan con su mono. El primer paso es darles algunas ideas respecto a las posible opciones y pedirles que vuelvan con tres buenas maneras de resolver el problema y un posible rumbo a seguir. El siguiente paso es enseñarle a su equipo a acercarse a su oficina con un problema solo cuando ya han pensado en tres o

Ahora sí se puede oficialmente decir que ha empezado a dirigir una empresa y no que la empresa lo dirige a usted.

más posibles soluciones y una sugerencia respecto al camino a seguir. Hacerlo no solo generará grandes discusiones sino que creará muchas instancias pedagógicas al tiempo que les indicamos cómo (y cuáles) medidas tomaríamos nosotros. Una vez que los problemas se han resuelto y las medidas se han tomado varias veces con nuestra ayuda, los mejores miembros del equipo empezarán a ver los patrones de conducta que nosotros seguimos y podrán hacer lo que nosotros hacemos. El último paso es, personalmente hablando, muy gratificante. El último paso es aquella instancia en la que el miembro de su equipo le envía un correo electrónico informándole cuál era el problema o la oportunidad, cuáles eran las posibles soluciones y, por último, cómo lo resolvieron. Ahora sí se puede oficialmente decir que ha empezado a dirigir una empresa y no que la empresa lo dirige a usted.

Valores que orientan producen decisiones más claras

Cuando contamos con unos principios éticos claros, es más fácil y rápido tomar decisiones. Un principio muy sencillo que nosotros aplicamos es preguntarnos si, al tomar la decisión, la acción implícita nos lleva a mentir o a ocultar la verdad (que es otra manera de mentir). Lo anterior parece muy obvio, pero cuando surge una situación de extrema tensión que podría ocultarse tras un velo, la tentación es muy grande, incluso para los más íntegros de nosotros.

Otro ejemplo de un valor que sirve como guía podría ser la regla de oro... la verdadera Regla de Oro: "Traten a los demás tal y como quieren que ellos los traten a ustedes". A lo largo de los años que ha operado nuestra compañía, esta regla me ha ahorrado muchas penas. Nos preguntamos, si los papeles estuvieran invertidos, si estuviéramos en los zapatos del otro, ¿cómo quisiéramos ser tratados?

Un joven y muy inteligente editor de video llenó una solicitud para trabajar con nuestro equipo. El vicepresidente del departamento en cuestión había conocido al joven mientras trabajábamos en un proyecto en el cual un proveedor externo se encargaba de la edición. Debido a la cantidad de horas trabajando hasta tarde que implicó el negocio, los dos se hicieron amigos y parecía cosa natural que este joven e inteligente editor se uniera a nuestro equipo. Bueno, nos pareció natural hasta que nos detuvimos para preguntarnos cómo nos sentiríamos si un cliente nuestro sonsacara nuestro talento. Pisamos el freno y no procedimos con la entrevista de rigor. Nuestro vicepresidente sabía que nuestra norma, la Regla de Oro, le exigía conducir este proceso de manera diferente. Concluimos que, si el asunto fuera al revés, a nosotros no nos importaría que un miembro de nuestro equipo se fuera a trabajar con otro proveedor o cliente. Sin embargo, para manejar el asunto con altura, era menester que pidiéramos permiso para hablar con el empleado de ellos y, si no se nos otorgaba, pues nos olvidaríamos de traerlo a nuestro equipo. De manera que, con el consentimiento del editor, mi vicepresidente llamó a su jefe para preguntarle si podíamos entrevistarlo con vista a su contratación. El dueño de la compañía se sorprendió de que antes lo hubiéramos consultado, se mostró muy agradecido y otorgó su permiso. Contratamos al tipo, todavía trabaja con nosotros y aún seguimos haciendo muchos negocios con su antiguo jefe. Todo el mundo está contento.

Lo contrario ocurre cuando no se sigue la Regla de Oro. En una época estábamos comprándole casi $100.000 al año en material a una imprenta local para múltiples pequeños trabajos. La imprenta contrató a dos miembros de nuestro equipo sin consultarnos y en medio del proceso nos enteramos de que esas personas estaban hablando mal de nuestra compañía. Por supuesto que pusimos a esa compañía en la lista de empresas con las que no hacemos negocios. Nos preguntaron por qué y les contamos. No podían creer que hubieran herido nuestros sentimientos y se defendieron con el estúpido argumento de que "así son los negocios". Dieciocho meses más tarde quebraron, arrendamos el espacio que ocupaban y compramos algo de su equipo en un remate por quiebra. Supongo que "así son los negocios".

Los procesos cambian, los principios no

Identificar y expresar con claridad nuestros valores facilita la toma de decisiones. Hablo aquí de aquellos principios sobre los que nos fundamentamos. Y tales principios son inamovibles. Jamás cambiaremos el hecho de que nosotros hacemos negocios siguiendo la Regla de Oro. Los principios no se cambian. La gente que cambia sus valores, su ética, no es digna de confianza y debemos evitarla. Suelen hacer gala de lo que nosotros llamamos una ética acomodaticia: su ética cambia para acomodarse a la situación.

De manera que cuídese bien de no confundir *procesos* con *principios*. Un proceso no es más que un método o una manera de hacer las cosas. Algunas veces, al tiempo que las organizaciones crecen se confunden y se aferran a la letra antes que al espíritu de la ley. La gente que nunca cambia los procesos, que venera el proceso, no son más que burócratas. Si su equipo no puede explicar por qué hacen algo, me temo que sus instalaciones pueden estar llenándose de burócratas y estará plantando las semillas de su propia destrucción.

Cuando escuchamos a alguna vaca sagrada mugiendo en el corredor, hacemos lo posible por salir de ella. La respuesta "porque siempre hemos hecho las cosas así" no se permite entre nosotros. Esa nunca puede ser la razón por la que algo se siga haciendo. Si seguimos haciendo lo que hacemos es porque coincide con nuestros valores, de modo que así debemos dejárselo saber a los nuevos miembros de nuestro equipo para que cuando se presente la oportunidad sepan cuál es la respuesta adecuada, pero más importante aun, para que sepan bien por qué asumimos la respuesta así.

Bocados pequeños

Algunas veces las decisiones que tomamos son simple y llanamente muy grandes; el asunto nos abruma. Pero la razón por la que nos abruma puede ser muy sencilla: la decisión es demasiado grande basados en la información concreta con la que contamos. Con frecuencia nos ingeniamos alguna manera para tomar una serie de decisiones menores que nos indiquen la dirección correcta que debe tomar la decisión global.

Contar con seis opciones a la hora de tomar una decisión quizá sean demasiadas; redúzcalas a la tres mejores. En muchísimas ocasiones hemos considerado la posibilidad de lanzar un nuevo producto o servicio sin antes haber alcanzado un nivel de satisfacción suficiente. Entonces lo que hacemos es tomar una decisión de menor envergadura y lanzar solo parte de la línea de productos o la lanzamos solo en una ciudad o región. Si funciona, entonces nos sentimos mejor respecto al riesgo que implica lanzarlo a nivel nacional. Algunas veces nos limitamos a someter la idea a un sondeo de grupo. Con medios sociales como Facebook y Twitter es posible pedirles su opinión a nuestros clientes de manera fácil, rápida y poco costosa. O incluso pagarles una pequeña suma de dinero o invitar a un pequeño grupo de clientes a un almuerzo para que se acerquen a nuestras instalaciones, observen nuestra idea y pedirles que la destrocen. Quizá se sorprenda de lo crueles y brutales que pueden llegar a ser.

Esta última idea para tomar decisiones quizá sea tan sencilla como aquello de salir con alguien varias veces durante varios meses antes de decidir casarse. Al hacerlo, es más probable que, estadísticamente hablando, tomemos una buena decisión.

Cuestiones financieras

Antes de tomar la decisión final pregúntese y pregúntele a su equipo si les será posible asimilar el golpe a las finanzas si la decisión resulta totalmente equivocada. Cuando lanzamos una idea, ésta debe cumplir por lo menos dos criterios económicos mínimos. Uno, no pedimos dinero prestado para financiar la idea. Y dos, si fracasa, la herida no puede ser mortal, en otras palabras, si la idea es defectuosa, no puede tener como consecuencia que nos obligue a cerrar. En póker a esto se le conoce como "ir con todo". Demasiados negocios han cerrado por apostarlo todo en respaldo de una decisión que *estaban seguros* sería un éxito. Llevo veinte años construyendo esta compañía; no voy a arriesgarlo todo apoyando una única decisión, idea o línea de productos. Jamás vamos con todo.

El resto de los cálculos respecto a la decisión consiste en tener en cuenta cosas como qué tan rentable será si funciona y cuándo estaríamos mejor preparados para tomar el riesgo, es decir, cuál sería el momento más oportuno, lo que en inglés se conoce como el *timing*. ¿Debemos tomar la decisión este mes o será mejor lanzar el producto dentro de seis meses?

Consulte a los expertos

Al mismo tiempo que recogemos opciones e información siempre es bueno preguntarles a los expertos. Cuando elaboro mi plan patrimonial recurro a un abogado especializado en planeación patrimonial y a un asesor de empresas familiares que se especializa en dinámicas familiares. Cuando tomo decisiones relativas a impuestos, me asesoro con mi presidente de asuntos financieros, nuestro abogado experto en impuestos y nuestro contador oficial. Una vez coinciden todos sus consejos y yo los entiendo bien, tomo decisiones con mucha tranquilidad.

Es probable que usted necesite recurrir a un experto en mercadeo o en producción o a un ingeniero. En Proverbios 11:14 leemos: "Donde abunda el consejo, allí hay prosperidad". Recoja sabio y experto consejo. Los expertos incluso pueden formar parte de su equipo. Yo tengo todo un piso lleno de programadores en la red y especialistas en mercadeo. La verdad es que no entiendo una sola palabra sobre los detalles de la programación en computadoras, pero cuento con un grupo de expertos capaces de explicarme lo suficiente como para tomar decisiones bien calificadas respecto a nuestra estrategia en la red.

Nota: no todos los que dicen ser expertos son necesariamente prudentes y sensatos. Esto ya lo sabía ¿verdad? En algunas industrias el término asesor realmente significa "desempleado". Personas que, como no lograron hacer lo que debían en su profesión, resolvieron ir por ahí cobrando por hora mientras imparten malos (y no corroborados) consejos. De manera que al seleccionar un experto, examine bien sus referencias y asegúrese de que haya realizado algún trabajo reciente. Hay compañías consultoras que reclutan recién graduados de escuelas que ofrecen maestrías en administración de empresas para que les indiquen a personas que llevan años dirigiendo un negocio qué es lo que están haciendo mal. Completamente ridículo. Es posible conseguir perspicacia tecnológica de un rostro joven, pero si quiero probada visión para los negocios prefiero toda la vida hablar con alguien que en efecto haya hecho algo. Asegúrese pues de que su consultor haya vivido sus consejos, no que solo los haya leído por ahí en algún lado.

Consulte a su cónyuge

En todas las áreas importantes de nuestro negocio aplicamos el principio de la toma de decisión conyugal. Yo mismo aprendí de manera cabal y rigurosa la importancia de dicho principio por el camino duro. Cuando quebré, con apenas veintitantos años, jamás consulté a mi esposa nada relativo a los negocios. Sharon era un ama de casa con un título en economía doméstica y yo el empecinado empresario con un título en administración de empresas, de manera que, ¿por qué o para qué consultar su opinión? Dios, qué cantidad de cosas estúpidas he hecho sin conocer el sabio consejo de mi mujer. En Proverbios 31 se lee: "¿Quién hallará una mujer fuerte? En ella pone su confianza el corazón de su marido, el cual no tendrá necesidad de botín o despojos para vivir". Asumiendo que cuenta usted con una esposa virtuosa, que no obra como resultado de alguna disfunción, sepa que si sigue su consejo "no tendrá necesidad de botín". Mi esposa y yo somos sureños, de modo que cuando mi mujer tiene uno de sus presentimientos, no hacemos negocio. Siempre que no sigo su advertencia, el asunto me cuesta por lo menos $10.000. De manera que Sharon, a pesar de que sigue siendo un ama de casa que permanece en casa, siempre se involucra en todas las decisiones mayores. Hasta el Llanero Solitario contaba con su fiel compañero Toro.

En un par de ocasiones he firmado contratos con cadenas de televisión para desarrollar programas o series. El asunto implica grandes cantidades de tiempo y vincula nuestra marca con un grupo muy particular de personas. De una cadena en cuestión enviaron a unos ejecutivos para que pasaran el día con nosotros y negociáramos los detalles finales de un acuerdo bastante grande. Cuando se sirvió el almuerzo en mi salón de conferencias, mi esposa llegó para conocer a cada uno de los actores implicados. Durante el almuerzo, Sharon fue amable, sociable y escuchó nuestras negociaciones. Con frecuencia me pregunto si aquellos importantes ejecutivos se dieron cuenta de que todo el negocio pendía de un hilo durante aquel almuerzo, que si una pequeña mujer sureña llegaba a tener uno de sus presentimientos, estaban acabados. Porque Sharon se huele un pillo a kilómetros de distancia.

Lo anterior suena tan teatral y exagerado que bien pueden pensar que he perdido la cabeza. Pues no. Yo dirijo mi empresa; no mi mujer. La razón por la cual confiamos tanto en su termómetro es precisamente porque casi nunca se involucra. No es nada arrogante al respecto; de hecho, con frecuencia me toca llevarla arrastrada a tales reuniones. ¿Recuerdan aquello de la mujer virtuosa? "Virtuosa" significa que tu esposa no es arrogante o frívola respecto al poder que otorga constituirse en una herramienta para la toma de decisiones. Si esto último es cierto, entonces resulta fácil escucharla cuando en efecto sí se pronuncie respecto a un arreglo o negocio.

La mujer de los seis millones de dólares

Nuestras actuales oficinas fueron resultado de una decisión de mi esposa. Las oficinas que teníamos en arriendo ya no nos daban abasto, de modo que me puse a buscar por todos lados hasta convertirme en un experto en espacios para arrendar en mi zona. Reduje mis opciones a tres lugares. En dos de los lugares ofrecían un par de reducciones y concesiones considerables y eso los convirtió en mis favoritos. Sin embargo, siempre me ha gustado tener tres opciones, de modo que agregamos una lejana tercera opción a la lista.

Sharon y yo pasamos una tarde visitando los lugares y examinando de nuevo las cifras y los términos. Por supuesto que le indiqué bien por qué mis dos favoritos me parecían los mejores. Cuando llegamos al tercer lugar mi mujer con toda la tranquilidad del mundo dijo: "Aquí es donde debe radicar la empresa". Sorprendido, le repliqué: "Pero, mi vida, mira las cifras, yo no soy el jefe de una gran corporación, no soy más que un individuo y piden mucho por este edificio y con los arreglos nos va a costar todavía mucho más, entonces, ¿por qué te parece que debemos establecernos aquí?".

Estábamos de pie, en el atrio principal que funcionaría como lobby, rodeados de oficinas tras cristales a lado y lado y Sharon señaló que algún día allí podríamos montar una librería en uno de los costados y en el otro construir nuestra propia estación de radio de manera que nuestros simpatizantes pudieran entrar al lobby y desde allí ver el programa radial. Se trataba de la única edificación no adosada entre todas las opciones y, dado que el dueño era una sola persona, quizá un día lo podíamos incluso convencer de que nos vendiera el edificio si conseguíamos ahorrar el dinero suficiente. La verdad es que no me gustaba ni cinco admitirlo, pero Sharon tenía toda la razón. Nos tomó dos meses más y varios dolores de cabeza convencer al tipo de que, uno, había prefijado un precio excesivo para el arriendo, y dos, que nos ofreciera una opción de compra como parte del acuerdo.

La opción de compra se estableció a un plazo de cinco años y por cerca de seis millones de dólares, una cantidad de dinero tal, que la verdad jamás soñamos que en efecto compraríamos el inmueble, pero en fin, por lo menos teníamos la opción. Cuatro años y medio más tarde, a seis meses de que se venciera el plazo acordado, cerramos el negocio de contado y, por entonces, el inmueble valía por lo menos diez millones de dólares. Tras remodelar y arreglar el inmueble ahora somos dueños de una propiedad con nuestra rúbrica que puede valer cerca de doce millones de dólares... por la que pagamos seis. Lo que quiero decir es que, a la hora de tomar esa decisión, haber escuchado a mi fuerte y virtuosa esposa me permitió ganar más de seis millones de dólares. Sharon es, literalmente, la mujer de los seis millones de dólares.

Redacte un informe

¿Le ha ocurrido alguna vez que, tras sentarse con un amigo a discutir un problema, una vez ha terminado usted de describir la naturaleza del problema ya sabe la respuesta y por tanto puede prescindir del consejo de su amigo? Esto ocurre por una razón muy sencilla: cuando obligamos a nuestros procesos mentales a pasar a otro nivel que nos permite expresar verbalmente nuestras reflexiones, alcanzamos un nivel más alto de comprensión. Esta escalada de nuestros procesos mentales vuelve a ocurrir cuando ponemos por escrito el problema. Los pensamientos están a un nivel, la expresión verbal a otro y, al redactar por escrito un problema hemos procesado una vez más los pensamientos originales.

De manera que, si sigue atascado a la hora de tomar una decisión después de haber hecho todas las otras cosas de las que aquí hemos hablado, entonces redacte un informe sobre la decisión. Escriba cuidadosamente todos y cada uno de los elementos de los que depende la decisión y verá cómo, la mayoría de las veces, la decisión aparecerá como por arte de magia y con gran claridad. Usted mismo escoge el formato y la longitud que debe tener el informe, el punto clave consiste en someter el problema y las posibles soluciones al proceso de redacción. Al hacerlo estamos implicando una parte distinta de nuestro cerebro.

Las decisiones nos liberan

La gente con principios, es decir, los emprelíderes, está obligada a enfrentase al mal, la inequidad, el conflicto y así a muchos otros asuntos que conciernen a la justicia y la compasión. Su progreso como emprelíder se verá ligado a su capacidad de hacer lo que corresponde al respecto. De manera que trabaje para convertir ese *hacer lo que corresponde* en un arte, ya que al hacerlo estará literalmente pintando el lienzo de su vida, de su negocio y de su futuro con los colores de las decisiones que ha tomado.

Muchas de sus decisiones no serán las correctas. Cometerá errores. El presidente John F. Kennedy alguna vez dijo: "Todo programa de acción implica costos y riesgos, pero serán mucho menores que los riesgos y costos a largo plazo de la cómoda inacción".

Encontrará que las decisiones nos liberan. Lo paradójico del caso es que algunas de las personas sometidas a mayor estrés en el planeta son gente paralizada por la indecisión cuando en efecto la toma de decisiones deja cantidades de energía y paz. Su equipo también se verá vigorizado con la presencia de un líder capaz de hacer lo que corresponde, de tomar las medidas necesarias. ¿Puede siquiera imaginar una escena de la película *Braveheart* en la que se vea a William Wallace de pie ante la variopinta tropa de miembros de su clan retorciéndose indeciso las manos, yendo de aquí para allá preocupado porque no sabe si debe o no atacar? ¿Imaginan el temor que sentirían sus tropas, los alcanza a ver llenándose de temor debido a la indecisión de su líder?

Entre más capaces seamos de tomar decisiones, de hacer lo que corresponde, con más paz podremos seguir nuestro camino. Estoy convencido de que esa es una de las razones por las que puedo estar terriblemente ocupado y sin embargo lleno de vigor. Hago lo posible por no volver a casa con decisiones sin tomar. Incluso cuando resuelvo decidir mañana, alcanzo a sentir un alivio de estrés.

A continuación tiene una magnífica lista a la hora de tomar decisiones:

- ☐ Tome decisiones a pesar del miedo.
- ☐ Una actitud de acción pasiva está bien; decidir esperar también es una decisión.
- ☐ Tómese un tiempo de acuerdo a la decisión; una decisión importante implica más tiempo.
- ☐ Impóngase fechas de resolución cuando éstas no se dan de manera natural.
- ☐ Recoja cuantas más opciones pueda.
- ☐ Quien está mejor informado, mejores decisiones toma.
- ☐ Exprese de manera clara y distinta sus valores y tome decisiones acordes.
- ☐ Descomponga las decisiones en segmentos más pequeños.
- ☐ Establezca las implicaciones financieras de la decisión.
- ☐ Consulte a verdaderos expertos con corazón de profesor.
- ☐ Consulte a su cónyuge.
- ☐ Si todo lo demás falla, redacte usted mismo un informe.

5

Ni magia ni misterio

*El sistema, la receta y la verdad sobre
el buen mercadeo*

Solía ser cierto que si uno estaba en el mundo de la autosuperación y tenía un libro para vender, lo que más deseaba en el mundo era una llamada de Oprah. Las casas editoriales solían hablar del "efecto Oprah". Carreras enteras en el universo editorial, cantidades de éxitos de librería y enormes ventas parecían depender de que un autor apareciera en el *Oprah Winfrey Show*. Y por supuesto que soñé aparecer en el programa de Oprah para así poder enseñarle a la gente asuntos de dinero y cómo salir de deudas. Si solo pudiera salir en *Oprah* mis sueños se harían realidad. Ahora que leo lo que acabo de escribir me río de mí mismo.

La gente de *Oprah* en efecto nos llamó y mencionó la posibilidad de hacernos una entrevista. Nuestras esperanzas se inflaron. Les enviamos nuestros mejores videos y paquetes impresos y luego nada. Ni siquiera nos devolvían las llamadas. Tal es el mundo de la publicidad. Había aparecido en todos los programas y medios más importantes del país, pero no lograba aparecer en el Santo Grial de las apariciones mediáticas del show de Oprah. Nos caramelearon tantas veces, que entre nosotros surgió una broma: éramos la gente que *casi* había aparecido en el programa de Oprah más veces que nadie.

Para entonces, yo ya había aparecido en *Good Morning America*, *The Early Show*, *The Today Show*, *Larry King* y *20/20*, es decir, todos los programas relevantes de Fox, casi todos los de CNN, casi todos los programas de entrevistas radiales y cientos

de programas locales a lo ancho y largo de los estados Unidos...
pero nada de Oprah.

Un día tuve una entrevista en el programa *This American Life*
de la Radio Nacional Pública y ocurrió una cosa extraña. Lesley
Stahl, que trabajaba para el programa de televisión *60 Minutes*, escuchaba la radio en su automóvil en Nueva York e inmediatamente
nos llamó para proponer hacernos un perfil en su programa. Una
hora más tarde, llamó Dan Rather, quien por entonces también
escuchaba la radio en su automóvil pero en la ciudad de Dallas,
con la misma idea. La regla que se seguía en la cadena CBS era
que el primer periodista en dejar registro de su contacto en la bitá-
cora era quien se encargaba de la historia. De manera que durante
los siguientes varios meses tuvimos la bendición de pasar mucho
tiempo con Lesley y su equipo de producción. Reaccionamos tal
y como usted hubiera reaccionado al pensar en *60 Minutes*: "Estupendo, quieren hacer una historia sobre nosotros... ¡ay, Dios!
quieren hacer una historia sobre nosotros". Esto último porque,
como es bien sabido, en *60 Minutes* y a Lesley, a veces les gusta
retar a la gente que entrevistan en televisión. La buena noticia era
que no teníamos (y aún no tenemos) ningún secreto que ocultar.
Solo servimos a la gente, de manera que, cuando finalmente hur-
garon en nuestra compañía y nuestra historia, encontraron casi
todas cosas positivas.

Durante aquellos meses (y desde entonces) nos hicimos amigos
de Lesley y su productora Karen. La he visto destrozar gente en
60 Minutes y no me gustaba la idea de que se me viniera lanza en
ristre, pero la experiencia que tuvimos fue la de tratar con unas
personas encantadoramente profesionales y amables. Con todo,
aquella noche de noviembre, para cuando estaba programado el
segmento de doce minutos destinado a nosotros, ahí estábamos
sentados frente al televisor conteniendo la respiración y rezando
para que estas personas tan amables no nos hubieran engañado
y realizado un malicioso y mezquino segmento. No invitamos
mucha gente a casa el día que el programa salía al aire por temor
de que pudiéramos pasar una vergüenza. De manera que, acompañado de mi familia, nos sentamos en el cuarto de juegos a ver
el programa conteniendo la respiración. Doce minutos después

brincábamos de alegría porque todo había sido bonito, positivo y recuperamos el aliento. La productora del segmento sí nos había insinuado que la cosa iba por muy buen camino cuando llamó para advertirnos que preparáramos nuestro portal en la red y cualquier otra infraestructura pertinente para el conocido "efecto *60 Minutes*". Resultó ser que dicho programa tenía tanto o mayor impacto, cuando eran amables, que Oprah.

Nuestra marca y ventas en Amazon.com y la red en general subieron durante más de una semana; fue asombroso. Y entonces todo pasó y volvimos a nuestro trabajo. Unos pocos meses después la gente de Oprah volvió a llamar para invitarnos, solo que esta vez continuaron llamando hasta que por fin concertaron incluirme en el show de Oprah. Por lo tanto, invertimos grandes cantidades de tiempo y esfuerzo trabajando con el equipo de ellos, que resultó ser también muy profesional, para grabar el programa en abril. Se grabó el show, programado para salir al aire en mayo y atiborramos las librerías con nuestros libros, robustecimos una vez más nuestro portal y nos preparamos para nuestro segundo gran éxito en seis meses. Entonces, el productor de *Oprah* llamó para contarnos que habían decidido no sacar al aire el programa en mayo. ¡¿Pero, cómo así?! ¿Cómo íbamos a explicarles toda esa cantidad de libros que habíamos enviado a *Barnes and Noble* y todas las otras tiendas y librerías? Nos prometieron salir al aire en septiembre. ¡Ay Dios, qué dolor!

Nace una estrella... bueno, en realidad no

Con todo, una cosa buena ocurrió camino al baile: dado que *60 Minutes* había tenido una gran sintonía con nuestro programa, optaron por volverlo a pasar en agosto. Así las cosas, escuchen lo que sigue: iba a aparecer en *60 Minutes* y diez días más tarde en *Oprah*. ¡Llamamos a Larry King simplemente porque no queríamos que se sintiera excluido! ¡Sería una verdadera explosión publicitaria!

Y llegó entonces la hora de la lección en mercadeo. Como ya he señalado varias veces, el equipo que por entonces trabajaba para nosotros era y sigue siendo muy joven, con una edad promedio por debajo de los treinta años. Se visten con camisetas y chanclas, pero son inteligentes y apasionados. Me llegaron rumores de que mis jóvenes consideraban asombroso el asunto de *Oprah* y *60 Minutes*, pero que sin embargo tenían la sensación de que todo se le debía al azar. ¡¿Azar?! En el acto vi la posibilidad de una instancia pedagógica para nuestro equipo. Porque a pesar de que las fechas de la salida al aire de estos dos programas en efecto fueron algo azarosas, en realidad nosotros no habíamos sido "descubiertos" por Lesley Stahl ni Oprah. Allí estábamos todos trabajando duro, ayudando a la gente y haciendo divulgación por los medios de comunicación desde el comienzo. Simplemente se dio que los medios de cobertura nacional de pronto se dieron cuenta y yo quería que mi equipo comprendiera que este particular suceso en nuestra compañía no era resultado del azar. Mas bien era el resultado de que, gracias a quince años de duro trabajo, de un momento a otro nos convertimos en un éxito de la noche a la mañana.

Temía que mi joven equipo no comprendiera bien la cantidad de trabajo, sudor y lágrimas que habían hecho posible que nuestra marca ameritara salir al aire. De modo que me senté con mis líderes y se me ocurrió una manera de darle a nuestro equipo una lección de vida y de mercadeo. La llamamos el teorema del impulso.

El teorema del impulso

El impulso (o momento en física) es una cosa tan interesante como escurridiza. Cuando quiera que llevamos impulso en cualquier área de nuestra vida, nos vemos mejor de lo que somos. Cuando brilla nuestra estrella, todo el mundo cree que somos más inteligentes y hermosos de lo que en realidad somos. Pareciera que todo lo que tocamos se convierte en oro, que todas nuestras ideas son grandiosas y que es muy poco posible que nos equivoquemos, que nos salgan las cosas mal. Las cosas parecen salir bien simplemente porque están saliendo bien. Cuando nuestro negocio, matrimonio o la vida en general van por ese camino, definitivamente nos vemos mejor de lo que somos.

Por el contrario, cuando no llevamos impulso, somos mejores de lo que parecemos. Pareciera que todo lo que tocamos se vuelve caca, no oro. Todo lo que puede salir mal, sale mal. Es como si viviéramos al pie de la letra de una mala canción popular. Cuesta llegar a tiempo al trabajo y cada cosa que decimos suena como el peor de los clichés. Definitivamente, cuando no vamos con impulso, somos mejores que lo que parecemos.

Lo que descubrimos fue que el impulso no es como un relámpago caído al azar si no más bien lo contrario: el relámpago en efecto se *crea*. La fórmula para crear impulso, eso fue lo que me propuse enseñarle a nuestro equipo para que todos comprendieran que este súbito y enorme golpe de publicidad —cuando se mira abarcando el espectro entero de la vida de un negocio— en realidad no fue azar. Una enorme cantidad de impulso es algo que se *crea*... a continuación, la fórmula:

> **Cuando nuestro negocio, matrimonio o la vida en general van con impulso, definitivamente nos vemos mejor de lo que somos. Por el contrario, cuando no llevamos impulso, somos mejores de lo que parecemos.**

$$\frac{F_i}{T}(G)=M$$

TEOREMA DEL IMPULSO
INTENSIDAD ENFOCADA SOBRE TIEMPO Y MULTIPLICADA
CON LA AYUDA DE DIOS ES IGUAL AL IMPULSO INCONTENIBLE

Intensidad

La intensidad es un asunto interesante. Algunas personas no se consideran intensas sino hasta cuando encuentran algo que en realidad les interesa profundamente. Ahora, con frecuencia podemos ser intensos respecto a las cosas equivocadas. Por ejemplo, yo me puedo poner bastante intenso cuando alguien se me cruza y corta el paso en medio del tráfico; qué desperdicio. Debemos ser muy deliberados con nuestra intensidad. Debemos dirigirla a cosas que realmente importan e intencionalmente no dirigirla a las que no.

Ya que hablamos de fútbol americano, debo confesar que compro boletos para toda la temporada de mis Tennessee Volunteers y mis Tennessee Titans. Hace poco asistí a un partido de los Titans y la temperatura estaba por debajo de cero grados centigrados... una cosa que para un muchacho sureño es inadmisible. En fin, unas diez filas más abajo vi a un barrigón de cincuenta y tantos años sin camisa y completamente pintado de azul. Entiendo ese comportamiento cuando se observa en un estudiante universitario, pero este tipo la verdad me llamó la atención.

Obviamente el hombre vive con intensidad a sus Titans y casi con seguridad que las cámaras de CBS y los jugadores lo encuentran formidable, pero yo no podía dejar de pensar: *¿Será que este tipo es igualmente intenso respecto a su carrera, su matrimonio, sus hijos o incluso respecto a su salud?* Me atreví a juzgarlo y resolví que el tipo muy probablemente padecía lo que llamo intensidad en el lugar equivocado.

En fin, lo que yo le sugiero es que se pinte, pero metafóricamente, de azul, ya que después de todo la pasión y la intensidad son dos de los sellos distintivos del emprelíder.

Pero no sea intenso respecto a las cosas equivocadas. Me preocupo por ser intenso y estar bien enfocado cuando trabajo en cosas que importan. Si estoy dispuesto a quedarme sin voz dando alaridos para que otro tenga éxito en el campo de fútbol, también debiera hacerle honor a mi papel de líder con gran intensidad. Debiera involucrarme en conversaciones con quien ha sido mi esposa durante ya treinta años, incluso con más intensidad que cuando salíamos de novios. Debo dedicarme a mis amistades y a mi sendero espiritual con fervor. Debo ser apasionado por todo trabajo que realmente importe.

Enfocado

La E es de "enfoque." Hoy en día casi nadie puede permanecer enfocado un buen rato. Nos es imposible mirar un programa de televisión entero sin saltar de una canal a otro.

En el mundo de los negocios podemos ser tan miopes que saltamos sin ton ni son de idea en idea, de producto en producto. Las compañías que cotizan en la bolsa con frecuencia son presa de una gran preocupación por las utilidades trimestrales y por tanto se desenfocan al contemplar el futuro. Toda nuestra cultura adolece del síndrome de déficit de atención (ADD, por sus siglas en inglés), tanto así, que cualquier persona o compañía que permanece bien enfocada casi se puede decir que cuenta con una ventaja injusta en el mercado.

Un buen día hablaba con un recién ingresado a las ligas profesionales de fútbol americano y luego me acerqué a un jugador veterano, uno de los mejores receptores abiertos de la NFL. La pura inteligencia física de los jugadores profesionales de fútbol es asombrosa. Esos hombres son capaces de hacer con sus cuerpos y un balón en un nanosegundo cosas que nos dejan patidifusos. No me di cuenta de este hecho cuando los observaba por televisión, pero de pie en la zona que rodea al campo de juego, viendo de cerca el juego, todo el asunto resulta increíblemente rápido y violento. Lo que no había acabado de comprender es que un *quarterback* (mariscal de campo, en español) podría, si así lo quisiera, destrozar completamente un automóvil con uno de sus balones de fútbol. Su velocidad y precisión dan miedo y todo esto lo hace al mismo tiempo que otro hombre del tamaño de un Kia intenta matarlo. El hecho es que aquel día le pregunté en broma a este receptor veterano la siguiente pregunta: "¿Cómo es posible que a usted le paguen diez millones de dólares por hacer una sola cosa, atrapar un balón de fútbol, y que luego algunas veces lo deje caer?". Sonreí, esperando que me perdonara la vida. El tipo sonrió de vuelta y me contestó que, si el balón había sido lanzado correctamente, solo había una razón para dejarlo caer: falta de enfoque.

Me comentó que los jugadores pierden el enfoque por muchas razones fuera del campo de juego pero que, a la hora de jugar, había dos razones primordiales para desconcentrarse y soltar el balón.

La primera, el miedo. Y lo mismo es cierto para usted y para mí. El miedo siempre nos podrá desconcentrar porque nos enfocamos en todas las posibilidades de fracaso en vez de concentrarnos en el éxito. Con todo, no lograba imaginar a este espécimen temiéndole a nada. Me explicó que cuando el locutor deportivo dice "oyó pasos grandes...", la aseveración no es una metáfora. Cuando nos persigue un tipo que pesa 160 kilos a velocidad descomunal, en efecto se escuchan literalmente pasos furiosos que anuncian grandes cantidades de dolor por venir. Y esa señal de dolor inminente genera miedo de verdad, miedo que puede desconcentrarnos y entonces dejamos caer el balón... aunque nos paguen diez millones de dólares solo por hacer una cosa: no dejarlo tocar tierra.

La segunda razón por la cual un receptor, y también usted y yo perdemos el enfoque, es la avidez, la ambición. En el caso del jugador de fútbol, el tipo observa la zona de anotación y en su cabeza marca sus puntos incluso antes de haber atrapado el balón, de manera que, para cuando mira atrás para atraparlo, ya es demasiado tarde y falla. Los directores técnicos de los equipos de fútbol entrenan al jugador para que no pierda de vista el balón, significando que se concentren en él hasta que lo hayan atrapado y entonces y solo entonces, volver su atención al *touchdown*, la anotación. Cuando la gente en el mundo de los negocios se deja llevar por la ambición, pierde de vista el bien de sus clientes y su propio enfoque. La avidez nos aleja del momento actual y empezamos a celebrar triunfos que aún no hemos ganado. Además, bailar antes de cruzar la zona de anotación nos pone en ridículo.

El tiempo

La mayoría de la gente puede enfocarse bien si se concentra. Y la mayoría de la gente puede ser intensa durante un rato. La mayoría de la gente logra incluso enfocarse con intensidad a algún nivel siempre y cuando les preocupe lo suficiente un cierto resultado. Sin embargo, muy poca gente puede sumarle el siguiente elemento a la fórmula durante mucho: el tiempo. Intensidad enfocada a través del tiempo. Un niño puede enfocarse con intensidad durante cinco minutos cuando ve una galleta que le apetece en una tienda.

Algunos adultos logran enfocarse con intensidad durante una semana o un mes y, cuando lo hacen, por lo general los aplaudimos y nos percatamos del movimiento en sus vidas.

Ahora, cuando nos cruzamos con un individuo que puede permanecer enfocado con intensidad en una determinada tarea o tema durante todo un año, nos encontramos ante una persona muy inusual, persona además capaz de crear tal sinergia en su vida que bien puede dejar de pedalear durante un rato. Escribir y publicar un libro toma más o menos un año de intensidad enfocada. Mi primer libro, *Tranquilidad financiera*, lo escribí en 1992 y todavía se venden miles de copias al año. Un año entero de ejercicio intenso y de ser cuidadosos con lo que comemos casi con seguridad cambiará la trayectoria de nuestras vidas en lo que concierne a nuestro bienestar físico. Nos desharemos de mucha grasa, tonificaremos nuestros músculos, nos sentiremos mejor y habremos cambiado algunos hábitos... quizá de por vida. Sin embargo, solo diez días de tal programa de ejercicios no moverá el fiel de la balanza. Para triunfar en grande debemos permanecer enfocados e intensos durante un período extenso de tiempo.

Si encuentra a alguien capaz de permanecer enfocado con intensidad en una misión, en una tarea, durante una década, con seguridad allí encontrará una persona de talla mundial en cualquiera que sea la actividad a la que se dedique. Seguramente ya será una marca conocida a nivel nacional... o lo será pronto. En su gran libro, *Fueras de serie: Por qué unas personas tienen éxito y otras no* (Taurus, 2008), Malcolm Gladwell escribe que una de las claves para alcanzar alturas insólitas de éxito es dedicarle diez mil horas de práctica al oficio de nuestra predilección. Los Beatles pasaron innumerables horas tocando en festivales de verano antes de que nos enteráramos de ellos; a Peyton Manning, ampliamente reconocido como uno de los mejores *quarterbacks* de todos los tiempos, se le conoce su ética de trabajo duro desde que era niño. Yo hace poco recibí el Premio Marconi, que es el equivalente al Oscar de la radio y, cuando hice cuentas, comprendí que había estado al aire durante más de diez mil horas. Recuerde, si trabaja duro durante quince años, un buen día, de la noche a la mañana, será un éxito.

Una de las cosas en las que creo es que debemos estudiar, entrevistar y, si es posible, andar por ahí intercambiando ideas con gente mejor que nosotros en el área en la que queremos triunfar. Es decir, si por ejemplo quiere ponerse en forma, pues no sería muy conveniente andar con una manada de teleadictos. Si quiere hacerse rico, entreviste y ande con millonarios. Yo empecé a hacer justamente eso hace muchos años después de haber quebrado. Una vez me hice millonario, empecé a entrevistar (y en algunos casos a hacerme amigo de) multimillonarios —es decir, gente con al menos mil millones de dólares. Dios, eso es una gran cantidad de dinero. Es mucho lo que podemos aprender de esta gente. Tuve la suerte de almorzar con uno de estos caballeros, quien no solo es multimillonario sino que además es un hombre de mucha fe, un gran negociante, un gran marido, un gran papá e incluso un gran abuelo. El paquete completo, de manera que con mi bloc de páginas amarillas en blanco frente a mí, le pregunté cómo podía ser como él cuando fuera grande. En otras palabras, le pedí consejos para una persona como yo.

Me dijo que debía hacer por lo menos dos cosas. Una, ser generoso en los negocios, en el hogar y en el mercado. La segunda, me recomendó comprar y leer un libro. Como soy adicto a los libros, me encantó esa respuesta. Pienso que los libros contienen la mayoría de las respuestas y que leerlos nos lleva a donde queremos ir. En ese punto de la conversación me moría de las ganas de conocer el título del libro que este multimillonario iba a recomendar. Continuó diciendo que el libro era inmensamente importante en casi todos los aspectos de la vida, tanto así, que él les leía el libro a sus hijos y luego ahora se los leía a sus nietos. Bueno, allí me dispuse pues a escuchar la gran respuesta, lápiz en mano, listo para escribir.

Entonces, este mutimilllonario me miró a los ojos y me preguntó:

—¿Leyó alguna vez la fábula de *La tortuga y la liebre*?

—Curioso —le dije—, ¿es eso lo que me ofrece? ¿Me está diciendo que su joya de la sabiduría es una fábula de Esopo?

Se rió de mi respuesta y continuó: "¡Siempre que leo el libro, la tortuga gana!". Vivimos en medio de una cultura llena de liebres, de gente incapaz de no perder de vista el balón, incapaz de permanecer intensamente enfocado durante mucho tiempo; gente que ni siquiera es capaz de tener la vista puesta en la meta durante el tiempo necesario para ganar la carrera. La carrera se gana de manera lenta y constante.

Los hombres de negocios se han hecho expertos en cocinar sus planes de empresa en hornos de microondas antes que en los antiguos hornos convencionales con los que se quemaban las vasijas de barro. Viven tan preocupados por el momento, ya sea el primer o el segundo trimestre, que pierden su visión y su alma. Cambian el éxito real, rico, duradero y profundo por la victoria momentánea, y por tanto se ven una y otra vez obligados a volver a empezar. Impóngase una visión a largo plazo y ejecútela. Como me dijo el multimillonario, la carrera se gana de manera lenta y constante.

Dios

Realmente creo ser una persona muy enfocada y muy intensa. Algunas personas de talla mundial permanecen intensamente enfocadas durante largos períodos de tiempo. Sin embargo, debo admitirlo, yo soy finito, tengo límites. Mis destrezas, habilidades y talentos tienen límite, y también los tendrán las suyas. De modo que, creyente como soy, estoy convencido de que mis limitados esfuerzos serán multiplicados por el Dios infinito. Así las cosas, cuando se suma el paso de la fe a mis relativamente flacos esfuerzos, la causa en cuestión puede llegar a explotar literalmente. Si queremos infundirle impulso a nuestro mercadeo, negocio, matrimonio, condición de estado físico o nuestra responsabilidad como padres, nada mejor que prolongar en el tiempo nuestra intensidad enfocada y multiplicarla con la ayuda de Dios para que el impulso sea incontenible.

Redacté una versión abreviada de mi teorema del impulso en un proyecto de publicación conjunto con otros autores que mi amigo Seth Godin compiló. Al otro día de publicarse, un amigo que es ateo no pudo menos que echarme unas cuantas bromas y pullas sin mala intención. Me decía en su correo electrónico que, en tanto colegas obsesos con las matemáticas que éramos y dado que Dios no existía, yo debía saber mejor que nadie que multiplicar mi fórmula por cero daría cero impulso. Curioso, a mí me gusta la gente capaz de pensar y conservar su sentido del humor. Pues bien, si Dios no existiera, entonces mi amigo estaría en lo cierto o si Dios fuera simplemente un "uno" muy pequeño, entonces la multiplicación al menos daría un empate, pero mi experiencia personal me dice que mi negocio y el de muchos otros operados por gente con fe, han alcanzado unos niveles de éxito que simplemente no se pueden explicar buscando en el espejo la única fuente de tal éxito. Así las cosas, bien puede usted implementar esta teoría del impulso como mejor le parezca, siempre y cuando no pierda su sentido del humor.

Mercadeo básico

Muchos principiantes en el mundo de los negocios consideran que el mercadeo no es más que vender. Cuando empezamos a elaborar nuestro primer plan de mercadeo es probable que éste quizá se reduzca a asegurarnos de que podremos pagar la nómina y el arriendo. Y eso es lo que debemos hacer, pero quiero que vislumbre un panorama más amplio de la idea de mercadeo al tiempo que sigue con sus ventas, asunto que yo no vi cuando me inicié. Tomé mis cursos de mercadeo en la universidad y fueron algunas de mis clases favoritas, pero para sobrevivir me vi obligado a hacer ventas y no sentarme a diseñar estrategias.

En realidad, el mercadeo es el plan global que permite llevar el producto o el servicio al cliente. En breve, el mercadeo es mucho más que realizar personalmente unas ventas y hacer un plan de publicidad. Las ventas y la publicidad son el aspecto micro mediante el cual tocamos al cliente de manera directa. Y todas estas decisiones pequeñas deben emanar del gran plan global, conocido como el aspecto macro, del mismo modo que nuestros sueños y visiones dirigen nuestra declaración de objetivos, nuestras metas e incluso la manera como administramos nuestro tiempo. Así, en vez de ponernos a arar la tierra de inmediato, con el gran plan global podemos volar a varios pies de altura sobre todo el terreno que vamos a arar y después sí arar los surcos con mayor eficacia y rendimientos.

El momento oportuno

Cuando soñamos con una nueva gran idea para nuestra empresa o cuando soñamos aquella que se convertirá en nuestra compañía, una de las primeras cosas que debemos establecer es la fecha para entrar en un mercado. Una gran idea lanzada a deshora puede sufrir una de miles de muertes dolorosas. Si la idea es abrir un almacén de ventas al por menor, quizá la Navidad sea una fecha apropiada. La mayoría de los minoristas hacen la mayor parte de sus ganancias anuales entre el Día de Acción de Gracias (que se celebra el cuarto jueves de noviembre en los Estados Unidos) y el 31 de diciembre, la noche de Fin de Año. Así las cosas, lanzar una nueva tienda al por menor en febrero quizá no sea una mala idea, pero necesitará dinero suficiente para sobrevivir hasta cuando las ventas empiecen a sentirse. Debería cuidarse mucho de abrir un gimnasio o lanzar una compañía de arquitectura o jardinería paisajista en noviembre porque, de hacerlo, pasarán varios meses antes de que se le acerquen unos clientes. Es probable que el mejor mes de un gimnasio sea enero y obviamente el paisajista empezará a realizar la mayoría de sus negocios en primavera. Se trata de una sencilla pero dolorosa observación, una verdad de a puño, pero no faltan los pequeños empresarios que inician un negocio o incluso supuestos expertos en mercadeo corporativo que pasan por alto esto de la fecha oportuna porque se entusiasman tanto con la totalidad del proyecto que empiezan a arar sin antes sobrevolar el terreno.

Pero esto del momento oportuno por supuesto que va mucho más allá del mes en el que vamos a lanzar algo, también tiene que ver con la oportunidad del momento en el mercado en un sentido más amplio. ¿Dónde está la competencia y en qué estado se encuentra la economía? Un promotor inmobiliario que se entusiasme demasiado con la ubicación y elegancia del diseño y la arquitectura de su condominio y no se percate de que se encuentra en medio de una recesión, casi con seguridad irá a la bancarrota. Si en el mercado abunda la competencia, también debemos ser mucho más cuidadosos con la selección del momento oportuno. ¿Qué cosas están de moda? Saqué un libro del que se vendieron varios millones de copias titulado *La transformación total de su dinero*. El libro se publicó por primera vez en 2003, cuando todas

las cosas y todo el mundo estaba en medio de una "transformación", "reestructuración" o "reorganización". Hoy por hoy, ni
usted ni yo lanzaríamos un nuevo proyecto de "reestructuración"
o "transformación" porque suena muy "hace diez años".

De manera que el momento oportuno también implica el
clima geopolítico. Las guerras y los rumores de guerra inciden
sobre el momento en el que debemos salir al mercado. Después de
los ataques del 11 de septiembre, nosotros, los estadounidenses,
estábamos seguros de que entraríamos en guerra. La única pregunta era cuándo exactamente. ¿Cómo le hubiera parecido fechar
su gran inauguración la noche en la que todos estábamos pegados
a la televisión observando como se encendían los cielos sobre el
desierto? De modo que no importa en qué momento lancemos
nuestros productos, debemos hacerlo teniendo siempre en cuenta
asuntos que están fuera de nuestro control como la temporada del
año, la economía, la competencia y el ambiente geopolítico.

Esta cuestión del momento oportuno es en muy buena medida, un asunto de sentido común. Pero igual requiere algo de
investigación y comprensión del modo de pensar de sus clientes.
En nuestro negocio de ayudar a la gente con su dinero, sabemos
bien que enero es un mes importante para aquellos que quieren
"salir de deudas y poner mi plata en orden". El dinero, bajar de
peso y dejar de fumar son tres de las metas perennes que la gente
se impone para el Año Nuevo, de modo que enero siempre es un
gran mes para nosotros. Lo que recién descubrimos mucho más
tarde, fue que septiembre y octubre eran casi tan importantes para
asuntos relativos a la autosuperación. Al parecer, una vez terminadas las vacaciones de verano, cuando los niños ya han vuelto al
colegio, la gente tiende a reiniciar cosas positivas en sus vidas...
tanto o más que en enero.

Los programas de radio en los que los escuchas participan
por teléfono tienen sus más altos índices de audiencia en otoño
gracias al efecto del reinicio de la política y de la temporada de
fútbol que en esos meses están en su cúspide. Los meses de verano
son los peores para ese tipo de programa de radio. La gente está
en los lagos o en la playa y por ello alguien como Dave Ramsey o
Glenn Beck no resultan tan atrayentes como una canción de Brad

Paisley. Así las cosas, conviene considerar el momento de lanzar un nuevo producto o servicio porque de lo contrario es posible que tengamos que pasar por un largo período de sequía al que quizá no podamos sobrevivir.

Con todo, a medida que ganamos en experiencia en un campo determinado, esto de escoger el momento oportuno se convierte casi en una acción instintiva. Es cierto que debemos seguir nuestra intuición, pero a mayor experiencia, mejor nuestra intuición. Años de fracasos no fatales desarrollan un magnífico instinto visceral que nace de la experiencia. Cuentan que alguna vez a un anciano conocido por su gran sabiduría se le acercó un joven para preguntarle cómo se había hecho tan sabio. El viejo contestó: "Tengo buen criterio", el joven insistió: "¿Cómo adquirió el buen criterio?". El viejo le dijo: "Tengo mucha experiencia", y por supuesto, el joven le preguntó: "¿Cómo adquirió esa experiencia?". El viejo le contestó: "A punta de mal criterio".

Además, para una persona creyente, la intuición mejora al ser dirigida por la oración. Tanto temor como puede generar el mundo de los negocios ha hecho que yo mejore cada día en esto de la oración ya que con mucha frecuencia recuerdo que debo orar al tomar decisiones.

Los prototipos

Una de las primeras cosas que aprendemos cuando en efecto nos metemos en el mundo de los negocios es la verdad de las economías de escala. "Economías de escala" simplemente significa que entre más artilugios solicitemos, más barato será cada artilugio, de manera que comprar al por mayor siempre será mejor negocio. No necesariamente. Solo será mejor negocio si vendemos todos los artilugios. Pero si solo vendemos la mitad del pedido, entonces casi será mejor botar los que nos sobraron debido a la versión 2.0, en cuyo caso perderemos dinero por haber pedido más de la cuenta. Afortunadamente, durante los primeros tiempos de nuestro negocio nunca tuvimos suficiente dinero para excedernos en los pedidos. Sin embargo, no dejo de cruzarme con principiantes y algunos otros supuestamente ya bien formados empresarios que son muy ingenuos respecto a su primer lanzamiento, personas que, en su entusiasmo, se exceden en sus pedidos.

No importa cuánto investiguemos y lo muy buena que pueda ser nuestra intuición y nuestros instintos, igual se crean prototipos que jamás salen al mercado en su forma original. Y la primera versión de su producto o servicio, casi nunca será la versión exitosa, de manera que no haga pedidos al por mayor.

Todos los empresarios involucran su ego en el lanzamiento de su bebé. A pesar de que he visto algunos bebés realmente feos, jamás me he cruzado con una madre que piense que su criatura es fea. El orgullo que nos genera nuestra creación nos enceguece emocionalmente, y por tanto, si no somos muy cuidadosos, podemos perder cantidades de dinero pensando que nuestra primera versión será nuestro primer éxito.

En marzo de 1994 lancé lo que creía sería el curso que cambiaría la manera en como los americanos administraban su dinero. Trabajaba por entonces desde una pequeña emisora que además estaba en quiebra, de modo que ni siquiera operaba a plena marcha. Hice mi gran anuncio sobre el nuevo curso y ofrecí gratis la noche de la primera clase, de manera que todos estaban bienvenidos. Dispuse de 135 sillas en la sala de reuniones y ubiqué el alto proyector en su sitio para cambiar el mundo. No tenía suficiente dinero, de lo contrario hubiera mandado imprimir mil cuadernos de ejercicios para la multitudinaria audiencia. Mandé a hacer el material gráfico e hice copias a color de la cubierta del cuaderno de ejercicios. Luego, con una guillotina corté las copias para insertar cubiertas y lomo en carpetas de triple anillo que pedí a la tienda local de material para oficinas. La primera noche llegaron seis personas. ¡Ayayay! El curso se llamaba "La vida después de salir de deudas" y estaba diseñado para ayudar a que las personas que luchaban económicamente no quebraran. Seis meses y cerca de cien clientes más tarde, habíamos cambiado completamente la mitad de las lecciones para ajustarnos al hecho de que la mayoría de la gente que venía no estaba en quiebra y lo único que quería era aprender sobre cómo administrar su dinero. También cambiamos el nombre del curso y el proyecto a la Universidad de la Paz Financiera (Financial Peace University) al que, a lo largo de sus muchas versiones en constante desarrollo, ya más de un millón de personas han asistido. Orígenes humildes, pero también lecciones aprendidas respecto a aquello de que nuestro prototipo, nuestra primera versión, que incluso quizá sea nuestra cuarta versión, no sea la que nos conduzca al éxito. Deje morir y renacer su idea una y otra vez; cada vez será mejor.

Grupos de sondeo

Si disponemos de trillones de dólares nos es posible contratar una empresa dedicada a hacer investigaciones de mercado para que haga sondeos y entreviste grupos de gente a los que queremos llegar. Tales grupos se conocen como grupos de sondeo. Y algunas veces eso funciona, pero el medio en el que los posibles clientes se encuentran es artificial, de manera que es muy posible recibir mala información. Algo así como la diferencia entre ver unos animales aletargados en un zoológico y verlos en vivo en su medio natural durante un safari fotográfico; el animal se comporta distinto en una situación artificial.

La mayoría de las veces no podrá darse el lujo de realizar una investigación formal o disponer de grupos de sondeo porque no dispone del dinero necesario. Pero eso no significa que no pueda sondear a los clientes ya existentes y aprender mucho de lo que prefieren y les gusta. El libro que escribí en 1992, *Tranquilidad financiera*, todavía se vende y ha sido revisado, revisitado y rehecho hasta tal punto que ya anda en su versión 4.2. La última vez que hicimos un gran relanzamiento a nivel nacional, le pedimos a la casa editorial que desarrollara en su concepto la mejor cubierta posible y nuestro equipo de diseño gráfico hizo otro tanto, además de un tercero, que no gustó a ninguno de los primeros dos. Igual presentamos las tres cubiertas en un tablero en las clases de Tranquilidad financiera en varias ciudades a lo largo y ancho del país para que la gente votara de manera anónima. Ya lo adivinó: escogieron la cubierta que a los "profesionales" menos les gustó, de modo que esa fue la cubierta que usamos. He ahí un ejemplo económico y relativamente sencillo de lo que es un grupo de sondeo. Hace dos años, alternábamos tres distintos diseños gráficos en nuestro portal en la red para vender boletos para un evento en vivo. El que menos me gustaba fue el que más vendió. De manera que descartamos los otros dos y nos quedamos con el que funcionaba. Así las cosas, recuerde que su ego y su instinto bien pueden resultar tan lastimosos como los míos. Enfoque y dirija su idea, póngala a prueba, mida sus resultados y luego cámbiela. Y no se crea la excepción: a pesar de nuestra brillantez, igual podemos tener un hijo feo.

El ciclo de vida del producto

Sin dejar de sobrevolar su terreno antes, durante y después de arar, conviene siempre estar muy atentos respecto a cómo nuestro producto o servicio se ajusta a lo que los expertos en mercadeo llaman el ciclo de vida de un producto. Casi ningún producto dura para siempre, de manera que esté muy al tanto de cuánto dura el suyo y en qué parte del ciclo se encuentra. El ciclo de vida de un producto consta de cuatro etapas y cada una de ellas tiene personalidad y atributos muy definidos.

Etapa preliminar

La etapa preliminar coincide con el lanzamiento de nuestro producto y suele caracterizarse por un alto costo de los bienes vendidos porque hacemos pequeños pedidos, cosa que hace que nuestros artilugios sean más caros por unidad por todas las razones que ya vimos. Nos veremos abocados a altos costos de promoción dado que estamos intentando hacerle saber al mercado que existimos y que la gente se entere de lo que hacemos. En esta etapa lo que intentamos hacer es despegar, y recuerde, un jet consume la mayor parte del combustible destinado a un viaje en el despegue. Las cosas se estabilizan una vez volamos alto, pero el decolaje puede ser costoso. Las ventas y las utilidades serán bajas porque no nos será posible vender mucho desde bodega. Así, dado que los costos son altos y las utilidades bajas, la etapa preliminar se caracteriza por poca o ninguna ganancia.

Etapa de crecimiento

A medida que el producto despega y las ventas empiezan a aumentar es posible reducir ligeramente los costos de promoción. Dado que estamos pidiendo más artilugios el costo de bienes vendidos bajará algo. Empezamos a comprender que la cosa va a funcionar. Las utilidades aumentan a medida que lo hacen las ventas y nuestros pedidos, reduciendo el costo por unidad. Esta etapa es divertida porque aumentan las ganancias y sentimos la energía por todos lados. La experiencia de tener utilidades le da impulso a todo el proceso. Dado que gastamos cantidades de combustible despegando el avión, ahora podemos reducirle un poco a la gasolina y disfrutar el vuelo.

Etapa de madurez

Una vez el producto ha madurado en el mercado, el calendario de publicidad puede reducirse a un programa de mantenimiento. Al necesitar un mínimo de publicidad para hacerle saber a los clientes que existimos, los costos de promoción se reducen considerablemente. Esta etapa también se caracteriza por coincidir con el menor costo de los bienes vendidos porque a esta altura venimos y estamos haciendo pedidos al por mayor. Además, hemos descubierto los mejores precios de todos los materiales implicados y por tanto nuestra producción se ha racionalizado considerablemente. Dado que ya contamos con un historial o registro de desempeño en el mercado, nuestras ventas serán mucho más previsibles. Con bajos costos y altas ventas esta etapa suele ser la más rentable. Honor a la verdad, esta etapa es la menos estresante, con una excepción: para entonces la competencia ya se ha dado cuenta de nuestro gran éxito y entrará a hacer lo suyo en el mercado en esta etapa.

Etapa de decadencia

Esta es la etapa en la que nos percatamos de la mortalidad de nuestro producto; de que nada es eterno. Las ventas empiezan a disminuir y entonces, aunque el costo de los bienes puede ser muy bajo, igual nos vemos con un excedente de existencias. De manera que el costo de los bienes puede volver a ser muy alto porque los pedidos en pequeñas cantidades suben el costo por unidad. En lo que a publicidad y promoción concierne, debemos limitarlas al mínimo para mantener costos bajos. Las utilidades globales caerán al tiempo que caen las ventas. Ha llegado el momento de sugerirle ventas accesorias o complementarias a nuestra clientela base agregando otro producto al pedido como parte de una mejora del conjunto. Y entonces también ha llegado la hora de reinventar nuestro producto.

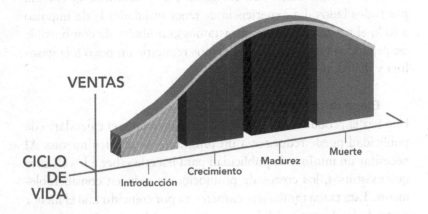

Aquí estamos

El ciclo vital de un producto puede ser muy, muy corto o muy, muy largo, dependiendo del producto. Un ejercicio interesante consiste en ponderar en qué parte del ciclo está un producto específico, en qué parte del ciclo está su compañía en particular y en qué parte del ciclo se encuentra la industria relevante en general. Hacerlo le dará una buena idea de cómo proceder con su plan de mercadeo y qué mensaje debe enviarle a su clientela.

Voy a ilustrar el asunto refiriéndome a una de las industrias en las que yo estoy metido, la industria editorial. La publicación de libros es una industria muy antigua. El ciclo de vida del producto de toda la industria ya tiene varios siglos a sus espaldas y es probable que haya llegado a su etapa de madurez. Un libro publicado por mí sobre liderazgo contiene conceptos que podríamos llamar atemporales y por tanto sería de esperar que tuviera un ciclo de vida que oscilaría entre los cinco y los diez años. Otros libros catalogados como ficción, por ejemplo, duran uno o dos años antes de empezar a decaer y aun otros libros publicados por amigos míos que escriben sobre política tratando asuntos del momento con frecuencia tienen un ciclo vital que dura unos noventa días. La gran mayoría de las ventas de un libro típico tiene lugar en los primeros 120 días. Hay excepciones, claro, como *Empresas que sobresalen*, de Jim Collins, y la Biblia que ha sido un éxito de ventas perenne. Sin embargo, como casi todos los libros caen dentro de aquellos con un ciclo vital de 120 días, la mayoría de las librerías piensan en lotes de 120 días y no están montadas para albergar libros de larga duración en estanterías.

Cuando lanzamos un nuevo libro, éste se encuentra en su etapa preliminar, al tiempo que la industria se encuentra en su etapa de madurez y mi compañía en la etapa de crecimiento. Es menester considerar todas estas distintas capas y qué significan respecto al plan de mercadeo. En primer lugar, dado que la industria está madura, no tenemos que contarle a la gente sobre esta nueva manera de hacerse a información y explicar cómo funciona; todos "conseguimos" libros. Sin embargo, sí hay muchas nuevas maneras de conseguir y comprar libros a través de correo electrónico, de modo que debemos asegurarnos de estar ahí. Nuestra compañía dispone de una marca conocida a nivel nacional y estamos creciendo, pero ¿cómo hacer para recoger ese impulso y dirigirlo todo hacia un libro? Por último, el libro es una novedad, está recién salido, de manera que serán necesarias mucha educación y promoción para ayudarlo en su etapa preliminar. Algunas veces todos estos puntos de vista parecen ser asuntos de mero sentido común, y es cierto que cuando nos tomamos la molestia y el tiempo de sobrevolar sobre nuestro terreno los veremos con relativa claridad y rapidez. El problema es que mucha gente metida en el mundo de los negocios pasan tanto tiempo en el terreno que se les escapan estas sencillas observaciones y cometen errores como invertir en publicidad innecesaria en un producto maduro.

Si nos ubicamos detrás del arado no siempre nos percatamos del final que se avecina y por tanto no nos detenemos a pensar en cómo reinventarnos. A medida que el producto madura, ¿lo reinventamos o lo dejamos morir y pasamos a un nuevo producto? Algunos productos se crean a sabiendas de que van a morir. Un libro atacando la presidencia de Bill Clinton quizá hubiera vendido bien durante el período en el que lo acusaron oficialmente por delitos cometidos en el desempeño de sus funciones, pero dicho libro estaría seriamente trasnochado hoy por hoy. Sin embargo, un libro como *Los siete hábitos de la gente altamente efectiva*, de Stephen Covey, tiene una vida larga y puede reinventarse con una nueva cubierta y algunas "actualizacio-

> **La gente no quiere ser objeto de "mercadeo", la gente quiere que se "comuniquen" con ella.**
> **—Flint McLaughlin**

nes". Mi primer libro, *Tranquilidad financiera*, ha sido "revisado", "actualizado" y hasta "revisitado". Cada vez reinventábamos el libro con algunos nuevos capítulos, estadísticas actualizadas y una nueva cubierta. Dicha reinvención reinicia el ciclo de vida del producto, pero no desde el mismo punto en el que se originó. Recubra un nuevo ciclo vital de manera que la introducción traslape el viejo ciclo hasta bien entrada la etapa de decadencia. Jamás volveremos a ver algo "nuevo y mejorado" de la misma manera.

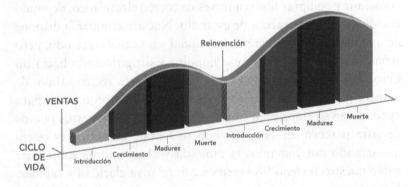

Pase a su clientela por un embudo

Cuando se empieza un negocio por lo general lo hacemos ofreciendo un solo producto o servicio. A todos se nos ocurre esa gran idea que nos golpea como un rayo y salimos disparados camino a la feria del mercado. Tal pasión y energía es algo maravilloso y es así como nacen las grandes compañías. Al tiempo que ponemos a andar nuestro primer producto, debemos ser muy estratégicos y reflexivos respecto al desarrollo de nuevas líneas de productos. Una buena manera de constituir una clientela base fiel y en crecimiento consiste en crear una línea de productos y servicios recurriendo al método del embudo.

El método del embudo no es más que ingeniarse vías económicas o gratis y rápidas para que el cliente pueda interactuar con nuestra empresa. Entre más rápido y barato sea un producto o servicio, más gente atraeremos. Y lo anterior puede ser algo tan sencillo como ofrecer un contenido de calidad al cual el cliente pueda acceder gratis en nuestra página web. Luego podemos desarrollar un producto ligeramente más costoso que puede implicar una mayor inversión de tiempo. Y así podemos seguir sucesivamente embudo abajo hasta llegar a nuestro producto más costoso y que más tiempo implica. A medida que solicitamos de nuestros clientes más dinero y tiempo, un menor número de ellos nos seguirá hasta la boca pequeña del embudo, pero recuerde que, a mayor el número de clientes que entre al embudo, mayor el número de aquellos que llegará al final del mismo. Si diez personas visitan su página web para leer allí un contenido gratuito y cuatro terminan por comprar un producto de $59, y luego uno de ellos compra un producto de $3.500, habrá cumplido su meta. Así las cosas, su próxima meta será lograr que cien personas entren a la boca de entrada del embudo en vez de solo diez. Por ejemplo, en mi caso personal, mientras quizá millones de personas compren y lean este libro por menos de $30, el número que estarán dispuestas a desembolsar $6.000 para asistir a un curso de una semana dictado por mí sobre liderazgo en un centro vacacional será mucho menor.

Cuando dicté este curso como parte de nuestras *EntreLeadership Master Series*, a un tipo dueño de una compañía de calefacción y acondicionadores de aire le pareció que valía la pena intentarlo. Hasta entonces, él consideraba que su negocio se limitaba a ofrecer reparaciones y repuestos para sistemas de calefacción, ventilación y aire acondicionado, pero al sobrevolar su "terreno" como aquí lo indico, el hombre vio algo nuevo. Regresó a su casa y cambió su página web para implementar la teoría del embudo. Empezó ofreciendo informes gratis que se podían descargar de la red sobre cómo hacer para que calderas, sistemas de aire acondicionado y calentadores de agua duraran más siguiendo unos sencillos consejos de mantenimiento. El informe que más éxito tuvo se titulaba "Diez cosas que cualquiera puede hacer para reducir los costos de sus servicios de calefacción, agua y electricidad". Allí solicitaba un correo electrónico a dónde enviar los informes gratuitos y ofrecía la dirección de su boletín informativo para continuar la educación gratuita. Ah, dicho sea de paso, ¿sabía usted que cambiar un ineficiente sistema de calefacción, ventilación y aire acondicionado (HVAC, por sus siglas en inglés) de diez o más años por uno nuevo puede llegar a reducir por la mitad los costos de sus servicios?

A continuación, descendiendo por su embudo, el hombre ofrecía una visita de mantenimiento para su HVAC por $59 que incluía chequeo y limpieza del mismo y que constaba tan solo de catorce pasos para que el sistema funcionara mejor en el caluroso verano o en el frío invierno, asegurándose, de paso, de que toda la unidad operara sin peligro. Por supuesto, algunas veces el chequeo llevaba a descubrir que todo el sistema estaba en las últimas y tendría que ser remplazado. De manera que el embudo empezaba con un informe gratuito y terminaba para algunos en una compra de $3.500 a $5.000. Por no hablar de la limpieza de conductos, sistemas de filtros antialérgicos y otros productos. Me envió una nota para contarme que le bastó mirar los productos que ofrecía a través del embudo, para ver la posibilidad de una cantidad de nuevos negocios. De nuevo, esto parece ser puro sentido común, pero cuando estamos luchando por cumplir con una nómina y lidiando con los incendios diarios que administrar un negocio implica, algunas veces olvidamos alejarnos del arado y volar sobre el terreno.

Estofado de mercadeo

El misterio del mercadeo en realidad no es un gran misterio. Lo que ocurre es que muy poca gente en el mundo de los negocios investiga de manera deliberada. Quizá la respuesta del mercado a nuestras mejores ideas sea misteriosa, pero cómo elaborar un plan para dejarle ver a la gente cómo podemos servirle no es misterioso. Al igual que hacer un buen estofado un frío día de invierno, en efecto existe una receta.

Si ya trabajó su prototipo y tiene un producto bien y completamente elaborado, y si ya examinó mediante un grupo de sondeo las posibles reacciones de su cliente, estará muy cerca de la hora de lanzamiento. Por supuesto, también habrá considerado el momento oportuno o no de su producto, en qué punto del ciclo de vida se encuentran su empresa y su industria e incluso ponderado qué le está diciendo el embudo respecto a la fijación de precios. Lo que en último término a todos nos atañe es asegurarnos de que la calidad de nuestro producto sea la mejor.

Mike Hyatt, amigo mío y presidente ejecutivo de una importante compañía, tiene un dicho que me parece genial: "Un buen plan de mercadeo ayuda a que un mal producto fracase cuanto antes".

En otras palabras, jamás realice la gran inauguración de su restaurante sin antes haber probado todas y cada una de las recetas y que todas sean deliciosas. Podemos convocar una gran cantidad de gente a nuestro negocio, pero si tales personas pasan una mala experiencia, ellas mismas se encargarán de divulgar la mala noticia. Asegúrese por tanto de que lo mejor que puede dar está listo antes de salir al mercado. Si ya está listo, entonces es hora de asegurarse de que tiene todos los ingredientes necesarios para el estofado de mercadeo.

Primer ingrediente: pasión

Con apenas unos veintitantos años hice algo de mercadeo interconectado, también conocido como mercadeo de multinivel, durante unos tres meses. Aprendí cantidades de cosas que debía evitar al hacer negocios, pero también recibí un par de buenas lecciones. Una de las cosas que aprendí es que la pasión vende. Una de las superestrellas de la comercialización por estratos era un tipo llamado Dee Pinkard.

Solo hará un sacrificio cuando crea apasionadamente en el resultado.

El tipo solía decir: "La lógica no tiene vigor; el vigor solo lo da la emoción". Estoy de acuerdo, y además, el mercadeo necesita vigor, energía. La lógica, aunque es objetiva y se atiene a los hechos, es plana y no conduce a nadie a la acción.

No importa si estamos haciendo ventas personalizadas o mercadeo o liderando, la pasión es lo que vende. Es más, la pasión puede llegar a cubrir multitud de errores y malentendidos. La pasión es capaz de superar las grandes cantidades de ignorancia que subyacen cuando no sabemos lo que no sabemos. Francisco VI, duque de La Rochefoucauld, dijo: "Aun el hombre más romo, cuando lo domina la pasión, persuade mejor que el más elocuente que carece de ella". Estoy de acuerdo; he visto muchos planes de mercadeo muy académicos, intelectuales y elaborados pero que, por falta de chispa, fracasaron. Es menester la presencia de un campeón o un edificio lleno de campeones dispuestos a luchar contra todos los enemigos del éxito debido a que el resultado les importa profundamente a todos los implicados. Si usted y su equipo no logran dar gritos de entusiasmo respecto a la cosa que están haciendo, entonces mejor no lo hagan. El mercadeo requiere de un catalizador, y éste casi siempre es un individuo o un grupo de personas que lucharían a muerte para triunfar porque creen profundamente en lo que hacen. A tantos planes de mercadeo les hace falta esta profunda emoción arraigada en el alma que estoy convencido esa es una de las razones por la cual tantos fracasan.

Cuando usted y su equipo tienen pasión, cuando se sienten parte de una especie de cruzada, están dispuestos a hacer sacrificios para lograr que se haga realidad algo más grande que ustedes mismos. Para tener éxito siempre hay que pagar un precio en energía, tiempo, dinero y dolor. Y solo hará sacrificios cuando crea apasionadamente en el resultado.

Segundo ingrediente: actividad

Conseguí mi licencia para operar como agente inmobiliario tres semanas después de cumplir dieciocho años y trabajé entre cuarenta y sesenta horas semanales vendiendo propiedad raíz durante mis cuatro primeros años al tiempo que estudiaba en la universidad. Era un mal vendedor y un jovencito inmaduro, pero trabajaba como un loco. Hacía ventas en frío (intentos de venta mediante llamadas telefónicas sin previo aviso), golpeaba puertas y me sentaba horas enteras en jornadas de puertas abiertas con inusitado entusiasmo. Entonces, a pesar de que no era muy pulido, vendí casas en un tiempo en el que el interés vigente era del 17%. ¿Cómo fui capaz de superar tantos obstáculos personales y del mercado? Gracias a mi actividad. Trabajaba más que casi todo el mundo. Mi corredor inmobiliario (mi jefe) durante aquellos tiempos era un buen hombre que se limitaba a sacudir la cabeza perplejo, no tanto de mis logros como de que yo sobreviviera. Un día me dijo: "Ramsey, su éxito es sorprendente; supongo que hasta un marrano ciego consigue su bellota si merodea lo suficiente". Como no soy granjero, aun hoy no tengo muy claro qué quiso decir con ello, yo lo interpreté como que los cerdos comen bellotas y un cerdo, aunque sea ciego, no pasará hambre si se mueve lo suficiente.

Los sueños de mercadeo que se hacen realidad equivalen a una verdadera explosión en el mercado. Las ventas y el éxito se disparan. Y este tipo de explosión casi nunca es resultado del azar; requiere tremendas cantidades de actividad y movimiento: montones de promoción, publicidad, equipos de venta y lo que quiera que se necesite de más para inyectarle energía a nuestro mercado, para crear la posibilidad de una explosión. Otro principio relativo a la actividad y el movimiento necesarios para causar una explosión es comprimir nuestra actividad en una menor cantidad de tiempo. Cuando hacemos el trabajo de un año en noventa días, estamos embutiendo una gran cantidad de actividad en un marco reducido de tiempo, asunto que por lo general puede generar suficiente masa crítica como para hacer posible una explosión. Tal el principio detrás de un motor diesel. Dichos motores no disponen de bujías para encender el combustible en la cámara de combustión, de manera que los inyectores vaporizan el combustible para introducirlo en la cámara y, a medida que se obliga al mismo número de moléculas a entrar a un espacio cada vez más reducido y gracias a la acción de un pistón que sube, ocurre una explosión que empuja de vuelta al pistón. De modo que atiborre grandes cantidades de actividad y movimiento en un lapso corto de tiempo y verá cómo se enciende el motor del mercado.

Mayor actividad y movimiento son un seguro contra el fracaso. Sencillo: si hacemos cien llamadas es mucho más probable que hagamos una venta que si solo hacemos diez. Se trata de un concepto tan ridículamente sencillo que realmente no entiendo por qué compañías enteras mueren por falta de actividad en su manera de enfrentarse al mercadeo. Una mayor actividad nos otorga más opciones de hacer una venta y, del mismo modo que el arte de hacer llamadas mejora entre más opciones se tengan, con el mercadeo ocurre tal cual.

El incremento en la actividad implica cierta audacia. La timidez y la pasividad no funcionan en el capitalismo, de manera que debemos hacer la audaz proclama de que nosotros y nuestra compañía hemos llegado al mundo y que por tanto el mercado debe ponerse de pie y tomar nota.

> **Las únicas personas que nunca fracasan son aquellas que nunca lo intentan.**
> —Ilka Chase

Una vez usted y su compañía se vuelquen sobre el mercado, empezarán también a triunfar y al tiempo que triunfan, no lo olvide, espere críticas y reclamos. Es imposible liderar, mercadear y/o dirigir una compañía exitosamente sin llamar la atención de gente que no entiende, de manera que a medida que triunfa prepárese para ser malentendido y calumniado.

La actividad y el éxito hacen que el rechazo y los fracasos no letales sean más fáciles de llevar emocionalmente. Cuando se tienen grandes cantidades de clientes, uno que nos trate mal no importa tanto. Recuerdo una ocasión, recién escrito mi primer libro, *Tranquilidad financiera*, en la que llevé unos cuantos ejemplares para vender tras una pequeña charla introductoria para veinticinco personas convocadas a un almuerzo. Un tipo se acercó a la mesa para reñir conmigo respecto a mis comentarios y lo que mi libro decía sobre el dinero. El tipo estaba molesto con lo que yo enseñaba y recuerdo que me tomó varios días recuperarme de tal confrontación. Ahora, que ya he vendido más de dos millones de copias de ese libro en particular, ahora, repito, casi me da risa cuando un tipo como ese me envía correos con insultos y amenazas o intenta abordarme en una fiesta o reunión. El éxito y las cifras le quitan poder a los detractores porque las dos cosas les demuestran que están obviamente equivocados. Con todo, en aquella ocasión, cuando presenté a mi bebé y alguien lo tildó de feo, la cosa fue devastadora. La actividad nos otorga una perspectiva distinta de la basura que el éxito conlleva.

Tercer ingrediente: escasez

Todo el mundo quiere una mesa en un restaurante que está lleno, todo el mundo quiere hacerse miembro de un club campestre al que es muy difícil entrar y todo el mundo quiere el último juego o artilugio electrónico con tanta ansiedad que hacen colas de un kilómetro para conseguirlo. Cuando logramos crear la sensación de que nuestro producto es escaso o raro, le estamos agregando una enorme cantidad de energía de mercadeo a nuestro plan. Ahora, jamás le sugeriría que hiciera esto sin la mayor integridad. Con todo, no olvidemos que lo que intentamos hacer con una enorme estrategia de prelanzamiento es hacer tanto ruido en el mercado que la gente haga cola. Hay quienes acampan haciendo fila alrededor de una manzana para comprar un iPhone que en tres semanas podrían comprar acercándose a un almacén. Apple hace maravillas en esto de suscitar fervor por ser el primero en poseer algo raro y precioso; es parte de su talento para el mercadeo.

Los fabricantes de juguetes crean niveles similares de frenesí haciendo escaso el producto, por lo general durante Navidades. Ciertas muñecas o juegos para computadoras alcanzan tales niveles de fervor que la gente los compra, les sube el precio diez o veinte veces y luego los venden en eBay. Le bastaría a una persona simplemente esperar entre treinta y sesenta días para ver el mismo producto a la venta por la mitad de precio. ¿No le parecería maravilloso que su producto irradiara tal energía de mercadeo que la gente estuviera dispuesta a hacer colas y pelear por su puesto para poder entregarle a usted su dinero? ¡Uf!

Algunas veces la escasez no es más que la realidad de una producción limitada, pero algunas veces algo similar se genera gracias a grandes dosis de calidad o talento. Hay gente que corta el cabello y otra que alcanza tal reputación cortando el cabello que se vuelve un privilegio conseguir cita con ellos para que nos corten el cabello aunque cobren el triple. La verdad es que, calvo como soy, esto último no lo entiendo del todo, pero igual me quito el sombrero ante quienes son capaces de crear semejante halo de misterio en torno a sí mismos y al servicio que ofrecen que son inmensamente solicitados debido a una aparente escasez.

Cuarto ingrediente: urgencia

Una prima hermana de la escasez es la urgencia. Si nuestro producto o servicio es escaso, inmediatamente le transmite la urgencia al usuario para que actúe sin dilación: ¡Compre ya, porque a este precio no quedan muchos!

Jim Rohn dice: "Sin una sensación de urgencia, el deseo pierde valor". Piense en el concierto de un músico tan taquillero que vende decenas de miles de boletos en minutos. ¿Por qué ocurre eso? Urgencia es la palabra. Quien asiste al concierto cree, con razón, que si no accede al portal en la red en el momento preciso, no podrá ver a su estrella favorita. Cada vez que organizamos grandes eventos en vivo y ya solo nos quedan los últimos cien o doscientos boletos y salgo al aire en mi programa de radio y anuncio con honesta exactitud que ya está vendida casi toda la boletería, los últimos boletos se venden en minutos a pesar de que, solo una semana antes, no hubiéramos vendido ese número en el transcurso de toda una semana.

> Si haces un producto lo suficientemente bueno, no importa que te encuentres en lo más profundo de un bosque, el público encontrará el camino para llegar a tu puerta, dice el filósofo. Pero si quieres público en números suficientes, siempre sería mejor que construyeras una autopista.
>
> —William Randolph Hearst

Quinto ingrediente: el teorema del impulso

Por supuesto que vuelvo ahora al comienzo de este capítulo para recordar el teorema del impulso: la intensidad enfocada durante un lapso de tiempo multiplicada por Dios equivale al impulso incontenible. De manera que, cuando quiera que se trate de su producto o de la estrategia para su marca, asegúrese de que utilice la fórmula anterior para revolver su estofado de mercadeo.

Estamos enfocados, somos intensos y hemos contemplado los asuntos de escasez, urgencia, actividad y pasión para aunar todos nuestros esfuerzos en la elaboración del estofado. Sin embargo, como hace el granjero, una vez sembrado el cultivo a punta de trabajo duro e inteligencia, aún nos falta contar con Dios para que nos envíe las lluvias. Si limitamos nuestros resultados al efecto de nuestros mejores esfuerzos, entonces nuestros resultados seguirán siendo resultados demasiado limitados.

Sabe que da gusto

La mayoría de los negocios, grandes y pequeños, elementales y sofisticados, rara vez se empeñan en asegurarse de que todos estos ingredientes se incorporen al estofado. Del mismo modo, la mayoría de los negocios casi nunca se toma la molestia y el tiempo de pensar en arar su terreno sobrevolándolo antes de iniciar el trabajo. Es tanta nuestra prisa de salir al mercado que con muy poca frecuencia se asume el mercadeo como estrategia, como plan diseñado a conciencia. Las salidas en falso y los errores me han costado tanto de mi dinero que me enferma pensar en ello. Pero tanto pesar como me dan los anteriores fracasos, así y más me enorgullecen las veces que hicimos lo correcto. Da mucho placer crear un plan intrincado, multifacético, ejecutarlo y triunfar como resultado del mismo. Tómese su tiempo y haga estas cosas del mercadeo bien.

El resultado natural de un estofado de mercadeo hecho con todos estos ingredientes y ser más reflexivos a la hora de aproximarnos a nuestro cliente nos brinda la oportunidad de servirle con nuestro producto o servicio.

6

No voltee hamburguesas

Una guía práctica para iniciar su sueño

En 1972 estaba de pie en su garaje, lleno de incertidumbre y una buena dosis de desesperación un enérgico joven y futuro emprelíder. El garaje no era nada especial y si no fuera por la pasión de su mujer por la limpieza, habría estado polvoriento, inclusive sucio. Hacían portarretratos precortados que en esos tiempos se podían armar, y aún lo hacen. Él y su mujer trabajaban por las noches, así como también lo hicieron sus hijos a medida que fueron creciendo. Un conocimiento previo en ventas al por menor concretó el sueño de nuestro joven emprendedor, asimismo, también le hizo saber que esta compañía podía llegar a ser grande. Empezando solo con $600 y un sueño, este joven de treinta y algo de años empezó a construir su compañía, que con el tiempo se volvió extremadamente famosa. Mi amigo, David Green, construyó Hobby Lobby, con más de doce mil empleados y mil millones de dólares en ingresos, y empezó en su garaje.

En 1946 había un pequeño e insulso asadero en el sur de Atlanta. La Segunda Guerra Mundial había acabado y un joven extremadamente enérgico decidió entrar en el negocio de los restaurantes, aunque la economía no estuviese tan bien. Compró, limpió y se dedicó a un lugar conocido como Dwarf Grill. Luego, el pequeño asadero tomó el nombre de Dwarf House, y fue allí donde mi amigo Truett Cathy dice que inventó el sándwich de pollo. Dan y Bubba, sus hijos, le contarán historias de cuando les pagaban por trabajar en cosas como limpiar gomas de mascar pegadas debajo de las mesas cuando tenían ocho o nueve años. Abrieron el primer Chick-fil-A en 1967 y ahora tienen miles de millones de dólares en ingresos y emplean a decenas de miles de personas. Tienen el más singular de los modelos de socio industrial, lo que también ha hecho ricos a muchos de sus operarios. Coman Más Pollo.

En 1972, el mismo año en el que Hobby Lobby comenzó, se vivían tiempos difíciles. Estábamos en plena guerra de Vietnam, la inflación era galopante y hacer filas en las gasolineras estaba a punto de volverse algo normal. Ese mismo año un inventor tuvo una extraña idea. George Ballas descubrió que haciendo girar rápidamente un sedal muy grueso podía cortar césped. Había nacido el Weed Eater y con él, en 1977, las ventas llegaron a los ocho millones de dólares en solo cinco años. Hoy, la marca Weed Eater ha penetrado tanto en nuestra cultura que el nombre es utilizado indistintamente para todas las cortadoras de césped, de la misma manera como a todos los pañuelos de papel les llamamos Kleenex y a todas las cremas de petróleo les llamamos Vaselina.

Hace unos años, conocí a un hombre llamado Jay Steinfeld de Houston, Texas. Jay empezó en 1987 un negocio de textiles en una pequeña tienda de apenas noventa y tres metros cuadrados. En 1993, pagó $1.500 para crear su primera página web y un par de años más tarde gastó otros $3.000 para actualizarla con el fin de que pudiera tener un elemento de comercio electrónico donde pudiese vender persianas en línea. Ya en el año 2001, la página web operada desde su garaje había colapsado, así que vendieron la pequeña tienda de textiles. Jay ha sido inteligente y trabajó muy duro en hacer un gran cambio en su compañía: convertirla en una compañía vendedora de persianas por Internet. Con aquellos humildes comienzos, Blinds.com es ahora la compañía vendedora de persianas por Internet más grande del mundo. Más de la mitad de las persianas vendidas en el mundo se venden en esta página web. Él y su equipo de trabajo de 115 miembros venderán este año más de $85 millones en persianas y productos relacionados en Blinds.com.

En la mitad de una alta inflación y una crisis de energía, un joven genio en computadoras comenzó toda la revolución de computadoras personales en su garaje y en su dormitorio en 1975. No hay duda de que sabe a quién me refiero: Bill Gates. Tenía veinte años. Un par de años después, en 1984, probablemente inspirado por Gates, Michael Dell empezó con las computadoras Dell en su dormitorio a los diecinueve años. Tenga en cuenta que nuestra economía aún estaba tambaleándose a causa de una gran recesión en 1982.

Las cosas importantes tienen orígenes humildes. Los inicios de pequeños negocios sin grandes capitales forman parte de nuestra historia patria. Es necesario que muchos de ustedes, lectores, sepan que la compañía para la cual trabajan merece su respeto por el patrimonio que ésta representa. Puede que esté pensando en convertirse en una de esas historias o esté a mitad de camino de hacer su sueño realidad.

Quiero alentarlo a que empiece humildemente. No tiene necesidad de endeudarse con un préstamo de $100.000 con la Administración de Pequeñas Empresas (SBA, por sus siglas en inglés) poniendo en riesgo su vivienda para comenzar con la oficina del gerente forrada en nogal. Mi negocio comenzó con una mesa de juegos de azar en mi sala. Estos negocios que empiezan desde casa les llaman a menudo microempresas, industrias artesanales o empresas caseras. Encontrar cifras exactas sobre estos negocios es muy difícil, ya que la misma naturaleza de este tipo de microempresario es la de no querer estar en el radar del gobierno. A estas personas les gusta su libertad, es por eso que crearon sus empresas. No obstante, cada una de las enormemente exitosas empresas mencionadas anteriormente empezaron de una forma u otra en el garaje, en la sala o en el dormitorio; nada de lujosas oficinas, ni enormes plantas industriales, ni equipos de ejecutivos con MBAs, ni con la más remota idea de si lo lograrían.

Estoy convencido de que la columna vertebral de nuestra economía son los emprendedores de pequeñas empresas. Actualmente, el 64% de los estadounidenses trabaja para una compañía que tiene menos de 500 empleados. La Oficina del Censo dice que el 98,3% de las compañías en los Estados Unidos tienen menos de 100 empleados. Ahora mismo, en algún lugar de los Estados Unidos, el próximo Bill Gates, Truett Cathy o David Green está probablemente leyendo este libro. El derecho y la habilidad de crear algo a partir de nada son intrínsecamente estadounidenses. Así que no se avergüence o tenga miedo de empezar desde abajo.

Medio tiempo

Algunas empresas empiezan siendo de medio tiempo e inclusive permanecen siéndolo, lo cual es bueno. A veces un bombero que trabaja cuarenta y ocho horas seguidas y cuenta luego con algunos días libres decide empezar una compañía de paisajismo o de pinturas. No tiene ningunas intenciones de renunciar al cuerpo de bomberos, pero su excepcional horario le da la libertad para dedicarse a pensar en diferentes ideas sobre una pequeña empresa.

El mejor trabajo de medio tiempo es muy posiblemente una pequeña empresa. No tengo nada en contra de Burger King, pero ¿para qué voltear hamburguesas por un salario mínimo cuando hay un millón de ideas para crear una pequeña empresa con las que podría empezar hoy mismo? No hay razón por la cual permanecer desempleado "buscando trabajo". Buscar trabajo no es realmente difícil si se miran las necesidades de las personas y cómo les podría servir.

Una microempresa que empiece siendo un trabajo de medio tiempo puede o no llegar a ser gran cosa, pero insisto, no debe sentir vergüenza por empezar humildemente. Matt golpeó en nuestra puerta una mañana y dio un paso atrás en la entrada para no parecer amenazante cuando mi esposa le abrió. Le explicó que había abierto una empresa por el verano para pagar la matrícula de la universidad del siguiente otoño. Había comprado una hidrolavadora y estaba en nuestra casa ofreciéndonos el servicio de lavar y encerar nuestro camino de entrada, ya que él y su amigo trabajarían en el vecindario esa semana. Mil cien dólares y diez horas más tarde estaba manos a la obra. Si hago los cálculos correctamente, Matt está ganando más dinero que algunos abogados. Algunos estudiantes de universidad estudiando para ser expertos en marketing no pueden encontrar trabajos de verano porque la economía está mala de acuerdo con las noticias. Puras mentiras.

En unas vacaciones de invierno mi compañero de habitación y yo golpeamos de puerta en puerta en casas con chimeneas y les hablamos a sus inquilinos con las mismas palabras de Matt, sólo que nosotros queríamos venderles leña. En un muy rápido y frío mes, logramos vender, cortar y entregar setenta y ocho almiares de madera, los cuales iban a pagar nuestras matrículas del siguiente semestre. Mientras tanto, teníamos amigos volteando hamburguesas por un salario mínimo y sin contar con préstamos estudiantiles. Quisiera ser más inteligente y haber sido Michael Dell o Bill Gates en vez de Paul Bunyan talando árboles con un hacha, pero uno trabaja con lo que tiene.

Desde luego, no todas las ideas sobre empresas artesanales implican trabajos manuales. Me encantan las historias sobre personas que trabajan de una manera inteligente, no solo arduamente, como este fanático del golf.

Al principio, el golf solo era un pasatiempo para Jason Droege. Ahora es su vida. Un día, jugando golf con un amigo, Droege tuvo una visión: en todos los garajes alrededor de nuestra nación había palos de golf tirados. Droege sabía que la basura de alguien podía ser el tesoro de otro, así que en 2002 empezó su negocio, Back 9 Golf Co.

Jason iba a ventas de garaje y demás donde la gente vendía sus palos de golf usados. Él los compraba baratos, los limpiaba y ponía en eBay a la venta. Siguió desarrollando su idea, hizo algunas conexiones con grandes minoristas a nivel nacional y en cuatro años, tenía dos millones de dólares en ventas en eBay.

En enero de 2004, Cain Bond, un joven de diecinueve años, decidió utilizar el mismo concepto de comprar artículos de segunda mano y luego revenderlos, pero lo hizo con cochecitos para bebés. Luego de unos cortos cinco meses, en junio de 2004, alcanzó a mover $30.000 en productos en eBay. Continuó creciendo y un año más tarde abrió una tienda de bicicletas. En 2006 ganó más de un millón de dólares en ventas a sus veintiún años de edad.*

Estas dos son historias del libro *Entrepreneur's eBay Startup Guide*. Hay cientos de miles de historias como éstas con números menores. Sea con comercio electrónico, paseando perros, almacenando datos o talando árboles con un hacha, siempre tendrá la oportunidad allí afuera.

La gente llama muy a menudo a mi show de radio pidiendo consejos sobre cómo salir de deudas o cómo salirse de algún aprieto económico en el que se encuentran. Algunas veces pueden parar de gastar dinero, pero a menudo simplemente necesitan hacer más dinero y un trabajo de medio tiempo es una muy buena respuesta temporal a ello. El trabajo de medio tiempo con una pequeña empresa es un muy buen trabajo, pero también puede considerar su trabajo de medio tiempo como su negocio.

Me conocen por decirles a las personas que vayan a entregar pizzas a domicilio o a repartir periódicos para ganar un poco de dinero extra. Tuve un enérgico y analítico joven trabajando en nuestro equipo durante el día, pero quería un poco más de dinero, así que decidió entregar pizzas a domicilio. John, no obstante, no estaba contento con solo hacer los domicilios, ya que las propinas eran la mejor parte, así que empezó a experimentar con varias variables que causaban que sus propinas aumentaran. Diseñó una hoja de cálculo para poder graficar los resultados de cada una de sus ideas. Primero se dio cuenta de que dada la zona en la que se encontraba su pizzería, si salía en su auto con más de tres domicilios a la vez, al llegar al cuarto ya se le hacía tarde y prueba de ello era que la pizza a veces llegaba fría. Dos domicilios eran ineficientes y cuatro eran demasiados. Descubrió que después de timbrar en la puerta de alguien, necesitaba dar tres pasos hacia atrás para que la persona que le abriera no se sintiera intimidada por su altura y su presencia. También descubrió que cuando pu-

---

Entrepreneur's eBay Startup Guide, una publicación de la revista *Entrepreneur*, pág. 28 y 80.

diera hacerlo, debía estacionar su auto en un lugar a la vista de donde el televisor supuestamente se encontraba para que alguien lo viese llegar y anunciara en la casa: "¡Llegó la pizza!". Después de estacionar en donde la gente lo viera, notó también que debería trotar suavemente hasta la puerta, mostrando su interés en el servicio. Trataba de silbar mientras trotaba y también mientras esperaba para que le abrieran la puerta. Hasta intentó saber si una melodía era mejor que otra. Sonreía deliberadamente y recordaba a sus clientes que la pizza estaba bien caliente y deliciosa.

Aparte de calcular el número de domicilios adecuado para llevar pizzas de una sola vez, teniendo en cuenta, claro, que estuviese entregando las pizzas calientes, lo que hizo para hacer que incrementaran al máximo sus propinas fue genial. John notó que una gran parte del tiempo un perro le daba la bienvenida con el miembro de la familia listo para pagar. Siendo un amante de los perros, se dio cuenta cuánto ayudaba a sus propinas si acariciaba a la mascota de la familia y entablaba conversación acerca de ella. Ahí fue cuando dio un gran paso adelante: fue a una tienda para artículos de construcción y compró un mandil con dos bolsillos delanteros que iba amarrado en frente. Luego, puso croquetas para perros en el mandil para poderle dar a Fido una justo en frente de su amo. ¡Brillante!

Así que la persona que le lleva su pizza se estaciona para que todos lo vean venir, sale del auto trotando enérgicamente hasta la entrada, silba y sonríe, da un par de pasos atrás antes de que le abran la puerta, le da una croqueta a su perro y le entrega su pizza bien caliente mientras se lo recuerda verbalmente. ¡Si no le da una propina generosa, usted es un patán! Comparémoslo con ese tipo que se estacionó enfrente de mi casa una vez y sentado en su auto pitaba su bocina hasta que salimos y fuimos hasta él en donde nos entregó la pizza por la ventana de su auto y nos dijo cuánto le debíamos. ¿Sí ve? En últimas, todos somos trabajadores independientes ¿o no?

¿Quieren escuchar algo realmente tonto? John dejó de entregar pizzas a domicilio para esa empresa porque el gerente encargado de la pizzería, un verdadero jefe, tenía celos de la cantidad de propina que recibía y le exigía llevar más pizzas a la vez, arruinando así toda su fórmula. Se necesita liderazgo para poder ganar en un negocio.

Hora del gran salto

Entonces, ¿cuándo es el momento de renunciar a su trabajo diario para así dedicar todas sus energías a su nueva pequeña empresa? La mayoría de la gente se emociona tanto que tiende a querer renunciar demasiado pronto. Les sugiero esperen a que la lancha atraque para subir a bordo. Lo que quiero decir es que si renuncia a su trabajo antes de hacer que los ingresos de su pequeña empresa sean lo suficientemente altos, va a saltar fuera de la borda y se va a mojar.

Así que miro dos cosas cuando ayudo a un emprelíder a decidir cuándo es tiempo de dar el gran salto. La primera es: ¿cuánto, en términos porcentuales, está ganando en comparación con su trabajo actual? Un joven emprelíder llamado Tim llamó para preguntarme si debía o podía renunciar a su trabajo de tiempo completo y dar el gran salto. El año pasado ganó $6.000 en su trabajo de medio tiempo en diseño gráfico. Trabaja como diseñador gráfico para una gran compañía y gana $70.000 al año. Cuando escuchamos esto, usted y yo sabemos instantáneamente que es un salto muy riesgoso de dar y que pondrá en juego a su familia si lo da. Así que le recomendé que se esforzara más y que incrementara las horas de manera drástica, trabajando como loco para aumentar sus ingresos. Es muy duro estar en su trabajo y pasar montones de horas en su negocio, pero es aun más duro cometer un error y que le hipotequen su casa por saltar antes de que atraque el bote. Le recomendé, entonces, que pasara un año ganando al menos $45.000 en su trabajo de medio tiempo, y después sí diera el gran salto. Esto causa dos cosas, la primera, sabemos que puede en verdad ganarse la vida como dueño de una pequeña empresa, y la segunda, ganando $70.000 en su trabajo diario más 45.000 de su negocio, debería ser capaz de ahorrar una buena cantidad de dinero y hacer del gran salto algo más factible. No morirá de hambre.

El segundo factor cuando se decide si se está listo a dar el salto o no es pensar en cómo se están viendo reflejados los ingresos en su pequeña empresa. En el caso de nuestro diseñador gráfico, Tim, si ha mostrado un aumento sostenido y predecible en sus ingresos, tal vez podrá dar el salto más pronto en vez de esperar un año entero. El año pasado ganó $6.000, lo cual vendría a ser $500 por mes. Así que, ¿qué tal si el próximo mes gana $1.000 y el siguiente $2.000 y el siguiente $3.000 y el que le sigue $8.000 y después $9.000? Entonces, habría comprobado que su negocio crece con base en el esfuerzo que se le ponga, así que dejar el trabajo

> **Es muy duro estar en su trabajo y pasar montones de horas en su negocio, pero es aun más duro cometer un error y que le hipotequen su casa por saltar antes de que atraque el bote.**

diario en el que ahora le pagan menos por mes no será una decisión difícil de tomar. Aun así, utilicemos sentido común para analizar esto: si todos estos ingresos están viniendo de un solo cliente, no está listo para dar el salto. Si estos ingresos son prueba de la existencia de una clientela amplia y diversificada y de un mercado en constante movimiento, entonces puede hacer el salto antes de unos seis meses.

¿Tiempo de ampliar su compañía?

Una de las más temibles decisiones es cuándo contratar a su primer miembro del equipo. En verdad toda contratación es temible hasta que tenga diez o quince miembros del equipo. Como le enseño a la gente de pequeños negocios que muchas veces me preguntan cómo decidir si están listos para crecer. ¿La respuesta? Use el mismo proceso de pensamiento que acabamos de expresar para decidir si debe seguir adelante de tiempo completo. Se estará poniendo un número ridículo de horas que resultaría en ingresos extras por muchos meses para asegurarse de que realmente necesita ayuda.

Solo estar sobrecargado no es suficiente; tiene que calcular el ingreso creado por el trabajo que realiza el empleado. Parece obvio, pero hay mucha gente que va de una microempresa a contratar empleados solo porque está cansado y no porque pueda ser rentable. Los negocios pequeños no son para debiluchos; aguante hasta que tenga utilidades, luego puede expandirse. De todos modos, hasta obtener utilidades no tendrá más de lo que desea.

¿Vocación más elevada?

En el más básico nivel, hay dos razones para trabajar. Trabajamos por el dinero para obtener alimentos, techo y lo demás, y trabajamos para mejorar nuestra posición. A veces sugiero el trabajo de medio tiempo en un negocio pequeño solo para conseguir un poco de dinero para sacar a la familia de un atolladero y es un gran honor hacerlo. Trabajar solo por el dinero debería ser un arreglo temporal mientras resuelve un problema o alcanza una meta, y/o se mueve en dirección a su pasión, pero es un gran honor hacer lo que sea necesario para salvar a su familia o para alcanzar una meta de corto plazo. No se cruce de brazos desempleado por dos años con su casa camino al embargo porque no ha podido trabajar en lo que lo apasiona; eso es irresponsable.

Mientras trabaja solo por el dinero, asegúrese de hacerlo con excelencia apasionada, como si ello fuera el objeto de su vida. Nunca se sabe quién está observando. Cuando era adolescente fui a cenar con mi familia a una churrasquería magnífica. Nuestra mesera, que probablemente no estaba trabajando en el empleo su vida, sí lo hacía con ardor. Estaba de pie tomando las órdenes y trayendo la comida con una sonrisa y una energía que sería el sueño de todo dueño de restaurante. Mi padre la contrató para

> **No se cruce de brazos desempleado por dos años con su casa camino al embargo porque no ha podido trabajar en lo que le apasiona; eso es irresponsable.**

vender bienes raíces en nuestra compañía familiar de inmuebles. Durante el primer año esta jovencita de veintitantos años vendió propiedades por un valor de un millón de dólares, que en el presente serían unos diez. Nunca se sabe quién está observando cuando trabaja por el dinero, así que hágalo con excelencia.

Matt no consideró que limpiar las entradas de las casas fuera el objetivo de su vida y su pasión, el solo quería dinero para la matrícula. Yo en verdad, no consideré mi objetivo en la vida o mi pasión cortar leña; yo quería el dinero para la matrícula. John no estaba repartiendo pizza con excelencia porque era su pasión o el objetivo de su vida, lo estaba haciendo por el dinero para pagar una deuda. Es muy honroso trabajar por el dinero para alcanzar una meta de corto plazo, pero no como un plan de vida o un plan de negocios de largo plazo.

Asuntos apasionantes, asuntos llamativos

Seth Godin dice "En lugar de pensar dónde serán sus próximas vacaciones tal vez debería establecer un modelo de vida del que no necesite escapar". El negocio es una forma demasiado dura de trabajar si está solo por el dinero. Ganar en los negocios algunas veces requiere gastar hasta la última gota de energía espiritual, emocional y física que tenga. Usted no va a poner sus esfuerzos día tras día y año tras año solo por el dinero. El dinero es muy bueno, pero en últimas es una meta vacía. Casas más grandes, autos más grandes y aun dar más no es una meta lo suficientemente grande para mantener su energía y creatividad a lo largo de toda su vida. Tiene que tener una pasión, una vocación más elevada a la cual dedicarse. Malcolm Gladwell dice, "El trabajo duro es una cárcel, solo si el trabajo no tiene sentido".

Por lo tanto, solo una persona inmadura emocional y espiritualmente se mete en un negocio solo porque piensa que va a ganar mucho dinero. Busque algo que le guste tanto hacer que pueda luchar por seguir adelante aun en los días más duros. El "por qué" de su negocio debe ser tan importante que lo mantenga ardiendo y aun pueda esforzarse de sobremanera e inflamar a su equipo.

Simon Sinek hizo un excelente discurso en TED (una serie motivadora por Internet) sobre la gente y las compañías que ganan porque obtienen el *por qué* de su vocación. Él lo llama el "círculo de oro". Dibuja tres anillos en forma de tiro al blanco. El anillo central tiene el *por qué*, el anillo del medio tiene el *cómo* y el anillo exterior tiene el *qué*. Como lo explica Sinek, toda compañía sabe *qué* hace (su producto o servicio). La mayoría de las compañías saben *cómo* lo hacen (su proceso o línea de producción) Pero pocas compañías saben de verdad *por qué* lo hacen. Las compañías que en verdad tienen el *por qué* de su negocio —su propósito, su razón de ser— son aquellas que ganan en grande. Estas operan desde su interior, pasando su *por qué* a través de su *cómo* y su *qué*. De esta forma todo lo que hacen —de productos y procesos— se centran en el mismo núcleo, el corazón de su misión.

El resultado final del negocio, de acuerdo con Sinek, es que "la gente no compra el *qué* que usted hace, compra el *por qué* lo hace. Su meta no es negociar con cualquiera que necesite lo que usted tiene (el qué). Su meta es negociar con la gente que cree en lo que usted cree (el por qué)".

Tampoco se trata solo de los productos, se trata de la gente. Explica que si contrata a alguien solo porque necesita un trabajo (el qué), ese va a trabajar por su dinero. Pero si contrata a alguien que cree en lo que usted cree (el por qué), este le dará su sangre, sudor y lágrimas.

Sinek da en el clavo en este punto usando como ejemplo a los hermanos Wright. La carrera del hombre para volar estaba en furor al inicio del siglo XX. Algunos estuvieron cerca, y mucha gente comenzó a creer por primera vez que realmente sería posible que el hombre volara.

Dos hermanos, Orville y Wilbur Wright, soñaron con volar. Sabían de corazón que era posible. No tenían dinero ni respaldo ni apoyo, ni siquiera tenían educación académica, pero estaban motivados por la pasión de volar. Tenían un *por qué*, estaban decididos a llevar ese *por qué* a un *qué*: el primer aeroplano del hombre.

No se desanimaron por los fracasos o accidentes. De hecho, llevaban cinco juegos de repuestos cada vez que salían a sus pruebas porque sabían que se iban a estrellar por lo menos cinco veces antes de finalizar el día. Pero seguían tratando. Y así, el 17 de diciembre de 1903, el avión de los hermanos Wright despegó y aterrizó con éxito por primera vez, literalmente cambiando el mundo con un sencillo vuelo de cuarenta metros que duró solo doce segundos.

Pero el corolario de esta historia es que otro hombre, Samuel Pierpont Langley, era el duro del momento. Estaba considerado como el que más posibilidades tenía de descifrar el código del vuelo tripulado. El gobierno le dio una subvención de $50.000, de modo que dinero no era el problema. Era profesor en Harvard, empleado del Smithsonian y estaba en contacto diario con las mejores mentes del país. En efecto, el *New York Times* lo monitoreaba y publicó muchas historias sobre él, y prácticamente todo el mundo estaba esperando que Langley lanzara el primer aeroplano del hombre.

Lo que él no tenía era la pasión, una vocación más elevada. No tenía el *por qué*. Las mejores mentes, más dinero y todas las demás condiciones para ganar no produjeron un ganador porque no tenía la pasión. Él solo quería hacerse rico, pensó que podría hacerlo volando.

Y no solo Langley no ganó sino que se convirtió en un adolorido —y estúpido— perdedor. Como prueba de esto, Langley paró toda su investigación y cerró su taller tan pronto los hermanos Wright ganaron la carrera. Si hubiera estado apasionado por volar, hubiera usado su talento, todo el dinero y las mejores mentes para construir sobre el éxito de los hermanos Wright; en cambio, simplemente renunció. Básicamente recogió sus juguetes y se fue a casa. Renunció porque estaba en esto solo por el dinero y no tenía la pasión. Langley no tenía un *por qué*, solo tenía un *qué*. Es por esto que nunca se habla de él.

Escoger un negocio

La moraleja de esta parte del cuento es que se puede y se debe hacer dinero, mucho dinero. Pero a largo plazo, escoja algo que le produzca escalofrío en la espalda. Sea un negocio de largo plazo o una meta financiera a corto plazo, rara vez es necesario que se haga un viraje drástico en la dirección de su vida.

Si está tratando de ganar algún dinero extra y es usted un diseñador gráfico, no vaya a estudiar contabilidad. Tan solo abra su computadora, y diseñe unas lindas tarjetas de presentación como diseñador gráfico. Si es un contador o un tenedor de libros, no necesita un doctorado en apreciación de arte para ganar algún dinero extra; tan solo lleve los libros de algunos empresarios pequeños que necesiten su ayuda.

El consejero de carrera Dan Miller, que ya mencioné antes, escribió un libro exitoso llamado *48 días para amar tu trabajo*. Dan dice que se debe comenzar a construir el ramillete de su vida con las flores que estén a su alcance. Luego dice que el proceso de escoger una carrera o un negocio pequeño, debe ser el reflejo de tres áreas principales:

1. *Talento y habilidades.* ¿En qué está entrenado y cuáles son sus talentos innatos? Soy bueno en matemáticas; es un talento innato y de entrenamiento. Por lo tanto las finanzas es el lugar dónde me siento más cómodo.
2. *Rasgos de personalidad.* Tengo don de gentes y estoy dedicado a mi labor, pero no soy detallista, por lo tanto, a pesar de ser bueno para las matemáticas y poder ganar mucho dinero, trabajar como contador me haría desear cometer suicidio todos los días.
3. *Valores, sueños y pasiones.* No me gusta tener deudas, por lo tanto sería contra mis principios tratar todos los días, todo el día, de vender algo si esto implica que el cliente deba endeudarse; me sentiría miserable.

Por lo tanto, en sus más primitivos aspectos, recoger flores a su alcance para un negocio de medio tiempo solo por el dinero simplemente significa que usted debe hacer lo que sabe hacer y tiene las herramientas para hacerlo. Si tiene una podadora de césped, puede cortar el pasto. Si tiene un vehículo, puede entregar pizzas. Si sabe contabilidad y tiene una computadora, puede llevar libros. Simple. Sin embargo, en el más profundo nivel, recoger este ramillete significa realmente crecer e investigar sobre el misterio de vida de por qué está en el planeta. Solo el seleccionar un negocio en el cual meterse es como seleccionar la carrera que llene todos los principios anteriores.

Entonces, si siempre quiso trabajar en las cosas y usted ama las motocicletas, quizá debería comenzar el siguiente Orange County Choppers. Pero no haga lo de Chris, uno con quien me encontré que era literalmente suicida. Él era un gran vendedor, amante de la gente, pero odiaba los detalles. Su cuñado lo incitó a abrir una franquicia de preparación de impuestos y funcionó. Se volvió muy exitoso ganando mucho dinero en los siguientes diez años, pero odiaba ir a trabajar todos los días. Su equipo era miserable porque el jefe era miserable. Su esposa era miserable, y las vidas de estas adineradas personas estaba destruyéndose. Le recomendé que vendiera la franquicia, lo cual hizo por un montón de dinero. Tomó el dinero y construyó otro negocio exitoso, esta vez como consultor de mercadeo. En realidad está ganando más dinero ahora, pero lo verdaderamente importante es que él, su familia y sus empleados la están pasando bien; son felices. Esta pasión y felicidad puede ser la razón de que sea ahora más exitoso.

Personalmente no me importa si está ganando más dinero; más me interesa que haya hallado su vocación. No va a llegar al fin de su vida y desear haber hecho más dinero.

La vocación le señala el camino

Su negocio cambiará. Cambiará pronto y con frecuencia necesita un derrotero bien definido para seguir. Este no es un camino estrecho, sino una dirección general, una filosofía que guía su crecimiento y su cambio. El Bureau of Labor Statistics (Buró de Estadísticas del Trabajo) encontró que el trabajador promedio tendrá diez trabajos diferentes a la edad de cuarenta. Si hay tantos cambios y movimientos en el mercado, usted necesita asegurarse de que la dirección de su negocio incorpore este hecho. Todo el mercado puede moverse bajo sus pies muy rápidamente, y su pasión y vocación lo pueden mantener al filo del cambio. Si su negocio no es más que un grupo de mecánicos que producen utilidades, nunca se dará cuenta de que el cambio se aproxima, nunca adoptará ese cambio y nunca jamás será el líder de ese cambio.

Mi abuelo es uno de mis héroes. Era brillante y comenzó como contador de Alcoa, una compañía de aluminio, siendo muy joven durante la Gran Depresión. Trabajó arduamente durante treinta años y llegó a ser uno de los jefes de contabilidad. Esos días simplemente pasaron. Los días en que un joven tome un trabajo y permanezca con la misma compañía por cuarenta años en un "trabajo estable" ya no existen. Esos días ya pasaron porque la gente ve las carreras de una forma diferente, pero principalmente esos días ya se fueron porque la tasa de cambio en el mercado es mucho mayor. Compañías enteras o sus líneas de producción pueden desaparecer casi instantáneamente en el mercado actual. La única manera de sobrevivir a esto como dueño de un negocio o como líder es estar apasionado y tener una gran vocación por lo que hace.

La pasión triunfa sobre los obstáculos y la edad

A veces oigo hablar a personas que tienen el sueño de iniciar un negocio pero que les preocupa que pudieran estar muy ancianos. Lo interesante del caso es que he observado que mientras el mundo de las corporaciones parece tener la tendencia de despedir a una persona talentosa de cincuenta y tres años de edad, la misma persona de cincuenta y tres años es posible que esté dentro de la década de mejor ingreso de su vida. He observado como consejero financiero por más de veinte años que la década de los cincuenta es quizá la de mejores ingresos si no deja de soñar y de buscar su pasión. Si lo descartan del mundo corporativo debe acercarse al siguiente capítulo de su vida como si le hubieran hecho un favor.

La edad, su posición actual y aun el nivel actual de educación no son obstáculos para aquellos que encuentran su vocación. Sylvester Stallone trabajó detrás del mostrador de un *delicatessen* y como acomodador de un teatro cuando tenía treinta años. ¿Qué pasaría si este fuera su hijo o si quisiera salir con su hija? Escribió un guión cinematográfico para Rocky cuando estaba en los treinta y comenzó su carrera de actor con un premio de la academia a la mejor película, y todo ello habiendo tenido una discapacidad de nacimiento. Martha Stewart era una corredora de la bolsa a los treinta años de edad. Encontró su pasión y su don en la restauración de su casa de campo y el resto, como ella dice, es historia. Rodney Dangerfield vendía láminas de aluminio en sus treinta y nunca tomó en serio su comedia —no es broma— hasta que estaba bien entrado en los cuarenta.

Colonel Sanders trabajó en puestos erróneos solo por el dinero la mayor parte de su vida. Fue piloto de un vapor, vendedor de seguros, granjero y bombero del ferrocarril antes de que empezara a freír su famosa receta cuando ya tenía sesenta años. Hace algunos años, mi familia visitó, como parte de conocer Roma, la Capilla Sixtina en el Vaticano. El guía turístico señaló la pared posterior de la famosa capilla con una enorme obra maestra del tamaño de una pancarta publicitaria con la imagen del regreso de Jesucristo al final de los tiempos. Esta obra maestra, de acuerdo con el guía, la pintó Miguel Ángel a los setenta y ocho años.

Usted nunca está demasiado viejo. Nunca tiene el color equivocado. Nunca está demasiado discapacitado. Usted no pertenece al partido político equivocado. No existe un obstáculo lo suficientemente grande para evitar que una persona con pasión triunfe trabajando en su más alta vocación. ¿Es más difícil para Pistol Pete Maravich de un poco más de 1,50 metros de altura jugar en la NBA que para un jugador verdaderamente alto? Seguro que sí, pero él practicó tan duro y soñó tanto que lo logró. Espero que estas rápidas arengas personales le recuerden lo importante que es escoger un negocio que de verdad lo apasione. Si escoge bien, la forma como lleve su vida, su vocación, será sus vacaciones.

Precaución: Fraudes del trabajo en casa

USA Today informa que los fraudes de trabajo en casa son las categorías de quejas ante la Federal Trade Commission (Comisión Federal de Comercio) que aumentan con más rapidez. Yo recomendaría que nunca compren un juego o se matriculen en un programa que les permita trabajar desde la casa o empezar su propio negocio. La mayoría de estos programas de "negocios en una caja" son o un fraude completo o como mínimo han recibido demasiada publicidad.

Parece ser que parte de la naturaleza humana es tratar de encontrar una manera de hacerse rico fácilmente, pero es sorprendente la cantidad de personas que pagan desde $100 hasta $5.000 para comprar un sistema o recibir un entrenamiento para iniciar un negocio en particular y encontrar que es una completa estafa. En realidad he hablado con personas que pagaron $49 para comprar un equipo de lamer y sellar sobres en la casa. ¡Tiene que estar bromeando! ¿No sabe que hay máquinas que sellan automáticamente miles de sobres por hora? ¡Esta es gente que honestamente cree que puede ganar un dinero extra en su casa lamiendo sobres!

Hay toneladas de personas que no tienen conocimientos de contabilidad, no tienen conocimientos de medicina y que odian los detalles y que a su vez han pagado miles de dólares para aprender a hacer facturas médicas desde la casa. Como si no tuvieran idea de que los médicos han tenido que hacer décadas de prácticas de sistema de gestión para poder hacer sus facturas y su contabilidad. Si bien es cierto que algunos médicos contratan la facturación a contadores externos, nunca contratan a la pequeña Sally Smith, con una educación de octavo grado, para que las haga desde su dormitorio mientras sus cinco hijos duermen la siesta. ¡Ay, hermanito!

Hay una manera fácil de evitar ser desplumado por el fraude del trabajo en casa. No lo compre. En cambio siga el proceso discutido arriba, donde le digo que encuentre una idea de trabajo en casa sobre algo que conozca y le guste. Si le gusta jugar con pistolas como a mi amigo Tony, entonces comience a hacer algo de armero para algunos de sus amigos desde su casa y cóbreles por eso. Tony comenzó hace algunos años y ahora es dueño de una tienda de armas.

Otra forma de evitar que lo desplumen es acordarse de dos de los dichos de la abuela. Uno: No existen atajos para ir al sitio que vale la pena ir. En otras palabras, si alguien ya ha puesto una idea de negocio en una caja para la venta, ya llegó tarde, intente otra cosa. Dos: Si parece demasiado bueno para ser verdad, es demasiado bueno para ser verdad. Si esta gran idea es creíble y confiable y le garantiza que lo hará rico fácil y rápidamente, lo están desplumando.

Lo más gracioso sobre estos fraudes es que los peores de ellos tienen un comunicado que dice "100% libre de fraude". En ese caso, cuando lo vea, por favor corra tan rápido como pueda en la dirección contraria. Cuando una oferta dice eso, es igual a la chica con que salió en la universidad y en la primera cita le dijo que no es loca. Por supuesto se dio cuenta de que esto quería decir en el 100% de los casos que sí estaba *loca*. O debo recordarle al vendedor que le dice tres veces en los primeros cinco minutos de conversación que puede confiar en él. Por supuesto, descubrió más tarde que esto significaba que el 100% del tiempo usted no podía confiar en él, es un sinvergüenza. Corra.

Madres empresarias

No estoy muy seguro si fue en el libro de Patricia Cobe y Hellen Parliapiano donde se originó el término "madres empresarias", pero es un hecho que ya esta es una categoría de pequeños negocios. La mayoría de las madres empresarias, como lo puede suponer, trabajan desde la casa de modo que pueden cuidar a los hijos. Algunas veces el negocio comienza allí y se convierte en un negocio que se come el garaje. O algunas veces los niños crecen y el negocio también, y puede llegar a ser grande. Algunas veces el negocio es simplemente la manera como la mamá produce un impacto en la economía doméstica agregando algún ingreso mientras permanece en casa cuidando a los hijos. Cualquiera que sea el resultado, este movimiento realmente ha pegado.

A través de los años he recibido cientos de llamadas en mi programa de radio de señoras muy talentosas y educadas que tomaron la decisión de permanecer en la casa con sus hijos pero aún desean seguir trabajando y/o realmente necesitan o quieren aumentar los ingresos familiares.

Algunas de estas mamás tienen una educación muy buena y

tienen negocios altamente sofisticados desde la casa. Y algunas otras tienen y ejecutan ideas simples pero muy rentables. Lo interesante del caso es que rara vez estas damas salen a impresionar a los demás con su sofisticación o su oficinita; solo desean ganar algún dinero para ayudar a la economía familiar.

Rick renunció a su puesto en la compañía para abrir su propia oficina de seguros. Estaba luchando y en apuros para mantener vivo el negocio mientras Lindy, su esposa, estaba ocupada en la casa con los niños. Una noche, durante una acalorada discusión, Rick le dijo a Lindy que estaba remando tan duro como podía pero solo con una persona en la canoa, y le parecía que mientras más remaba más navegaba en círculos. Entonces Lindy decidió convertirse en una madre empresaria y meter otro remo en el agua. Lo peculiar del caso es que Lindy no estaba haciendo gran cosa, pero lo poco que hacía ayudó a Rick a navegar en línea recta. A veces solo se necesita ese remo en el agua para obtener el impulso necesario.

Hace algunos años, Crystal Paine comenzó a escribir un blog sobre lo que era ser una esposa y madre de tres hijos. Un aviso acerca de usar los cupones de descuento recibió tantas respuestas que escribió una serie completa de blogs sobre el uso de los cupones, seguido por un libro en línea y un curso sobre este tema. Pero sus lectores le pidieron más, entonces ella comenzó un blog dedicado exclusivamente al uso de los cupones. Moneysavingmom.com tiene ahora de 60.000 a 85.000 visitantes diarios y más de 2,5 millones de consultas por mes. ¡Hablando de hacer un ramo con las flores que tienes a tu alcance!

Lisa tuvo siempre muy buen gusto para arreglar floreros. Con frecuencia sus amigas comentaban sobre el don que tenía para hacer los arreglos florales. En una visita en el hospital a una amiga que había dado a luz recientemente, vio una canasta de flores genial. Un pariente del pueblo de su amiga le había enviado un arreglo repleto no solo con flores sino con cosas de su pueblo natal. Mermeladas, dulces, salsa picante, salsa barbacoa, tarjetas postales y recuerdos estaban allí para recordarle su hogar. Un rayo iluminó la mente de Lisa, se dio cuenta de que las compañías que reciben visitas de personas de otros lugares, les gustaría recibirlas con ese mismo tipo de arreglos para recordarles su estancia en el lugar. Hizo diez arreglos y llamó a asistentes de gerencia, dejando el arreglo como regalo y como muestra de cómo se veía su trabajo. En pocas semanas comenzaron a llegar los pedidos. Los pedidos llegaban tan de prisa que todo su garaje y la mayor parte de la casa se convirtió en una bodega para los componentes de sus arreglos y su esposo me contó que se quedaba hasta las dos de la mañana ayudándola a sacar los pedidos.

E-Mealz

En 2003, Jane DeLaney de Birmingham, Alabama, encontró en su bolsillo un billete de cinco dólares todo arrugado. Ella dice que fue su inspiración para comenzar su negocio contando con esos cinco dólares. Jane y su hermana Jenny comenzaron a construir una herramienta en línea para ayudar a la familia a planear y presupuestar sus alimentos semana por semana. La planeación terminaba con el estrés y reducía considerablemente los gastos. Ellas cobraban $1,25 a la semana o $5 al mes. Para 2006, Jane y Jenny tenían miles de suscriptores y nos solicitaron poner un anuncio en el programa The Dave Ramsey Show. Nuestros anuncios nacionales son demasiado costosos para una compañía con entradas brutas de $100.000 al año y no queríamos quebrarlas, por lo tanto les ofrecimos venderles publicidad solo en línea a precios especiales.

Este poquito de publicidad y la unión de Judith, su tercera hermana, a la compañía para crear una estrategia de mercadeo, produjo una explosión. A medida que crecieron, pudieron anunciar a nivel nacional en nuestro programa. Actualmente tienen 60.000 suscriptores —esto es casi cuatro millones de dólares de entradas brutas al año. Jane, sus hermanas y sus esposos no pueden dejar de sonreír. Están ayudando a las familias a deshacerse del estrés, pasan más tiempo juntos y ahorran dinero. Además, les pagan generosamente por la prestación de este maravilloso servicio.

Tomar o no dar franquicias

Comencemos esta discusión con un comunicado: Soy el empresario de un empresario y soy tacaño. Prefiero cometer algunos errores y hasta asumir más riesgos que contratar a alguien que me diga de qué color tengo que pintar las paredes de mi negocio, por lo tanto las franquicias no son para mí. Sin embargo, solo porque soy terco no significa que las franquicias sean malas, de hecho no son malas. Por lo tanto permítanme analizar este tema más objetivamente.

Elegir la apertura de un negocio por medio de una franquicia es una magnífica manera de comenzar. Una franquicia le ofrece una marca nacional ya posicionada. Es más posible atraer clientela a Subway que a Dave's Sub Shop. Esto es muy valioso. Las franquicias también le ofrecen un sistema comprobado de operación del negocio. Lo pueden aconsejar en la escogencia del lugar, en la contratación de personal, en los procesos de producción, los equipos del negocio, el mercadeo del negocio y hasta en las operaciones cotidianas. Los que dan las franquicias a menudo han cometido muchos, muchos errores durante años. De ellos han aprendido y desarrollado procesos y sistemas para evitar dichos errores. Esta senda comprobada para pasar la selva es muy valiosa.

Si voy a abrir Dave's Sub Shop tengo que cometer los mismos errores por mi cuenta, y alguno de esos errores podría ser fatal. Honestamente tengo que decir que las franquicias pueden ser el mejor camino para algunas personas.

Peligros y advertencias

En primer lugar, las franquicias fallan. Fallan todos los días, y honestamente los porcentajes no son de ninguna manera sorprendentes. CNN Money catalogó las franquicias más populares de los Estados Unidos. Las primeras cinco fueron Subway, Quiznos, UPS, Cold Stone Creamery y Dairy Queen. La encuesta encontró que la tasa de fracaso es de 16,6% dentro de los primeros cinco. Para ser justo algunos lo hacen mejor mientras que otros lo hacen peor, pero el punto aquí es que a pesar del hecho de que estas son todas marcas domésticas registradas, casi una de cada cinco personas fracasa tratando de vivir su sueño administrando uno de estos negocios. Fracasar ya es lo suficientemente malo, pero la manera estándar de comprar o iniciar una franquicia es tomar un préstamo de la Small Business Administration con su casa hipotecada como garantía. Traducción: uno de cada cinco ensayos con las franquicias más populares termina en la bancarrota de la persona que trata de vivir su sueño. Ellos fracasan y con frecuencia es financieramente fatal para las familias involucradas.

El segundo problema es que usted puede estar comprando un trabajo, si su territorio es limitado, y casi siempre lo es, entonces usted podría simplemente ser dueño de su trabajo. Si nunca podrá desarrollar el negocio hasta el punto en que trabaja sobre su negocio, y no solo en su negocio, entonces puede que simplemente sea dueño de su trabajo. Usted trabaja todos los días y está logrando un bienestar, pero usted tiene que estar allí y está estancado, le está pagando a otro por algunos quehaceres, y eso puede significar que usted es simplemente dueño del trabajo. Eso es diferente de ser dueño del negocio.

Tercero, no se enamore de la pasión de ellos, debe esta ser su pasión. En ocasiones la gente trata desesperadamente de "trabajar para ellos" que están solo con la mira en la forma de hacer dinero y de ser sus propios jefes. Esto lleva al desastre. Ya lo dije antes pero lo repito: el negocio es demasiado duro para trabajar solo por el dinero. Debe tener algún sentido y usted tiene que estar apasionado por este. Tuve un cliente hace muchos años que había dirigido durante veinte años un almacén de departamentos grande y lo disfrutaba completamente. El almacén cerró y compró una franquicia de ¡reparación de transmisiones! ¿Qué? ¿Cómo pasa de uno de estos al otro? Por supuesto terminó en la miseria, mandó el negocio a la basura, lo vendió barato, perdiendo casi completamente veinte años de ahorros.

Finalmente los franquiciados y las franquicias tienen una relación de amor odio. Típicamente el franquiciado abre un nuevo almacén y recibe mucha atención de la organización hasta que las cosas estén bien y funcionando, como debiera ser. Un año después de la inauguración del nuevo almacén, el franquiciado comienza a darse cuenta de que no importa qué tan buena sea la franquicia, no importa cuánto respaldo le den, no importa cuántas ideas buenas tenga, el éxito del negocio está en los hombros del dueño, el franquiciado. Entonces, después de años de derramar su sangre, sudor y lágrimas, el franquiciado comienza a resentirse con el pago mensual de las regalías de sus ventas mensuales porque sabe que él es la clave del éxito y tiende a olvidar el salto que la compra de la franquicia le dio. Si el negocio no marcha bien, el franquiciado tiende a culpar a la franquicia, cuando la culpa no es de la franquicia, es posible que él no sea bueno en el manejo del negocio. Casi me siento apenado por la franquicia, porque ellos pierden por ambos lados. Pero les pagan bien de modo que no tienen por qué llorar.

Puntos a considerar antes de dar el salto

Primero: ¿es su pasión? Como ya lo mencioné, no compre la pasión de otro. Si tiene en la mira solo ganar dinero, eventualmente se verá decepcionado con una franquicia.

Segundo, no pida un préstamo para abrir un negocio, particularmente si es una franquicia. Discutiremos este aspecto en detalle más adelante, pero cuando esté considerando una franquicia mi sugerencia es que si usted tiene que tomar un préstamo —con frecuencia hipotecando la casa y apostando contra la quiebra— eso me indica que usted no puede hacer ese negocio. Tuve un amigo que tenía un sueldo de seis cifras y violó todas y cada una de estas advertencias. Por décadas vendía maquinaria para confecciones y decidió tomar un préstamo SBA contra su casa para iniciar una franquicia de recarga de cartuchos. Desastre. Nada del negocio funcionó. Terminó vendiendo el negocio y la franquicia manteniendo la mayor parte de la deuda que acumuló desde el principio. Se vio forzado a vender su casa y trabajar con las uñas durante un par de años para evitar la bancarrota. Él le va a decir que pedir prestado es una idea verdaderamente estúpida.

En seguida pregúntese cómo se va a sentir dentro de diez años. Después de mantener el negocio una década, ¿se va a sentir bien pagando una tarifa mensual a la franquicia por la marca nacional, por el respaldo limitado, todo como un tributo al hecho de que lo ayudaron a comenzar? Le diré, según mi experiencia, que es difícil recordar que este fue el contrato que aceptó. Tuve una gran agente literaria que promocionó mi primer libro. Ella me consiguió más dinero del que yo nunca había visto y me puso en un negocio que yo nunca hubiera podido hacer por mi cuenta. Por este servicio ella recibió una parte de mis regalías sobre las ventas de ese libro, y lo merecía. Tengo que admitir que aunque entiendo que ella se lo ganó, a veces mis emociones me pelean porque ella recibe un cheque mensual quince años después de que retiró sus dedos de este contrato. Ella no ha hecho nada malo, hizo lo que tenía que hacer —yo soy el problema. Enfrente ese demonio interno antes de comprar una franquicia.

Luego, decida en qué consiste la marca nacional en el negocio que usted está buscando. Por ejemplo, quiero obtener un restaurante de cadena por la marca, pero realmente no me importa si yo reconozco la marca de mi tintorería.

Usted debe considerar si la franquicia tiene equipos de su propiedad y procesos exclusivos que le proporcionarían una enorme ventaja competitiva. Algunas franquicias se construyen sobre productos exclusivos o equipos de su invención, y la única forma que le permite entrar inteligentemente en el negocio es que tenga una ventaja competitiva. Usualmente, piense, puede imaginarse alguna forma de duplicar lo que la franquicia considera esencial. También, si en su exclusividad está involucrada la tecnología, recuerde que la tecnología será obsoleta en pocos años.

Mi familia tenía una estrecha relación con el franquiciamiento ERA Real State al fin de la década de los setenta y principios de los ochenta. Éramos propietarios de una franquicia, mi papá vendió las franquicias, y cuando me fui a la universidad escogí al corredor local de ERA para trabajar para él como agente de bienes raíces. ERA significa Electronic Realty Associates. Ellos crecieron y se transformaron a través de los años y seguían siendo la franquicia legítima. Cuando comenzaron en 1972 usaban la última tecnología, usted podía ir a una agencia de ERA y obtener una imagen en blanco y negro y la descripción de las casas de otras ciudades a las que pudiera estar mudándose con esa máquina realmente genial llamada "fax". Se la llamaba la Máquina de Mudanza porque ayudaba a las familias en sus mudanzas. Entonces si usted inscribía su casa en Dallas, con un corredor de ERA, una familia mudándose de Seattle podía ver la información de su casa antes de ir a Dallas. ¡Ay Dios! Contar historias como esa me hace sentir viejo, pero ¿qué tal si hubiera comprado la franquicia principalmente por esa fabulosa tecnología? Esto hoy parece casi gracioso, y lo que es la última tecnología hoy en día parecerá un chiste dentro de unos cinco años, por lo tanto, tenga cuidado.

Por último, antes de dar el salto revise las referencias. No, no solo revise las referencias que le da la franquicia. Busque otras franquicias en las ciudades y vecindarios que está considerando y llámelos. Busque a alguien que le hable mal de la compañía, porque tiene que haber alguien que lo haga. Hable con los franquiciados más exitosos y pregúnteles cuanto de su éxito se debe a la franquicia. Hable con los franquiciados en apuros y pregúnteles qué tanto de sus apuros se deben a la franquicia. Si va a poner cientos de miles de dólares en derechos de franquicia y comienzan a subir los costos, por Dios, haga una tonelada de tareas en casa. Haga montones de llamadas telefónicas, compre unos cuantos pasajes de avión para visitar a los ganadores y algunos perdedores.

Mercadeo de multinivel

El mercadeo de multinivel, la red de mercadeo y las ventas directas son los nombres usados por aquellos en ese tipo de compañías para describir cómo funciona el modelo de trabajo de su negocio. Los detractores llaman a lo que ellos hacen "uno de esos esquemas de pirámide" con una maraña. Estas compañías no son pirámides; es un método legítimo para que algunas personas obtengan un ingreso extra y en algunas ocasiones construyan su propio negocio.

Un esquema piramidal es ilegal y se presenta cuando no se vende ningún producto o servicio, el negocio existe solo para atraer honorarios de reclutamiento. Estos surgen de cuando en cuando y son un primo ilegal del esquema de Ponzi o Madoff debido a la ley del último hombre. La ley del último hombre es, ¿si el éxito de su compañía se extiende hasta que se una al negocio el último hombre en la tierra, allí termina todo porque solo se hace dinero si se recluta más gente y no por la venta de un producto o servicio? Si esto ocurre, es ilegal.

La más famosa entre los mercadeos de multinivel (MLM, por sus siglas en inglés) legales es Amway, y miles han entrado en el negocio desde que se inició en Grand Rapids, Michigan. Una red de mercadeo gana dinero a través de los miembros que venden los productos y servicios y a veces reclutando a otros para unirse a su red. Utilizan la confianza natural de los amigos y parientes que tengan y su convencimiento de que no los van a dirigir mal. La mayoría estima que el mercadeo de red es un negocio con ingresos de cincuenta mil millones de dólares al año. Nombres como Mary Kay, Pampered Chef, Avon, Primerica, Arbonne y cientos de otros adornan el paisaje.

Lo bueno

Lo bueno de un MLM es que puede encontrar algún producto o servicio que lo apasione y hacer dinero compartiéndolo con sus amigos. La otra cosa buena es que usted puede hacer el negocio con una pequeña cantidad de dinero. A veces esto puede ser un trabajo de medio tiempo como un negocio. Mucha gente que se une a un MLM lo hace para "vivir el sueño" de hacerse rico siendo su propio jefe. Tengo por lo menos seis amigos que me vienen a la memoria mientras escribía este libro que se hicieron millonarios y ganan cientos de miles de dólares al año en diferentes MLMs. Algunas veces sucede.

Lo malo

La mayoría de lo malo del mercadeo de red se agrupa en dos categorías: ostentación y codicia. Cuando un MLM o una jerarquía dentro de un MLM va mal, con frecuencia la ostentación misma lleva a su gente a un frenesí cultural. Esto ocasiona muchos problemas. Uno de los problemas de la ostentación es que la gente que se entusiasma demasiado tiende a exagerar hasta el punto de mentir sobre lo difícil que es hacer buen dinero en un MLM. Para hacer mucho dinero se debe trabajar de verdad duro y se debe ser realmente inteligente durante mucho tiempo, tal como en cualquiera otra parte. Entonces evite creer que se hará rico rápidamente con un MLM

Segundo, la ostentación ocasiona que la gente se entusiasme tanto que viola algunas buenas prácticas estándar del negocio. Un ejemplo es la gente muy entusiasmada que llena un garaje de inventario que le tomaría años vender. Su inventario debe basarse en lo que realmente vende, no en sus metas y en sus sueños —en sus ventas reales. Mantener un inventario bajo o ningún inventario es una buena meta para comenzar.

Tercero, la ostentación ocasiona que la gente sugiera que se involucre en toda clase de ruptura de la integridad. De hecho, oí a un líder de una de estas compañías sugerirle a un cuarto lleno de mujeres que compraran toneladas de inventario con sus tarjetas de crédito y no se lo dijeran a sus esposos —*shhhh*. ¡Ay Dios, increíble! Si el MLM que usted está mirando le sugiere que le mienta a su esposo, es mejor que huya de ese negocio. Si ellos o su líder le sugieren maquillar la integridad en cualquier forma, entonces déjelos. Si su oportunidad es legítima no necesita endeudarse para llenar su garaje con inventarios o mentir sobre ellos.

Si se involucra en una ostentación va a perder a sus amigos. La mayoría de nosotros tenemos ese amigo que se mete en todos los MLM que existen y odiamos encontrarlo en el atrio de la iglesia para saludarlo. Todos hemos recibido las llamadas de viejos amigos o parientes perdidos por años que nos quieren mostrar una "oportunidad de negocio". Recuerde, si tiene que presionar o empujar a sus amigos o parientes sobre un negocio cualquiera, se está pasando, deténgase. Algunos de nosotros no deseamos unirnos y a pesar de eso podemos ir al cielo. Deténgase.

La codicia y la ostentación andan juntas para causar problemas, pero con frecuencia la codicia hace que alguno se meta en un negocio porque piensa que se va a hacer rico. Otra vez, el dinero no es una razón suficientemente buena; debe en realidad pensar en su pasión en el negocio.

Por último, usted debe tener expectativas verosímiles del negocio en el que está entrando. Si quiere hacer mucho dinero y construir una carrera en el mercadeo de red, necesita recordar en qué negocio está metido. Usted está en el negocio de reclutar, entrenar, motivar y liderar una fuerza de ventas de gran volumen. Sus mejores reclutas deben ser gente con influencia que tenga credibilidad en numerosas áreas de la vida y por lo tanto puedan vender y reclutar en su mercado natural. Entonces, rara vez será un éxito reclutar a un estudiante marginado del colegio de dieciocho años. Si piensa que está entrando en un negocio de ayudar a las señoras con sus maquillajes o en el negocio de vender algunos utensilios de cocina chéveres, entonces tendrá una carrera corta que puede ser un mal trabajo de medio tiempo. Pero si siempre deseó construir y ejecutar una fuerza de ventas grande de alto rendimiento, usted podría tener mucho éxito con el tiempo.

Entonces, en general, todos los MLM son legítimos y pueden ser buenos para algunas personas. Si usted va a entrar en uno, cuídese de las advertencias y podrá alcanzar el viaje de su vida. Pero si lo va a hacer, por favor, en beneficio del resto de nosotros, hágalo con clase.

Conclusión

Entonces este capítulo es el del nacimiento de un negocio. Si usted ya está en un negocio o está en la dirección de alguna compañía de otra persona, es conveniente que digiera esta información, así recuerde o ya sepa cual es el ADN de su compañía. Su inmenso roble fue alguna vez una bellota. Su enorme tren fue alguna vez una maquinita que pudo. Usted tiene que recordar que las cosas de las que hemos hablado en este capítulo son las que gobiernan la economía y mantienen la sensación de desesperación saludable, ese sentido de iniciativa empresarial y la emoción de salir para crear donde ningún hombre ha ido antes. La incógnita apasionante es la esencia del negocio, y en ese sentido todos negocios son negocios pequeños.

7

Los negocios son fáciles...
hasta que se involucra la gente

Contrataciones, despidos y tipos de personalidades

Había que deshacerse de Jean. Echarla. Su enorme personalidad, su bocota, su fanfarronería, su franco y beligerante irrespeto por mí y sus chismorreos a lo largo y ancho de nuestra oficina no me dejaron otra alternativa. En aquellos días éramos un grupo de apenas doce personas, de manera que una manzana podrida representaba casi el 10% de mi personal total. Era nuestra única persona en ventas y le iba bien en ello, cosa que la confundió respecto al nivel de poder que tenía en nuestra pequeña empresa. La mujer no me amedrentaba, pero dejé que la malaleche durara tanto tiempo, que sí empecé a temer lo que pudiera ocurrir una vez que saliera de ella. ¿Perdería clientes? ¿Podría molestarse otro de los miembros del equipo y marcharse mostrando así mayor lealtad para con ella que para conmigo? Por ser muy amable y brindar un exceso de cortesía, dejé que demasiadas instancias de mal comportamiento se prolongaran durante seis meses más de lo debido y ahora sí, repito, empezaba a temer por mi negocio... y todo por culpa de un empleado. Ridículo.

La mañana en la que la despedí llegué temprano a la oficina, recé y preparé mi discurso. Ya le había advertido y reprendido demasiadas veces y por demasiado tiempo. En fin, allí sentado, observaba desde la ventana de mi edificio a los transeúntes de las periferias luchando contra el tráfico de la mañana y me preguntaba cómo había permitido que este desarreglo durara tanto tiempo y se me saliera de tal manera de las manos. A partir de aquella reunión matinal con Jean, de su actitud y el proceso de salir de una persona en las primeras etapas de mi negocio, pronto empecé a hacerme a una filosofía respecto a sumarle o restarle personal a mi equipo. Y puedo decirles que tan pronto como esa mujer salió de nuestra empresa el regocijo cundió tanto entre nuestros clientes como entre mi equipo. Me sentí como Dorothy en *El mago de Oz* después de que mata accidentalmente a la Bruja Mala. Para mi sorpresa, todos los implicados lo celebraron. Empecé a comprender que venía cometiendo errores al contratar e incluso al despedir gente simple y llanamente porque no sabía qué era lo que estaba haciendo.

La mayoría de las empresas son espantosas a la hora de contratar y despedir. Hoy, años más tarde y cientos de miembros de mi equipo después, durante mi crecimiento en el asunto del liderazgo, me he vuelto muy bueno en esto de contratar y, en las raras veces en las que ha ocurrido, también en lo de despedir gente. Tan bueno soy, que estoy convencido de que éste puede llegar a ser uno de los mejores capítulos del libro que ahora tiene en sus manos. Nuestro equipo es tan esencial para nuestro éxito, que la mutua interacción desde el momento que un miembro del mismo entra por la puerta e incluso cuando sale por ella es una cuestión vital, fluida y muy deliberada.

La rotación de personal no es buena para los negocios

Cuando se contrata como Dios manda, se crea un buen equipo y un buen equipo disminuye la rotación de personal. La rotación de personal es muy costosa, particularmente en un negocio pequeño. Cuando perdemos a un miembro del equipo no es solo *su* trabajo el que deja de hacerse sino que con frecuencia tampoco se realiza *nuestro* trabajo porque nos vemos obligados a dejar de hacer lo que sea que estemos haciendo para reiniciar el proceso de las entrevistas. Además, a los nuevos miembros del equipo hay que capacitarlos. Eso implica invertir tiempo en ellos que de otro modo se hubiera destinado a otros trabajos, y a los nuevos miembros les toma un tiempo hacerse diestros en sus tareas, lo que implica un costo en lo que concierne a la productividad. Una vez implementados los procesos y la filosofía que en este libro se señalan, nosotros hemos reducido la rotación de personal a cerca de un 4% al año. Aquí medimos dos tipos de rotación: la primera obedece a acontecimientos como el nacimiento de un bebé, un matrimonio o un cambio de ciudad para seguir a un cónyuge a su nuevo trabajo. Dado que trabajo con un equipo de gente muy joven, muchos de ellos aún sin cumplir su primera treintena, la mayoría de la gente que nos deja lo hace por este tipo de cambios en sus vidas. El segundo tipo de rotación de personal es la provocada por despido o porque alguien se marcha a un "mejor trabajo", y ésta es menor al 4%. Nuestra rotación global está cerca del 9% anual.

La rotación de personal no es solo costosa por la pérdida en productividad sino que también genera problemas en la moral del equipo. Cuando los miembros de un equipo se gustan y respetan entre sí y alguien se marcha, la cosa en efecto duele emocionalmente. La gente se entristece cuando un miembro de la "familia" sigue su camino. También puede llegar a desencadenarse uno de esos funestos vaticinios que terminan por cumplirse cuando la gente de un equipo empieza a preguntarse si algo anda mal, en particular algo sobre lo que no saben nada y cuya consecuencia puede llegar a ser que empiece a marcharse gente a la que estiman. Así, en ocasiones, puede crearse una suerte de inercia negativa dentro de una empresa y de hecho se empieza a ir gente simplemente porque la gente empieza a irse. La rotación de personal es peligrosa.

Pero lo que ocurre con mayor frecuencia es que la gente que se marcha o que es despedida lo hace porque, para empezar, nunca debió ser contratada. Y el hecho de que alguien se haya sumado a su equipo cuando jamás debió haber pisado sus oficinas es culpa suya. Al comprender que los problemas de mi equipo eran culpa mía, inicié la elaboración de un proceso y una filosofía para evitar ese problema y así poder volver a hacer algo productivo.

El primer, y con frecuencia, gran error que cometemos al contratar personal es que no nos tomamos el tiempo suficiente. ¡Tómese más tiempo! ¡Tómese más tiempo! Conozco bien el asunto, particularmente cuando realizamos aquellas primeras contrataciones: estamos ahí metidos de cabeza en nuestro negocio y, cuando por fin levantamos la cabeza un segundo nos damos cuenta de que aquello de trabajar ochenta horas a la semana se nos convirtió en una forma de vida. Entonces tenemos una revelación: "Necesito contratar a alguien para que me ayude". Y empezamos a contratar gente a la carrera porque literalmente no tenemos tiempo ni para hacer una entrevista como es debido. En nuestra prisa por encontrar ayuda podemos llegar a ser muy ingenuos y en efecto llegamos a considerar, tras un par de someras entrevistas, que encontramos a alguien que amará y acunará nuestro bebé con tanta ternura como nosotros. Muy poco tiempo después de que dichas personas han entrado en nuestras vidas, con sorprendente celeridad, descubrimos que el negocio no les importa tanto como a nosotros ni trabajan tan duro como nosotros y, de seguir así, pronto nos encontramos con un edificio lleno de empleados. Recuerda la definición de empleado, ¿verdad? Un empleado es alguien que llega tarde, sale temprano y roba mientras está en los predios. Pues bien, no queremos empleados, queremos miembros de un equipo, y el proceso de sumar miembros a nuestro equipo nos exige hacer más despacio el proceso de contratación. ¡Tómese más tiempo!

Una persona bien contratada se desempeñará mejor, no causará problemas y es más probable que permanezca. Una vez comprendimos que es mucho más fácil y toma menos tiempo pasar por un largo proceso de contratación antes que contratar tres veces a tres personas distintas para un mismo cargo, nuestra calidad de vida mejoró considerablemente. Cuando se trabaja con gente entusiasta y talentosa que ama lo que hace nos divertimos mucho más que reuniendo una manada de tontos a los que hay que incentivar a trabajar. El proceso de construir, capacitar y cultivar un equipo con baja rotación toma más tiempo por persona empleada. Pero toma mucho menos tiempo que entrevistar, subir a bordo y luego despedir tres buenos para nada antes de dar con una buena persona.

Y no importa si estamos contratando aprendices para trabajos poco cualificados o altos ejecutivos. Cada uno de estos seres humanos tiene una tremenda capacidad para aportar actitudes positivas y una buena ética de trabajo a nuestro equipo. Pero cada uno de estos seres humanos también podría tener un enorme potencial para desequilibrar a todo el mundo con sus dramas hasta tal punto que pronto todo el lugar parecerá la escena de una telenovela. De manera que, sin importar la cualificación del miembro del equipo que quiere sumar a su equipo, su nivel salarial o el trabajo a realizar, tómese su buen tiempo. Asegúrese de conseguir las superestrellas y evite a los tontos.

Estoy convencido de que los errores que hemos cometido al contratar personal nos han costado cientos de miles —quizá millones— de dólares en productividad y oportunidades perdidas. Sé a ciencia cierta que a medida que hemos mejorado en esto de convocar, contratar y conservar estrellas, nuestras vidas y utilidades han mejorado de manera significativa.

Nuestro proceso de contratación de personal consta de por lo menos doce componentes. Nos toma un promedio de entre seis y quince entrevistas y unos noventa días el proceso que va desde el inicio de contactos para llenar una vacante y la celebración del contrato. Ahora, si usted me hubiera dicho esto cuando empecé, yo me hubiera reído y con seguridad hubiera encontrado razones para explicar que eso no aplicaba en mi negocio. Si en este momento está pensando que todo esto es una vulgar exageración, lo reto a que haga lo que sigue: intente este proceso o su versión de lo mismo cuando haga sus próximos cinco contratos y mire a ver si baja la rotación de su personal y de melodramas al tiempo que mejora la calidad de su vida y las del resto de su equipo. Hágalo, intente algo nuevo.

Nuestra meta es encontrar a quienes no se ajustan a nosotros antes de contratarlos. Mi gerente de recursos humanos tiene un gran dicho. Dice que tenemos una rotación de personal del 95%... antes de contratarlos. Eso significa que si usted llega a nuestra segunda entrevista, apenas si tiene una posibilidad entre veinte de ser contratado.

Doce componentes para
una buena contratación

1. La oración

Como persona creyente que soy, le pido a Dios que me envíe a quien Él quiera que trabaje conmigo para realizar el trabajo que Él me dio. También le pido que conserve a los necios lejos para que así yo pueda hacer mi trabajo. Algunas veces atiende mis rezos. Ahora si usted no es creyente, pase por lo menos un tiempo en silencio en la mañana pensando sobre el tipo de persona con la que quiere trabajar todos los días y el tipo de persona que no quisiera para su equipo.

Varios de los miembros de nuestro equipo cuentan extrañas historias sobre cómo entraron en contacto con nosotros justo a tiempo y de la mejor manera cuando fueron contratados por nuestro equipo. Algunas circunstancias fueron tan extrañas y los métodos tan inusuales, que algunos de ellos están convencidos de que Dios los envió. Con el paso de los años me he convencido cabalmente de que están en lo cierto.

2. Ponga anuncios y solicite recomendaciones

Hemos encontrado que la mayoría de los anuncios ofreciendo empleos son una pérdida de dinero. En realidad lo que queremos no es recibir miles de hojas de vida. Lo que queremos es conseguir a alguien que se ajuste a nuestro equipo y que quiera unirse a nuestra cruzada. De hecho sí contamos con una sección de empleos en nuestro sitio web y allí encontrará nuestros anuncios llenos de información suficiente para que la persona interesada pueda autodescartarse.

Por ejemplo, una persona puede autodescartarse si ve que en nuestro anuncio para el puesto de editor de videos se ofrece un sueldo de cerca de $45.000 y la persona quiere ganar $90.000. Si ese fuese el caso, dicha persona tendría que tener una seria lesión cerebral para querer trabajar con nosotros... en cuyo caso nosotros no la querríamos entre nosotros. También podría eliminarse si para el puesto en cuestión se advierte sobre la necesidad de ciertos requisitos, como por ejemplo: "Se requieren dos años de experiencia en contabilidad" o "Debe estar familiarizado con ColdFusion". Ponga tanta información como pueda en sus anuncios para que así la gente pueda autodescartarse y usted evita esa tarea.

También solemos añadir a nuestros anuncios comentarios sarcásticos y sabihondos para que den cuenta del tipo de cultura en la que nos desenvolvemos. En uno de nuestros anuncios podría leerse algo como lo siguiente: "Que a su madre le guste el blog de la familia no significa que usted necesariamente sea un buen redactor; se requiere experiencia profesional de redacción" o "Se requieren dos años de experiencia en ventas; no cuenta haber vendido galletitas en los Scouts" o "Es probable que nos vistamos con jeans y chanclas, pero no se engañe, sudamos la gota gorda. Si quiere unirse a un equipo que hace las cosas, entonces más le vale saber qué hacer para que las cosas se hagan".

De lejos uno de nuestros procedimientos más exitosos a la hora de contratar gente son las recomendaciones de los miembros de nuestro equipo. A los miembros de nuestro equipo les pagamos un bono de $250 en efectivo, que se entrega en medio de aplausos durante las reuniones del personal, cuando contratamos a una de las personas remitidas por ellos y ésta cumple a satisfacción los tres meses de prueba. Y siempre que entregamos ese dinero le recordamos a todo el equipo que tenga el buen cuidado de enviar solo aquellos amigos suyos que sean superestrellas y no amigos tontos o reinas de los melodramas. Le recordamos a nuestro equipo que es muy probable que descubramos a sus malas amistades si sus recomendados no se avienen bien a la empresa y que por tanto no serán contratados pero, mucho más importante, contamos con un estupendo lugar de trabajo, de modo que no debieran estropearlo todo enviando amigos locos... y todos tenemos algunos amigos locos en algún lugar. Tras estas palabras, todos sonríen y asienten, y yo agrego: "Envíen solo gente buena, pero recuerden que hay dinero de por medio, de manera que sí, por favor, no dejen de enviarnos esas buenas personas".

Por supuesto que tendrá que hacer todas las otras cosas que se mencionan en el resto de este libro y así crear una cultura y una empresa para la que su mejor gente quiera que sus amigos más brillantes trabajen. No le enviarían sus contactos si no tuvieran fe en usted y no amaran todo lo que implica trabajar allí. Más sobre esto después.

3. La entrevista relámpago de treinta minutos

Jamás debe contratar a nadie a partir de una única entrevista. Nunca. La primera entrevista debe ser una rápida conversación para "presentarse mutuamente" y así iniciar el proceso o prescindir de alguien de la primera vez.

Mi equipo me prohibió hacer entrevistas hace ya mucho tiempo porque soy pésimo para ello. Y lo peor que puedo hacer, si no soy en extremo cuidadoso, es pasar dos horas enteras diciéndole a la persona lo maravillosa que es solo para descubrir después que ni siquiera está debidamente cualificada. Me encanta la gente y amo lo que hacemos, de manera que hablo demasiado sobre ello. El asunto es una contradicción dado que soy capaz de recibir una llamada en mi programa de radio y sacarle cosas en dos minutos a quien llama que jamás debiera decir ante una audiencia de cinco millones de personas... pero igual soy un espantoso entrevistador.

Mi director de Recursos Humanos en cambio es un maravilloso entrevistador. Puede llegar a enterarse en treinta minutos de todo tipo de cosas que uno jamás quiso contarle. Y no es porque recurra a truquitos o preguntas capciosas. Se limita a escuchar y hacer preguntas. Dice que, cuando se trata de una rápida entrevista de treinta minutos, se debe guardar la misma proporción que se da entre dos orejas y una boca. Es decir, escuchar veinte minutos y hablar diez. Escuchar más que hablar. Y no se pase de esos treinta minutos; interrumpa el asunto, ya que, de haber necesidad, tendrán muchas otras oportunidades para conversar de nuevo.

4. Hojas de vida y recomendaciones

Este es el más inútil de los doce componentes para hacer una buena contratación, pero se necesita. Necesitamos una hoja de vida para poder enterarnos rápidamente de la capacitación formal que posee alguien en lo relativo al puesto que se va a ocupar. Fuera de eso, una hoja de vida no es más que un gran espacio para iniciar varias conversaciones en las que descubriremos qué es lo que sabe hacer la persona en realidad.

Dado que la mayoría de la gente tiene el buen cuidado de registrar el aval solo de personas que van a hablar bien de ellas, la lista de referencias es por lo general completamente inútil. Ahora bien, nosotros sí consultamos las referencias porque, si la persona en cuestión es lo suficientemente estúpida como para registrar el nombre de personas que no saben que los van a llamar o lo suficientemente estúpida como para dar el nombre de personas que no van a decir cosas muy bonitas respecto a ella, pues la consideramos demasiado estúpida como para contratarla.

5. Herramientas de evaluación

Demasiadas empresas utilizan distintas herramientas de evaluación como componente clave de sus procesos de contratación. Sin embargo, usted y su equipo deben saber cómo calibrar a las personas para establecer a quién contratar sin darle más peso del que corresponde a algún tipo de "prueba mágica" que lo dice todo.

Aun así, nosotros sí usamos algunas herramientas de evaluación como uno de los indicadores para un buen acierto a la hora de contratar a alguien. La herramienta a la que siempre recurrimos, tras la segunda o tercera entrevista, es la prueba de personalidad DiSC. Esta herramienta nos otorga una rápida mirada al estilo de la personalidad del candidato. Allí queremos ver si su estilo se ajusta al trabajo, cómo se ajustaría el estilo de esta persona al cargo y cómo interactuaría el estilo de esta persona con el de su jefe inmediato. Se trata de una prueba rápida con unas veintitantas preguntas, resolverla no toma más que unos pocos minutos pero revela con claridad aceptable las tendencias de una persona.

La prueba DiSC

Evito las pruebas de CI (coeficiente intelectual) porque no son buenas indicadoras de las posibilidades de éxito de una persona. Malcolm Gladwell encontró en su investigación para el libro *Outlier: Por qué unas personas tienen éxito y otras no* que el CI o el promedio de notas (GPA, por su sigla en inglés) raras veces es un indicador del posible éxito de la persona en cuestión. Con ese propósito la inteligencia relacional resulta un mejor indicador. La capacidad para llevarse bien y trabajar con otros con el fin de procurar metas compartidas es importantísima como indicador en lo que concierne a alcanzar el triunfo.

Las personas con personalidades D (por dominantes), suelen ser individuos trabajadores y bien orientados respecto a las tareas que desempeñan, siempre en busca de resolver problemas y siempre preguntándose "¿Cuándo?". Gary Smalley, quien escribe sobre asuntos relativos al matrimonio, le asigna animales a cada uno de los distintos estilos de personalidades y llama a este tipo de persona leones. Rugen y pueden herir la sensibilidad de la gente, pero hacen cosas. Actúan con rapidez y toman decisiones con facilidad. Y si no les gusta esa primera decisión, pues toman otra. Son muy buenos miembros de equipo porque mantienen la empresa en movimiento. Cerca de un 10% del público en general pertenece a este tipo de personalidad... la personalidad D, repito, por aquello de que son dominantes.

Veamos ahora la personalidad I (por influyentes). Este tipo de persona suele ser orientada, divertida, extrovertida y por lo general parecen una fiesta en busca de un lugar dónde llevarse a cabo. Les importa mucho la otra gente y siempre se están preguntando "¿Quién?". Son expresivos, persuasivos, pierden de vista la tarea a llevar a cabo y toman decisiones con rapidez, generalmente por impulsivos. Smalley llama a este tipo de gente nutrias, siempre juguetona y divirtiéndose. Es muy divertido y agradable estar al lado de ellas y que formen parte de nuestro equipo. Cerca del 25% del público en general presenta este tipo de personalidad I.

Ahora pasamos a la S de *steady* (constante, en español). Este tipo de persona es increíblemente fiel y estable. Odian los conflictos y se paralizan cuando estos surgen. Les encanta la gente y se preocupan por el bienestar emocional de las personas. Juegan en equipo, son comprensivos y afables. Smalley llama a este tipo de individuo los golden retriever y todos deberíamos tener uno de ellos como amigo. Siempre nos amarán y estarán con nosotros a pesar de nuestros defectos. Son lentos para tomar decisiones dado que siempre quieren entender "¿por qué?" y quieren asegurarse de que nadie sea herido precisamente porque evitan el conflicto. Son excelentes miembros de equipo, fieles y constantes. Cerca del 40% del público en general ocupa este cuadrante de la personalidad S.

Veamos la C de "conformista". Para este tipo de persona los detalles lo son todo y por consiguiente son individuos muy analíticos y objetivos y adoran las normas. Una persona con una personalidad tipo C necesita conocer y seguir las normas. Para ellos, no seguir las normas no solo está mal hecho sino que representa una falta de integridad. Esta gente puede parecer rígida y reacia al cambio, pero siempre presentarán altos niveles de competencia. Son lentos para tomar decisiones porque antes deben recoger la información y detalles concretos y siempre se están preguntando "¿cómo?". La gente en general no ocupa mayor espacio en sus radares y si alguien les aparece en el radar, la persona debe ser examinada. Gary llama a este tipo de personalidad C los castores: son personas laboriosas y para ellos el negocio en cuestión lo es todo. Son excelentes miembros de equipo y con seguridad quisiera a uno de ellos en sus departamentos de contabilidad. El 25% de los mortales cabe en este grupo.

Nunca recurrimos a esta prueba para tomar la decisión final de la contratación. Lo que nos proponemos con estos doce componentes es establecer un patrón que nos conduzca a una buena contratación o nos aleje de una mala. Nunca contratamos a nadie cuando a dicha persona le va mal en la mitad o más de los componentes. Y casi nunca descartamos a nadie basados en uno solo de los doce componentes.

Una organización cualquiera requiere algunos miembros de todas y cada una de las personalidades o de lo contrario va a tener serios problemas. Mis tres líderes más cercanos y yo caemos cada uno en uno de los cuatro cuadrantes respectivamente, cosa que garantiza que cuando tomamos decisiones en grupo, éstas por lo general son sensatas. Si todos perteneciéramos a un único tipo nos estarían faltando toda suerte de elementos.

Hay unas pocas personalidades que simplemente no sirven para ciertos cargos. Es muy probable que no quisiera usted una personalidad de tipo I, que odia los detalles, le encanta la gente y es impulsivo, en su departamento de contabilidad. De manera que la primera pregunta que debemos hacernos es cómo o cuánto se ajusta la personalidad del posible candidato al cargo para el cual se le entrevista.

La segunda cosa que buscamos es cómo reaccionará el personaje a la química del grupo con el cual trabajará. Si el grupo tiene mucha energía y es muy artístico, ¿qué tan bien se va a ajustar una personalidad del tipo C que adora las normas? Quizá se ajuste, pero en ese caso conviene antes discutir las fortalezas y debilidades de la química como parte del procedimiento de contratación.

Por último, quisiéramos saber cómo va trabajar el candidato con su líder. Si vamos a contratar a una joven y dulce mujer que sacó un puntaje muy alto en el tipo de personalidad S y por tanto es una persona a la cual no le gusta el conflicto, pero sabemos que va a trabajar bajo las órdenes de un áspero viejo tipo D que es francote y muy orientado a cumplir con sus peculiares tareas, la pobre mujer va a llorar todos los días. Y eso, por supuesto, no va a funcionar. Yo personalmente soy un tipo D fronterizo con I, de manera que mi asistente, que ha estado conmigo desde hace años, es una C con alguna tendencia a S. Me complementa bien pero al mismo tiempo compartimos algunas tendencias.

No debe olvidar tampoco que la pereza no corresponde a ningún estilo de personalidad, eso no es más que un defecto de carácter. La falta de iniciativa tampoco es un estilo, es otro defecto de carácter. Lo traigo a cuento porque hemos tenido gente que no trabajaba duro y que luego ha renunciado alegando que su tipo de personalidad no se ajustaba a nosotros. Falso. Lo que ocurrió en esos casos era que nosotros exigimos una buena dosis de ética de trabajo duro y ellos no tenían esa cualidad del carácter. La pereza no es un estilo.

He capacitado a mis líderes para que pasen un tiempo con

la gente en el proceso de contratación para que establezcan si el candidato combina bien con otros. Esta es la única manera en la que podremos crear una gran cultura laboral y en efecto gozar con nuestro equipo.

6. ¿Le caen bien?

En la mayoría de los casos se va a encontrar trabajando muy cerca de la gente que contrata. Entonces, por el amor de Dios, no se obligue a trabajar con gente que no le cae bien o con la que no tiene nada en común. Hay gente que simplemente no necesitamos contratar, por una razón muy sencilla: porque no nos cae bien. Eso basta.

La última vez que contraté a una asistente personal, George W. Bush acababa de ser elegido como presidente por primera vez. Ah, dicho sea de paso, soy un gran admirador de W, asunto que importa para esta historia. Algunos de los miembros de mi equipo habían entrevistado y reducido el número de candidatos a dos. Una señora vino a una entrevista conmigo y la mujer estaba muy bien calificada. Había sido presidente de una compañía citada en Fortune 100, muy refinada y almidonada. Mientras hablaba con ella le pregunté si conocía algunos de mis libros o cursos. Dijo que me había escuchado dando consejos financieros por radio, pero que no había leído ninguno de los libros ni asistido a ninguna de mis cursos. Me pareció bien, pero su respuesta me advirtió que la mujer iba a necesitar pasar por una curva de aprendizaje respecto a lo que nosotros hacíamos.

Entonces saltó y me dijo que el tipo de consejos que nosotros dábamos se iban a necesitar con urgencia ahora que acabábamos de "elegir a ese payaso de George W.". ¡Ay Dios! La mujer se estaba metiendo con alguien que a mí me gusta. No se necesita estar de acuerdo conmigo en todo para trabajar en mi equipo. Maldita sea, hemos llegado incluso a contratar a unos fanáticos del equipo de fútbol de Alabama y el otro día me pareció ver una camiseta de los Florida Gators, lo que demuestra que debemos refinar nuestros procedimientos de selección de personal. (Lo digo en broma, por si no se ha dado cuenta). En fin, la moraleja de la historia es que mi asistente personal trabaja con casi todos los detalles de mi vida, de manera que en ese cargo debo contar con alguien que realmente me caiga muy bien. Además, si va a tener una entrevista con un presidente ejecutivo de una organización y todas y cada una de sus opiniones pueden verse en algún lugar en Internet, tómese la molestia de hacer algo de investigación sobre el personaje antes de ir a la reunión. Si nuestra candidata en cuestión hubiera hecho eso, es probable que, por lo menos, la entrevista se hubiera prolongado más.

> **Prefiero mil veces pagar con mi dinero y pasar el tiempo con gente que en realidad me cae bien.**

Contrate gente que le caiga bien; confiará en ellos y pasará mucho tiempo con ellos. Existe una ridícula regla tácita que dice que si somos lo suficientemente profesionales podemos pasar por alto enormes diferencias en nuestros sistemas de valores. Bueno, puede que sí; pero ¿para qué tomarse la molestia? Prefiero mil veces pagar con mi dinero y pasar el tiempo con gente que en realidad me cae bien.

7. ¿Se iluminan?

Contratamos a una joven señorita que venía trabajando con adolescentes problemáticos en un programa de la YMCA y antes había estado vinculada a un programa pastoral para adolescentes llamado Young Life. No la contratamos para trabajar con jubilados; está en nuestro departamento de recursos para jóvenes. Y por favor no le pregunten qué hace; de hacerlo, una hora más tarde usted estará agotado porque a la mujer no hay nada que la entusiasme más que ayudar a que los adolescentes aprendan a administrar su dinero. En buena medida es una de nuestras superestrellas porque se ilumina siempre que se trae a colación el tema. Para ella, que le paguemos no es más que un bono; de hecho casi trabajaría como voluntaria porque adora (y le mete toda la pasión del mundo) desempeñar el papel que juega en nuestro equipo.

Entonces, cuando usted empieza a hablar sobre el cargo o cuando el candidato habla sobre dicho cargo, ¿la persona se ilumina? La mera idea de ponerse a hacer el trabajo a mano, ¿lo entusiasma? ¿O solo está buscando un E-M-P-L-E-O? Si todo lo que quiere es un cheque, jamás estará satisfecho.

Aquí buscamos gente que se conecte con la motivación filosófica y la oportunidad que está detrás de lo que hacemos. Somos una empresa exitosa, en permanente movimiento y crecimiento, que representa una gran oportunidad para los miembros del equipo. Alguien que entra a nuestro equipo puede crecer con nosotros, y es así como debe usted presentar cualquier cargo dentro de su equipo. Los miembros de nuestro equipo deben amar la orientación y velocidad de nuestro negocio o de lo contrario jamás cabrán allí.

Un posible miembro de nuestro equipo también debe ajustarse bien a la filosofía de lo que hacemos. Dado que soy un cristiano desenfadado, mucha gente creyente ama ese aspecto de lo que yo hago. Para que alguien se ajuste a nuestro equipo es menester que dicha persona pueda abrazar el aspecto de "amar a la gente" que implica nuestra filosofía.

Hemos encontrado que la gente que contratamos que no posee por lo menos una comprensión parcial de ambos elementos, el filosófico y el de oportunidad, con lo que aquí trabajamos, no dura mucho tiempo porque no encaja. También se han acercado a mí en busca de trabajo algunas buenas personas muy cristianas, pero lo hacen porque de algún modo tienen la idea de que "cristiano" significa que "no hay que trabajar duro". Y se han llevado su buena sorpresa. Debieron pensar que aquí pasábamos el día entero sentados en corrillo cantando "Kumbaya". Una señora renunció porque a su parecer lo único que aquí nos importaba era hacer dinero. Le repliqué que había notado que ella hacía efectivos los cheques de su sueldo, de manera que también para ella todo debía ser un asunto de dinero. Para mirar el otro lado de la moneda, también se han unido a nosotros personas a las que solo les entusiasmaba hacer dinero, de manera que cuando interrumpíamos lo que estábamos haciendo para ayudar a gente necesitada, la cosa no registraba en sus cerebros. Y tampoco encajaban. Una persona debe poseer ambos elementos para ajustarse a mi empresa.

8. Presupuesto personal y declaración de objetivos

Del capítulo 2 ya sabe que su empresa necesita una declaración de objetivos y que además debe elaborar su propia declaración de objetivos personal. Muy pocas personas son lo suficientemente listas como para llegar a la entrevista con su declaración de objetivos personal previamente elaborada. Sin embargo, nosotros sí le mostramos a la gente nuestra declaración de objetivos durante el proceso de entrevistas y, si lo cumplen todo y son contratados, le pedimos a cada uno de ellos que elabore su propia declaración de objetivos personal. Queremos que sus declaraciones muestren que el cargo que aceptaron no es otra cosa que su propio sueño.

¿Sabía usted que si contrata gente quebrada por lo general no son buenos miembros de equipo? Si una persona está pasando por problemas financieros no puede concentrarse en su trabajo porque su mayor preocupación son sus cuentas por pagar. La gente que quiebra lucha en el trabajo. Lo descubrí de la manera más dura durante una de mis primeras contrataciones de personal. Había contratado a una señora bajita y muy dulce de mi parroquia para que fuera una de mis primeras secretarias. Hacía años la conocía y era tan amable... hasta que la contratamos. Entonces se convirtió en la más mezquina y mala de las mujeres que haya conocido. Ladraba, mordía y le gruñía al resto del equipo e incluso a los clientes. Yo estaba horrorizado; apenas si estábamos comenzando y ya estaba fracasando como líder.

La llamé pues a mi oficina y le pedí que me contara cuál era su problema. "¡Estoy muy estresada!" me contestó, a lo que repliqué: "¡No me diga! ¿Qué es lo que le ocurre?". Tras indagar un poco en su situación, resultó ser que no ganaba lo suficiente para pagar sus deudas. Tenía muchas habilidades muy mercadeables y, antes de trabajar para mí había ganado en verdad muy buenas cantidades de dinero, pero la despidieron del lugar. Cuando me senté con ella y elaboramos un presupuesto mensual descubrí que yo la había contratado por $14.000 al año, menos de lo que necesitaba para cubrir sus cuentas. Con razón andaba estresada. No podía creer que alguien pudiera aceptar un cargo que no pagaba lo suficiente para cubrir sus obligaciones, particularmente cuando hubiera podido conseguir un trabajo mejor pagado, pero terminó optando por nosotros. Le pregunté por qué había hecho semejante cosa y me dijo que creía tanto en lo que nosotros hacíamos que con seguridad Dios proveería una manera para que ella pudiera pagar sus cuentas. Le comenté lo mucho que la apreciábamos. Y acto seguido le dije que Dios la despedía porque Dios sabía sumar. Nos reímos los dos y, como yo no podía pagarle lo que ella necesitaba y lo que valía, la ayudé a buscar un nuevo puesto.

Después de aquel día, nunca más volví a contratar una persona sin antes ver su presupuesto para asegurarme de que pudiera vivir con lo que le pagábamos en su cargo. En tanto líder, es mi tarea servir a mi equipo asegurándome de que sus miembros puedan velar por sus familias y cumplir con sus obligaciones con lo que les pago.

9. Cálculo de remuneraciones, prestaciones y revisión de políticas

A medida que pasamos por las distintas entrevistas vamos conociendo con mayor profundidad los detalles y eso nos permite establecer cómo y cuánto se le pagará exactamente a un miembro del equipo. *Antes* de contratar a nadie nos encargamos de desempacar el asunto de las prestaciones que ofrecemos y revisamos con todo detalle nuestros valores y principios operacionales claves.

Ya dedicaré un capítulo entero al desarrollo creativo de planes de remuneración pero, para efectos de una entrevista, recuerde que la gente que lo primero que pregunta es por el sueldo, no es la gente que usted quiere. Si su mayor preocupación es la paga y las prestaciones, jamás podremos hacer o pagarles lo suficiente para tenerlos contentos, ya que lo único que quieren es un E-M-P-L-E-O y no una oportunidad para trabajar en las cosas que importan. Me he cruzado con gente joven y brillante que en los primeros tres minutos de la entrevista quieren saber qué voy a hacer yo por ellos y no ellos por el equipo.

10. Áreas de Resultados Clave

Antes de siquiera anunciar un puesto es menester tener una descripción detallada y por escrito del cargo. Entre nosotros esto de la descripción de un cargo significa hacer una lista de las Áreas de Resultados Clave (ARCs). Debemos definir con lujo de detalles qué significaría triunfar en ese cargo, qué resultados veríamos en ese caso. ¿Cuáles son esas cualidades que a mí, como líder, me emocionaría haber contratado?

Poner por escrito las Áreas de Resultados Clave nos ayuda a precisar qué es lo que estamos buscando y además comunica con claridad aquellas cosas que el cargo conlleva. Me sorprende la cantidad de veces que contratamos a la persona equivocada por no haber redactado con precisión lo que queríamos que esa persona hiciera. Hemos contratado gente que abandonó la embarcación tan pronto subió a bordo y descubrió realmente en qué consistía el trabajo.

Esto de un Area de Resultados Clave puede ser tan sencillo como establecer el número de llamadas, visitas y ventas que se requieren en un cargo de ventas. Esto a su vez también establecerá qué debe ocurrir con ese número de llamadas hechas por semana. Nuestra recepcionista —que también hace las veces de directora de la primera impresión que tienen nuestros clientes— considera que su ARC número uno es lo siguiente: *Contestar todas las llamadas que entran antes de la tercera vez que timbre el teléfono y hacerlo con una sonrisa porque una sonrisa nos cambia la manera en que proyectamos las cuerdas vocales y el rostro.* Tres timbrazos son inadmisibles dado que quien llama pensará que no hay nadie en casa. Su ARC número dos es: *Nadie se puede quedar esperando más de diecisiete segundos* porque, como decía George Carlin: "La espera es un lugar muy solo".

11. Entrevista al cónyuge

Este quizá sea el mejor consejo que se ofrece en este libro. Mencioné en el capítulo 4, hablando sobre la toma de decisiones, que siempre solicito la opinión de Sharon cuando se trata de las grandes decisiones, inclusive grandes decisiones de la empresa. Y contratar a una persona es una decisión grande. La última entrevista que hacemos es una cena informal con el jefe del departamento y los cónyuges de todos. Con las primeras cuarenta y cinco personas que contratamos, Sharon y yo fuimos a cenar con el candidato y su cónyuge. Lo empezamos a hacer para que yo pudiera conocer la opinión de Sharon y ver si intuía algo respecto al candidato o candidata. Y la costumbre ha sido muy provechosa en otros aspectos.

En primer lugar, no solo conocemos al cónyuge del candidato antes de que se una al equipo, sino que podemos preguntarle a la esposa o al marido del candidato si considera que el puesto le conviene a su marido o mujer. No se imaginan la cantidad de veces que un cónyuge, después de conocernos y conocer también los detalles del cargo, se levanta para hablar y dice que no le parece una buena idea. Cuando eso ocurre, nos hemos evitado toneladas de problemas. Además, por supuesto, tenemos la oportunidad de contarle nuestra historia al cónyuge, compartimos algo sobre la manera como manejamos nuestra empresa y se le permite decir si cree que la cosa va a cuajar bien.

Tengo un amigo que conocí trabajando en la radio, un tipo muy talentoso, y más o menos siempre quise tenerlo en mi equipo. Era medio fiestero, algo alocado, pero nos caíamos muy bien el uno al otro de manera que ambos nos convencimos de que podríamos trabajar juntos. Mientras cenábamos, una vez habíamos cubierto el asunto de lo qué hacemos y quiénes somos, su esposa aseveró algo muy inteligente. La mujer en cuestión es definitivamente una mujer del campo y dijo más o menos lo siguiente: "Ustedes son como muy religiosos. No creo que él se acomode". Todos nos reímos nerviosamente porque sabíamos que tenía toda la razón y allí terminó la entrevista.

Uno de los más grandes beneficios que he encontrado nos otorga este proceso, beneficio que al principio no reconocí, y es que al realizar la entrevista con el cónyuge descubrimos si el candidato está casado con una persona más bien loquita. ¿Ha contratado alguna vez a una gran persona cuyo cónyuge loco se encarga de despojar a su marido o esposa de toda su capacidad para triunfar porque dicha persona se desgasta haciéndole mantenimiento al chiflado o la chiflada? Un día, mientras entrevistaba a un joven hombre muy brillante para ocupar un puesto en nuestro departamento de radiodifusión, le comenté que nuestra última entrevista sería una cena informal con su esposa. Pocas horas después recibí una llamada de la mujer dando alaridos y soltando palabrotas. La mujer explotó de solo pensar que se vería involucrada en el proceso de contratación de su marido. Después de oírla gritar y maldecir durante uno o dos minutos finalmente me preguntó, sazonando la pregunta con blasfemias que no voy a traer al cuento, lo siguiente: "¿Y, después de todo, para qué demonios hacen esta entrevista del cónyuge, si se puede saber?". A lo que le repliqué: "Para encontrar gente como usted". Ese pobre hombre debe ser flagelado todas las mañanas y quizá incluso de nuevo por las noches si la señora oye un ruido afuera. Una de dos, el tipo es un completo blandengue y su matrimonio terminará en terapia de pareja o se divorciarán. Ninguna de las anteriores opciones suena como la de alguien que pueda convertirse en un productivo miembro de equipo. Así las cosas, es probable que la entrevista del cónyuge le permita descubrir si la persona está casada con otra medio chiflada; de ser así, guarde su distancia.

12. Los noventa días de prueba

Una vez las personas han sido contratadas, entran en un período de prueba de noventa días y son muy pocas nuestras obligaciones para con ellos durante ese lapso. Del mismo modo, les advertimos que también ellos pueden poner a prueba nuestra empresa y por tanto tienen pocas obligaciones para con nosotros durante el mismo período. En breve, están en su derecho de entrar y acto seguido renunciar. Es muy probable que no los dejemos salir sin antes discutirlo muchas veces ya que a esas alturas nuestra inversión en ellos ha sido grande, pero igual nuestras obligaciones son pocas. Después de los noventa días, sin embargo, nos tomamos muy en serio aquello de servir y trabajar con y para el equipo.

Quizá la historia más graciosa sobre este período de prueba es la del joven que contratamos para que trabajara en nuestro centro de llamadas, un tipo que había sido dueño de una empresa de jardinería desde los dieciséis años. Traducción: durante diez años se había dedicado a cortar césped y otras tareas misceláneas relevantes. El hombre le dijo a nuestro líder que quería "un trabajo de verdad, en la oficina". De manera que tras pasar por todas las entrevistas y demás procedimientos, se contrató y empezó a trabajar un lunes. A eso de las once de la mañana, al tiempo que estaba allí sentado atendiendo llamadas, de pronto se puso de pie de un salto, se quitó sus auriculares y salió corriendo por la puerta. Entró a su automóvil y se marchó. Unas horas después, nuestro líder recibió una llamada del joven explicando que simplemente era incapaz de estar metido dentro de una oficina durante tanto tiempo. La verdad es que no le hice la vida fácil a mi líder del centro de llamadas por no haberle preguntado si trabajar al escampado iba a serle un problema. ¡Por favor, hermanito!

Al restar

Ya vimos cómo hacemos a la hora de sumar miembros a nuestro equipo, ¿pero qué ocurre cuando necesitamos restar miembros? ¿Qué pasa cuando miembros del equipo fallan? En último término, los miembros de nuestro equipo deben desempeñarse bien o irse. Solo hay tres razones por las cuales encontramos que uno de los miembros del equipo falle hasta el punto en el que nos vemos obligados a prescindir de sus servicios. Ahora, cuando una persona está fallando, lo primero que debemos hacer es establecer la raíz de la falla.

1. Falla por falla en el liderazgo

Por lo menos la mitad de las veces que hemos prescindido de gente por bajo desempeño fue resultado de una crisis de liderazgo. Y yo considero que hay una crisis de liderazgo siempre que se contrata a alguien que jamás debimos contratar, de modo que cuando alguien empiece a fallar, cabe preguntarse: ¿La embarré contratando a la persona en cuestión?

¿Tiene sus Áreas de Resultados Clave esbozada de manera que la persona contratada en efecto sepa cómo se define y mide el asunto de triunfar en su empresa? Me he encontrado que en ocasiones, incluso un año después de que la persona fue contratada, por algún motivo no se ha comunicado con claridad qué entendemos por triunfar. Y esto es un problema de liderazgo, porque el pobre miembro del equipo bien puede haber creído que estaba desempeñándose de maravilla.

¿Estaba el liderazgo en el lugar que corresponde a la hora de capacitar y orientar a la persona respecto a lo que serían sus nuevas tareas? De hecho me ocurrió una vez que uno de mis vicepresidentes contrató a un tipo y el primer día de trabajo del tipo coincidió con el primer día de las vacaciones de dos semanas del vicepresidente. ¡Increíble! El pobre hombre se sentó por ahí durante dos semanas sin tener la menor idea respecto a qué era lo que debía hacer pensando que su nuevo líder no era más que un payaso porque lo que hizo fue justamente dar el paso en falso de un payaso. Cuando hay un nuevo miembro en nuestro equipo o cuando a alguien se le asigna una nueva tarea, nuestros líderes deben estar ahí al pie del cañón para servirles capacitándolos y orientándolos a lo largo de su proceso de adiestramiento.

Pregúntese entonces si al miembro del equipo que está fallando se le dieron las herramientas para salir airoso, para triunfar. ¿Era propicio el ambiente en general y estaban en su debido lugar todos los recursos disponibles para que esa persona pudiera triunfar? Una vez incluso descubrí que nos había tomado dos semanas, tras contratar a alguien, conseguir una computadora y un teléfono para un nuevo miembro. Los equipos de tecnología informática y el de recursos humanos tuvieron la oportunidad de mejorar después de aquel suceso. Hoy en día, cuando hacemos el presupuesto para un contrato en un trimestre, los de tecnología informática instalan la computadora y piden el teléfono semanas antes, cuando todavía no sabemos siquiera el nombre de la persona que los va a usar.

Cuando un miembro nuevo del equipo está lleno de entusiasmo, ánimo y vigor pasamos todos por una especie de luna de miel. No permita que se desinfle el globo por no tenerle preparada la pista rápida al nuevo miembro para que éste a su vez llegue lejos.

Otra falla en el liderazgo que provocará la falla de un miembro del equipo son los conflictos sin resolver. El estilo de personalidad S, aquellas personas a quienes no les gusta el conflicto, se paralizan cuando entran en conflicto con otros miembros del equipo. De manera que esté muy atento para percatarse de los conflictos temprano y con frecuencia y exija su resolución. Perderá gente buena si no calma las aguas de esos dramas que surgen y que por lo demás son perfectamente naturales cada vez que los seres humanos se reúnen a trabajar. Parte del buen liderazgo consiste en crear un ámbito de trabajo donde la justicia prevalece. Y eso significa que un conflicto sin resolver es una falla de liderazgo.

2. Fallas debido a problemas personales

Si un miembro del equipo tiene un problema personal que empieza a afectar su trabajo, lo primero que debemos hacer es cuantificar el problema. Averigüe qué tan grande es el problema.

Una señora en nuestro equipo un día entró a mi oficina bañada en lágrimas y me dijo: "Mi bebé está enfermo". ¿Qué significa eso? ¿Qué enfermedad padece? Bueno, pues en aquella ocasión las lágrimas se debían a que era una mamá primeriza cuya criatura aún no había padecido una gripe y la mujer no sabía cómo se comportarían en la guardería infantil. Pocos días después todo había vuelto a la normalidad, nada pasó a mayores.

Cuando Shauna, de nuestro departamento de contabilidad llegó un día a mi oficina y dijo: "Mi bebé está enfermo", resultó que su criatura de tres años tenía leucemia. Nuestra reacción, por supuesto, fue completamente distinta. Le dimos tiempo libre para que lidiara con la quimioterapia, con todo su sueldo y no le descontamos el tiempo de sus vacaciones. Algunos de nuestros tipos la ayudaron cortando el césped de su jardín y algunas de las mujeres la ayudaron cocinando sus comidas, al tiempo que los miembros del equipo de contabilidad se repartieron su trabajo. ¿Por qué? Porque así es como yo quisiera que me traten si mi bebé estuviera enfermo. Trate a su equipo como una familia y ellos *actuarán* como una familia.

Una vez hemos establecido qué tan grande es el problema personal, nos es posible evaluar qué podemos hacer por el miembro del equipo y qué hacer respecto a su trabajo mientras la persona se sobrepone. Es posible que nos toque pagar por algún tipo de ayuda profesional, por ejemplo una terapia de pareja. Hemos descubierto que cuando un miembro de nuestro equipo pasa por el proceso de un divorcio, la persona resulta prácticamente inútil durante por lo menos treinta días antes, durante y después del divorcio. Unos zombis caminando por ahí no están en capacidad de jugar al tope de sus capacidades. Entonces nos vemos ante la disyuntiva de si podremos tolerar su baja en el desempeño durante un rato o si debemos reemplazar a la persona mientras tanto.

Cuando lidiamos con un problema personal, conviene ver algún nivel de progreso o mejora para poder conceder unos días de gracia durante el tiempo de inactividad. Tuvimos un joven que pasó por un divorcio horrible un año después de haberse casado, un divorcio que lo devastó. Pero aun después de tres meses el tipo no levantaba cabeza. Le habíamos dado consejo y acompañado durante todo el drama, pero el hombre seguía sumido en su desconsuelo. Entonces lo llamé a mi oficina y le dije que, como amigo suyo, no como jefe, me parecía que ya era hora de que empezara a sanar y que por tanto necesitaba empezar a tener algunos días buenos para subsanar los malos. El tipo se enojó conmigo, pero la breve charla sí lo puso en el camino de la recuperación; ahora vive en otra ciudad, se volvió a casar y tiene dos hijos preciosos. Me alegra el tiempo que pasó con nosotros y me alegra que se haya recuperado. En breve, debemos ver si la persona en cuestión volverá a trabajar después de la crisis o de lo contrario no tendremos más remedio que actuar. Con todo, siempre haga lo posible por prolongar el período de gracia cuando se trata de problemas personales porque de hacerlo así jamás tendrá de qué arrepentirse.

3. Fallas debidas a la incompetencia

Si un miembro del equipo no está fallando por un problema en el liderazgo o debido a problemas personales, entonces usualmente la cosa termina siendo algún tipo de incompetencia. Pero recuerde, la incompetencia no es sinónimo del mal; todos somos incompetentes para algo. Cuantifique la incompetencia.

Muchas veces nos es posible pagar por alguna suerte de capacitación u orientación para alguien que está pasando por una mala racha de manera que la persona pueda volver a desempeñarse bien. Algunas veces, sin embargo, la incompetencia se debe a un asunto de carácter o comportamiento. ¿Acaso tenemos allí un problema de integridad o, por dar un ejemplo, alguien está robando? En estos dos últimos casos no hay nada que hacer y debe prescindir de dichas personas inmediatamente. Si se trata de otros asuntos de comportamiento, entonces estamos ante un *tipo* de incompetencia y es probable que podamos hacer algo para capacitarlos respecto a cómo deben actuar.

Siendo una persona de alto octanaje, tendía a pensar que cualquier persona que no se moviera a la misma velocidad que yo era perezosa. He descubierto, sin embargo, a medida que mi capacidad de liderazgo ha aumentado, que mucha gente que consideré perezosa en realidad no lo era, lo que les faltaba era un sentido claro de dirección. De manera que cerciórese primero de que una de esas personas que usted considera perezosas esté siendo bien dirigida. Ahora, en ocasiones encontrará a alguien que en efecto es un perezoso de siete suelas. Esta gente no tiene cura; prescinda de ellos tan pronto como le sea posible.

El tipo de incompetencia más frustrante con la que he lidiado es el de aquellas personas que hacen su trabajo pero jamás alcanzan el nivel de excelencia y un buen día nos damos cuenta de que jamás lo alcanzarán. Hay algunos cargos en los que es posible tolerar eso, pero en una empresa pequeña no hay margen para ese comportamiento. Tuve un hombre que ya llevaba unos tres años con nosotros y francamente nunca daba la talla. Cualquier equipo que tuviera que trabajar con él se vería frustrado y todo el mundo señalaba con el dedo en todas las direcciones en busca de una causa. Su líder recomendó varias veces que prescindiéramos del hombre, pero yo me negaba a hacerlo porque me era imposible señalar con precisión un comportamiento que pudiéramos pedirle que cambiara. Me gusta ser claro y siempre quiero indicar con claridad la dirección del cambio esperado para que la persona pueda seguir en el equipo.

Jim Collins hizo echar a este tipo. Jim es el autor del libro *Empresas que sobresalen*. En su capítulo sobre cómo conseguir que se suban al autobús las personas indicadas, afirma algo que yo he venido implementado en finanzas durante años. Jim nos dice que nos preguntemos lo siguiente respecto a un miembro problemático del equipo: si no lo hubiéramos contratado de antemano, ¿lo contrataríamos de nuevo? Mi respuesta fue un rápido no, de manera que a la mañana siguiente arreglamos un generoso paquete de indemnización por cese y mi muy querido pero incompetente hombre fue despedido. Después de todo, si jamás en la vida lo hubiera vuelto a contratar, ¿por qué debía conservarlo? Les juro que el aire en las oficinas cambió al día siguiente. Fue como si a toda la organización le hubieran sacado una astilla.

Componentes de un despido

¿No les parece curioso que hablemos de "cesar" o incluso "despedir" cada vez que se trata de echar a alguien? Incluso "echar" a alguien de alguna manera significa "liberar", "dar de alta". Es casi como si tuviéramos a alguien en cautiverio y lo soltáramos. En el fondo, lo anterior es cierto, ya descubrirá que, cuando alguien no pertenece verdaderamente a su equipo, al despedirlos les está haciendo un gran favor. A medida que mi tiempo liderando aumenta, más clara se me ha vuelto esta verdad.

Eso sí, siempre trate a la gente con dignidad y sea generoso a la hora de liberarla, pero tenga el coraje de hacerlo y verá cómo se convertirá en buen amigo de algunas de las personas con las que ha pasado por este proceso. De hecho, yo he recibido muchas veces notas de agradecimiento de personas que hemos liberado. Algunas veces unos pocos meses después, otras varios años más tarde, pero no es inusual que alguien me envíe un correo electrónico o una carta para contarme que ahora que están en otra parte les está yendo mucho mejor.

Del mismo modo que hay pasos para la contratación de personal, también existen pasos a seguir para despedir a alguien debidamente.

Despedir a alguien de inmediato

Si descubre un defecto de carácter como la falta de integridad o el robo, el miembro del equipo debe salir de inmediato, ese mismo día. Si surgen otro tipo de problemas de carácter como la pereza u otros asuntos que no puede permitir en su empresa, tome medidas tan pronto como llegue a esa conclusión. Mi tolerancia es cero cuando se trata del maltrato a las mujeres. Hoy en día a eso lo llaman acoso sexual, pero yo lo llamo simplemente basura y no lo tolero ni por un segundo en mi empresa. Tampoco le permito a un miembro del equipo quedarse si éste resuelve involucrarse en un *affaire*. Si su cónyuge no puede confiar en él o en ella, yo tampoco. Las anteriores son el tipo de cosas que hacen que una persona, no importa si lleva diez minutos o diez años con nosotros, sea rápidamente despedida tan pronto nos enteramos. Sobra decir, en nuestro equipo tampoco puede haber gente con otros problemas como el uso de drogas o adiciones de cualquier índole: salen ese mismo día.

La única otra ocasión en la que alguien puede ser despedido rápidamente es durante los noventa días de prueba. Una vez transcurrido ese período, sin embargo, quedan tatuados con el sello de la empresa y forman parte de la familia, y entonces sí son muchos los pasos que en verdad hay que dar para ser despedido.

La dignidad

James Ryle dice: "La verdad sin amor equivale a rudeza, mientras que el amor sin verdad no es más que indulgencia". Tratemos siempre a la gente como queremos que a nosotros nos traten. Una vez tuve que salir de un líder que se involucró en un romance y la cosa fue muy dura. No solo éramos amigos sino que al salir dejó un vacío enorme en mi compañía. El tipo estaba tan abatido y avergonzado, pero igual no podía quedarse. Aún somos amigos, en buena parte por la manera como manejamos el incidente. Yo fui honesto con él respecto a lo muy herido y decepcionado que estaba, como amigo y como líder. Con todo, nunca tuve ira ni fui condescendiente, solo estaba herido. Recibió una buena indemnización y, como ya dije, aún somos amigos. Pero también él sabía que no podía seguir trabajando con nosotros si había tenido un *affaire*.

Ahora bien, independientemente de las razones detrás de un despido, trate siempre bien a la gente y con benevolencia. Usted está al mando y sigue con su cargo; la otra persona no tiene ninguna de las dos cosas, de manera que sea amable.

> **No importa el motivo del despido, trate siempre bien a la gente y con benevolencia. Usted está al mando y sigue con su cargo; la otra persona no tiene ninguna de las dos cosas, de manera que sea amable.**

Razones para marcharse

He esbozado tres razones por las cuales la gente puede fallar en su trabajo. La primera, una falla o crisis de liderazgo, que casi nunca debe culminar en el despido de una persona. Si usted o su equipo están embarrándola y esa es la causa del fallo, entonces corrija el problema. La única instancia en la que una falla en su liderazgo puede conducir al despido de alguien es cuando, idealmente dentro del período de noventa días de prueba, llegamos a la conclusión de que dicha persona no debió ser contratada y que definitivamente no puede realizar el trabajo. Pero incluso en ese caso, bien vale la pena intentar buscarle "otro puesto en el autobús" * a esa persona. Si ya han pasado por nuestro difícil procedimiento de contratación de personal, estamos hablando de nuestro tipo de gente, de manera que quizá solo necesitemos ubicarlos en una silla distinta.

La segunda posible razón del fracaso, un problema personal, también casi nunca debe culminar en un despido. No acostum-

---

* Alusión a una cita en el libro *Empresas que sobresalen* de Jim Collins, pág. 41.

bramos rematar a nuestros heridos. Cuando somos clementes y amables con un miembro de nuestro equipo que está necesitado, construimos un gran sentido de la lealtad con el resto del equipo. Aquellas compañías que tratan a la gente como un objeto, crean dentro de sí mismas una cultura de "nosotros contra ellos".

El chofer de una compañía que arrienda automóviles me contó una historia espantosa. Su hija de trece años fue secuestrada, violada y estuvo perdida durante treinta días. La policía la encontró delirante y sin rumbo en un estacionamiento de reposo al lado de una autopista a dos estados de distancia del lugar donde fue raptada. Este padre llamó a su jefe para pedirle un día libre para ir a recoger y consolar a su hija. De la empresa le dijeron: "Si no viene hoy ni se tome la molestia de volver". Se trataba de la compañía para la que él *solía* trabajar como chofer y con seguridad jamás seré su cliente. El ejemplo es tan extremo que es demente, pero todos los días hay gente que es tratada así por malas empresas. No podemos rematar a nuestros heridos.

Las únicas veces que salimos de alguien por problemas personales es cuando el problema en cuestión pone en peligro a un cliente o a un miembro del equipo, o si no vemos claros síntomas de mejoría. Si alguien se encuentra trabajando con algún problema personal, le otorgamos un buen tiempo de gracia, pero más le vale a esa persona que lo veamos subiendo la escalera.

Varias veces desde cuando nos iniciamos, nos hemos cruzado con una adicción por la pornografía entre algunos tipos en el equipo. Ese tipo de basura entrando a nuestras oficinas a través de mis computadoras me hierve la sangre. Además no quiero poner en peligro a las mujeres de mi empresa con algún tipo que visita lugares en su imaginación donde jamás debiera ir. Cada vez que descubrimos a un miembro del equipo mirando pornografía, implementamos varios pasos severos para darles una última oportunidad de quedarse: nada de computadora, orientación pastoral y de pareja e informes de la esposa, del orientador y del mismo miembro del equipo señalando que está mejorando y permanece limpio semana tras semana. Si tropieza una vez, fuera. No voy a enrollarme con ese tipo de porquería ni voy a hacer el esfuerzo de intentar descifrar las mentiras de un adicto. Hemos diseñado un plan como el que acabo de describir y hemos logrado conservar a unos pocos miembros del equipo; ellos, a su vez, se han convertido en grandes tipos y grandes maridos. Sin embargo, la mayoría no se aferra al plan y por lo tanto es despedida.

Cabe destacar que casi todos los despidos que hemos tenido ocurren por la última razón de fallas por parte de los miembros del equipo. La incompetencia. De manera que el proceso que seguimos si alguien presenta un problema de comportamiento o competencia es delicado, progresivo y rotundamente claro.

Cuando tenía veintidós años, trabajé durante tres meses en el departamento de bienes raíces de una empresa. Mi jefe era un vociferante, maldiciente y malgeniado tontarrón. Una mañana, el tipo entró a mi oficina, se sentó frente a mi escritorio y me dijo: "Está despedido, limpie su escritorio, pásese por nómina y salga de este edificio". Honestamente, quizá merecía haber sido despedido, pero hasta el día de hoy sigo sin saber *por qué* me despidieron y no importa cuánto se lo preguntara a mi jefe, no me hubieran dado una razón. Dos semanas después, mi esposa, con la que llevaba nueve meses de casado, también fue despedida. Ella trabajaba como cajera para una sociedad de ahorro y préstamo. Le pidieron que vendiera un tipo particular de préstamo y le dieron una capacitación de un día. Un gerente de las oficinas centrales, haciéndose pasar por un cliente, se acercó para ver si mi mujer era capaz de vender el producto. Mi mujer la embarró completamente y la echaron al día siguiente. Pero en su caso al menos sabíamos por qué la habían echado, aunque por supuesto que ella hubiera preferido que la hubieran corregido, capacitado un poco más y que luego le dijeran: "Si no logra hacer esto, no podrá trabajar aquí".

De manera que ahí estábamos los dos desempleados, recién casados, furiosos y llenos de miedo. Jamás olvidaré ese par de lecciones sobre cómo *no* tratar a la gente. Repito, quizá ambos merecíamos ser despedidos y quizá ninguno de los dos lo hubiera podido lograr en esos cargos incluso si hubiéramos sido capacitados, nos hubieran hablado con claridad y dado una segunda oportunidad, pero eso nunca lo sabremos.

Mi meta hoy en día consiste en jamás sorprender a nadie con un despido y darle a quienquiera que sea todas las oportunidades para cambiar de modo que pueda permanecer en el equipo. Así las cosas, cuando surge un problema con el comportamiento o la competencia de un miembro del equipo, se los comunicamos de manera muy clara y con mucha frecuencia.

Sobre las reprimendas

Siempre empezamos por las correcciones de tipo oral que caben bajo el rubro de reprimendas. Dichas reprimendas no son una especie de fichas para llenar los archivos de recursos humanos en donde "registramos por escrito un informe de alguien". Son más bien instrucciones paternales sobre los ajustes que debe hacer la persona en cuestión para poder quedarse. Puede ser algo tan sencillo como sentarse con alguien y recordarle que nuestras oficinas abren a las ocho y media y que, por tanto, si llega a las ocho y cuarenta y cinco están robando. Yo les pago y, por ende, cuando llegan tarde, me están robando. ¡Ayayay! Sí, duele, pero vamos al grano y es verdad. Algunas personas consideran que la tardanza y la impuntualidad son un comportamiento inocuo pero, cuando se los planteamos en los anteriores términos, que están robando, les ayuda a comprender lo serio que es el asunto para nosotros.

Una reprimenda bien ejecutada debe satisfacer cinco cosas:

1. *Ser breve.* No se disponga a acampar y pasar una hora asaltando verbalmente a alguien.
2. *Ser incómoda para todo el mundo.* Si a usted le encantan las reprimendas no es más que un matón. No debe eludir pero tampoco anhelar reprender a nadie.
3. *Atacar el problema.* Ame al pecador y odie el pecado. Ken Blanchard, en su clásico *El mánager al minuto*, recomienda usar el "sándwich de reprimenda" cada vez que se va a lanzar a hacer una. Elogie a la persona y sus buenas cualidades, péguele duro y en la cabeza

al comportamiento problemático y luego recuérdele a la persona el valor que ella representa para usted y para la organización.* Elogio, problema y nuevo elogio hacen un buen sándwich. Yo he pecado por ofrecer un sándwich de reprimenda sin pan y, por experiencia personal, sé que no cumplió el efecto deseado a largo plazo.

4. *Hacerse en privado*. Jamás reprenda a nadie delante de otra persona; perderá la lealtad de ambas personas para siempre.

5. *Ser amable*. Durante una reprimenda estamos a la vez educando y corrigiendo un mal curso, de modo que le debemos a esa persona la más cruda claridad, pero eso lo podemos hacer con benevolencia.

De los cinco requisitos de la buena reprimenda en el que más veces la he embarrado y visto embarrarla a otros es en aquello de hacerlo en privado. Aquellos de nosotros que somos personas ocupadas y apasionadas tenemos la tendencia a lidiar con los asuntos cuando los tenemos justo al frente. Pero cuando nuestra urgencia por el "ahora" nos lleva a que reprendamos a alguien delante de otras personas, lo que ocurre es que acabamos de estropear de manera grave nuestra capacidad para dirigir a esa persona que acabamos de aporrear.

Sé que lo anterior es puro sentido común, pero lo que ocurre es que cuando nos acosa la prisa por cumplir el cronograma de un proyecto es que nos sobrecoge la necesidad de lidiar con todos los problemas de manera inmediata. Esto puede ser muy eficiente en ese momento pero también sumamente ineficiente con el paso del tiempo. Si somos capaces de formar a una persona que nos es fiel y además capaz de manejar un equipo entero para nosotros, pues hemos sido eficientes. Pero no podremos conservar ni formar personas de esa calidad si les caemos encima delante de los demás. Peor aun, si la persona sobre la que caemos no es un individuo

---

* Ken Blanchard y Spencer Johnson, *The One Minute Manager*, HarperCollins (2003), p. 52.

de óptimas calidades, dicha persona no tendrá el menor inconveniente en sabotear el trabajo para pagarnos el mal favor de nuestra embarrada en el liderazgo. No saben cuánto me gustaría decir que no aprendí lo anterior de primera mano gracias a mis embarradas, pero fue así como ocurrió.

Con todo, quiero también contarles que, como parte del proceso de convertirme en un buen líder, hace años que no reprendo a nadie en público. De manera muy deliberada hago todo el asunto ese de respirar profundo, contar hasta diez y esperar hasta que tenga lugar un momento en privado para la reprimenda. Mejor dicho, por lo menos hasta el otro día cuando, por primera vez en muchos, muchos años volví a cometer este error. Una de nuestras líderes, de talla mundial en su campo, realmente se equivocó en un proyecto de manera que me dejó personalmente en un lío de marca mayor que yo mismo tuve que desenredar. No estaba nada contento y me dirigí a su oficina, donde estaban presentes tres miembros de su equipo y le eché en cara todas las cosas que había hecho mal en el negocio en cuestión. Los miembros del equipo de la mujer observaron de pie y con los ojos abiertos como platos la reprimenda en público. A la mañana siguiente me desperté a eso de las cinco y comprendí a todas luces que me había comportado como un gran y verdadero patán. Lo primero que hice fue llamar a las cuatro personas a mi oficina, le pedí disculpas a mi líder delante de su equipo, les expliqué por qué había violado una de las reglas básicas del liderazgo y les dije que ojalá la vergüenza de su inepto líder (yo) les sirviera de lección para nunca cometer ese mismo error. Cierto, las disculpas algo mejoraron la situación, pero sé muy bien que nada puede obviar ni borrar una de nuestras faltas de manera completa.

Más sobre las reprimendas

Si hay algún asunto que a usted, el emprelíder, lo tiene muy preocupado, dicho asunto debe ventilarse y discutirse con claridad y frecuencia e intentar corregir el curso del problema. Les debemos a nuestros miembros del equipo cantidades de comunicación clara, hasta contundente, sobre lo que se requiere para cambiar su comportamiento.

Si nos sentamos con un vendedor y discutimos el hecho de que son necesarias cincuenta llamadas a la semana y que el informe de las llamadas de dicha persona permanentemente no muestra más de treinta, la persona entenderá que tiene un problema. Podremos entonces señalarle que su bajo índice de cierres exitosos de ventas es el sencillo resultado de su baja actividad. Si luego no mejora un poco el ritmo, tendremos que ser muy claros en que, para permanecer en nuestra empresa, tendrá que aumentar el número de llamadas o de lo contrario tendrá que marcharse. Una comunicación sencilla, pura y directa realizada con dignidad, ayudará a que todo el mundo que participa en la conversación entienda bien qué es lo que se espera.

En muchas ocasiones, cuando pasamos demasiado tiempo reprendiendo y corrigiendo, la gente puede llegar a hacerse a la idea de que no van a ser capaces y terminarán marchándose de manera natural por no cumplir con nuestros claros y constantes parámetros. En esos casos, cuando se marchan, no fue necesario despedirlos, de manera que hizo un buen trabajo de liderazgo. Mi director de recursos humanos llama lo anterior hacer que la persona implicada "participe en lo inevitable".

A veces nos veremos en la necesidad de ir tan lejos como para hacer una reprimenda formal, por escrito, que irá a engrosar el archivo del individuo en cuestión. Por lo general esa es su última oportunidad y los registros así lo indican. La consecuencia natural de que su comportamiento o actividad *no* cambie, será el despido.

En una ocasión contratamos a un joven muy inteligente llamado Jordan para ocupar un cargo en nuestro centro de atención al cliente. Jordan era una estrella y batió todas las marcas en ventas por casi el doble en unas pocas semanas. El tipo era increíble. El único problema con Jordan era que no parecía encontrar la manera de trabajar respetando los horarios. Algunas empresas operan con tiempos flexibles o con planes del tipo hágalo-cuando-mejor-le-convenga, pero nosotros no. Nosotros esperamos que todo el mundo llegue al trabajo a tiempo o más temprano y que también salga a la hora indicada. No queremos un edificio lleno de adictos al trabajo divorciados. Llegue al trabajo a tiempo y luego sude la gota gorda todo el día. Un enfoque muy novedoso.

Mi líder del centro de atención al cliente se sentó con Jordan varias veces y conversó con él respecto a sus sistemáticas llegadas hasta una hora tarde. El tipo asumía una actitud de divo alegando que si vendía como pan caliente su horario no importaba. Mi líder intentó explicarle que el resto del equipo se desmoralizaba cuando tolerábamos la mala conducta y que valorábamos el trabajo en equipo más que a las superestrellas. Jordan asentía con la cabeza y aceptaba, pero dos días después llegaba otra vez tarde. Finalmente intervino uno de los vicepresidentes ejecutivos, pero tampoco funcionó la cosa. Entonces resolví que yo sí podía enderezar a este muchacho aunque mis líderes no hubieran podido, de manera que preparé la última advertencia formal por escrito para que él mismo la firmara y lo invité a mi oficina en compañía de su líder. Le dije lo mucho que lo valorábamos y lo bueno que era, pero que ya no iba a tolerar más sus llegadas tarde. Le expliqué que el papel que iba a firmar decía que si llegaba una vez más tarde dejaría de trabajar para nosotros. Le pregunté que si entendía bien el asunto y me aseguró que sí y firmó la advertencia. Solo como para que todo quedara muy claro le dije que pensara en la advertencia como "la advertencia de la caja" y le pregunté que si entendía lo que le acababa de decir. Me dijo que no. Entonces le expliqué que esa advertencia significaba que si volvía a llegar tarde debía llegar con una caja para despejar su escritorio... porque sería despedido. Asintió con la cabeza.

Pasaron casi dos meses durante los cuales Jordan no llegó tarde. Bromeé con mis líderes diciéndoles que no tenían lo que se necesitaba y que yo debía tener el secreto para la corrección perfecta de un curso mal encaminado. Pero claro, una buena mañana, asomé la cabeza por la ventana a eso de las 9:45 y vi a Jordan en el estacionamiento de la empresa... con su cajita. ¡Bueno, al menos esa parte la entendió de maravillas!

La incompetencia tolerada

Mi amigo John Maxwell, un gran autor sobre el liderazgo, dice: "Tolerar la incompetencia, desmoraliza". Si como líderes permitimos que la gente haga su trabajo a medias y no exigimos excelencia como prerrequisito para que conserven su puesto, vamos a generar una cultura de mediocridad. Si permitimos que la gente se comporte mal, rinda por debajo de sus capacidades, asuma malas actitudes, proliferen los chismes y en general eviten la excelencia, por favor, no podemos esperar atraer y conservar grandes talentos. Por favor, no esperemos una increíble cultura laboral.

Hace poco nuestro equipo celebró una reunión con gente de relaciones públicas y mercadeo de una gran corporación. Yo tuve la impresión de que ellos pensaban haber venido a hacernos una inducción, pero el resultado al final del día fue que se enamoraron de nuestra cultura laboral. Una de las mujeres dijo: "Todo el mundo está sonriente en todos los pisos y al mismo tiempo trabajando duro". Otra me dijo, cuando ya salían, que era encantadora la gente con la que trabajábamos... y lo dijo en serio. De manera que quizá la sorprendió mi respuesta: "Sí, solo contamos con gente encantadora, sonriente y que trabaja duro porque de no ser así y resulta que contratamos a alguien por equivocación, tal persona cambia o la despedimos". No conservamos fanfarrones; la vida es muy corta para trabajar con ellos; sí, realmente demasiado corta para además de pagarles tener que trabajar con ellos.

Parece sencillo, pero para levantar un equipo y una cultura laboral increíbles se necesita luchar desde el momento en el que anunciamos un cargo hasta que celebramos su retiro. Todos los días, todo comportamiento, cada actitud y ejecución debe ser dirigida por un líder cariñoso y valiente.

> **Todos los días, todo comportamiento, cada actitud y ejecución debe ser dirigida por un líder cariñoso y valiente.**

Cuando nuestros hijos no habían llegado aún a la adolescencia, nuestra mascota, una schnauzer llamada Scarlett, ya estaba en las últimas. Juramos entonces que ya habíamos tenido suficientes mascotas y que ella sería la última... hasta que un buen día vi un perrito con una cinta al cuello en un aviso de Sears. Entonces se me ocurrió la gran idea de sorprender a mis hijos con un cachorro para Navidad. Empecé a azuzarlos con que sería la mejor de las Navidades posibles. Le puse un candado al sótano en donde me encerraba a martillar y trabajar en nada para hacerles creer que estaba metido en un gran proyecto. ¿Ya se dieron cuenta de que me encanta ser papá? Los azuzaba advirtiéndoles sobre lo mucho que iban a gozar con el más maravilloso de los regalos jamás concebido.

Nos fuimos pues a los oficios religiosos de la noche de Navidad, volvimos a casa y acosté a los niños para que Papá Noel pudiera llegar. Conduje hasta donde mis vecinos para recoger el pequeño cachorro de seis semanas que habíamos mantenido oculto un par de días. Lo metí en su jaula en la parte de atrás de la casa, lejos de los otros regalos para que no oyeran sus ladridos. Llegó la mañana de Navidad y se abrieron todos los regalos pero nada que pudiera ser la gran sorpresa. Mis hijos temían mostrarse desagradecidos hasta que por último, mi hijo de ocho años se atrevió a hablar para preguntar dónde estaba "el más maravilloso de los regalos jamás concebido". Ah... sí, dije y me dirigí al otro extremo de la casa, metí el cachorro en una caja con bolas de poliestireno para protegerlo. Cuando los niños abrieron la tapa de la caja, la perrita asomó su pequeña cabeza por entre las bolas de poliestireno como si fuera un pequeño alienígena. Ambos gritaron y cuando comprendieron de qué se trataba daban alaridos pero de alegría y deleite. La llamaron Ángel porque a pesar de que la perrita era muy fea, igual era nuestro ángel de Navidad. Se convirtió en la mejor amiga de mi pequeño hijo con prontitud.

Durante el verano de ese mismo año, cuando Ángel debía tener unos diez meses de edad, notamos que tenía dificultades para caminar. Una rápida visita al veterinario nos trajo muy malas noticias. La perrita sufría de una afección en la columna vertebral que no se podía operar y terminaría por perder el uso de sus patas traseras y por último sufriría muchísimo. Todos estábamos desconsolados. Todos queríamos un milagro, pero no fue eso lo que ocurrió. Tuve que tomar una de las decisiones más difíciles que un padre puede tomar para beneficio de la pequeña y dulce perrita.

La dejamos andar por ahí hasta cuando nos convencimos de que estaba sufriendo y entonces llegó el fatídico sábado. Toda la familia se sentó en el suelo alrededor de Ángel, las lágrimas rodando por nuestras mejillas. Y llegó la hora de dirigirnos al veterinario. Toda la familia fue hasta allí y todos nos sentamos en la sala de espera mientras yo me quedé con Ángel llorando también a mares.

Algunos días ejercer el liderazgo puede ser muy duro. Nos exige soportar el dolor que implican algunas decisiones que son verdaderamente duras y bruscas pero que son lo mejor para todo el mundo a largo plazo aunque duelan mucho en el corto plazo. Cuando se trata de despedir a alguien de nuestro equipo, la decisión será dura si apreciamos a la gente. Despedir a alguien nunca debe volverse demasiado fácil... de lo contrario, estamos pisando un terreno peligroso. Sin embargo, igual aprendemos a apretar el gatillo con delicadeza y dignidad para beneficio de todos los implicados, nuestra empresa, su cultura laboral e incluso la persona que nos deja. Los líderes que no hacen esto último bien y no actúan les hacen daño a todos los jugadores del equipo. Es menester tener el coraje de hacer lo correcto, de manera correcta y en el momento correcto para saber que estamos en el camino que nos llevará a ser un emprelíder.

> Es menester tener el coraje de hacer lo correcto, de manera correcta y en el momento correcto para saber que estamos en el camino que nos llevará a ser un emprelíder.

8

La muerte de un viajante

El arte de vender prestando un servicio

Imagínense tres mansiones contiguas hechas por encargo inmaculadamente terminadas. Cada detalle en las tres casas meticulosamente analizado para que quiera comprar una tan pronto entra en ella. La presentación de las alcobas principales con pétalos de rosa flotando en el enorme jacuzzi incita al romance. Las cocinas son el sueño de cualquier cocinero. Los estudios, con su olor a cuero y paneles de madera, hacen que cualquiera que alguna vez haya leído un libro se vea acomodado en un sillón frente a la chimenea. No se dejó nada al azar; cada aroma, cada pieza de mobiliario y, ciertamente, el diseño de los planos arquitectónicos logró que estos fueran modelos de hogares de clase mundial.

Tuve el privilegio de vender mansiones a los veintitantos usando estos modelos como gancho de venta. Nuestras oficinas y el centro de recepción estaban primorosamente construidos en lo que normalmente hubiera sido un garaje. La recepción se abría a un estacionamiento bellamente engalanado. Sí, allí había aroma de dinero y prestigio.

Era un caluroso día de agosto, lo que era maravilloso para los negocios. Ese día estábamos tres vendedores: Jess, Joy y yo. Los tres trabajábamos en estas casas, no en otras ventas, por lo tanto nos turnábamos mostrándoles los modelos a los visitantes. Cuando llegaba un automóvil comenzaba el baile. Aprendimos a juzgar su riqueza no solo por el auto en que venían sino también por otras pistas indicadoras de su capacidad económica. De hecho le mirábamos las manos a la dama para apreciar el tamaño de la piedra, lanzábamos una mirada a sus zapatos para ver qué tan finos eran, veíamos la condición de su apariencia personal y, por supuesto, la calidad y el costo de su peinado. Estábamos vendiendo mansiones costosas y por lo tanto buscando el dinero.

Aquel caluroso día de agosto, noté que mi siguiente cliente venía en un Crown Victoria nuevo sin copas en las llantas. Extraño. Auto nuevo, pero el auto de la abuelita sin copas o tapa ruedas, no tenía sentido. Miré por la ventana mientras Chris salía del auto. Chris tenía una barba hirsuta sin afeitar y venía con una camiseta blanca, unos bluyines llenos de rotos (antes de que se tuviera que pagar extra por los rotos) y unas chancletas. Hacía tiempo no se pasaba una peinilla por la cabeza y rápidamente supuse que estaba de visita para ver cómo viven los de la otra mitad, pensé que iba a desperdiciar mi tiempo. En fin, que venga el próximo. Este era un tipo simpático a manera de un hippy, y lo registré mostrándole los modelos y pidiéndole que se sintiera como en su casa. Volví a mi trabajo, pero si este hubiera sido un comprador en potencia, lo hubiera acompañado en su visita a los modelos, mostrándole las características chéveres y únicas.

En unos minutos vi a Chris de pie, en silencio, frente a mi escritorio solicitando un folleto. Tengo que admitir que mientras me portaba amable con él, para mis adentros seguía siendo un presumido muchacho de veintidós años. Pensé, dentro de mi arrogante personalidad, que él debería volver a su casa rodante de modo que pudiera yo continuar con mi trabajo. Ese fin de semana fue el más atareado que pudimos haber tenido, recibiendo hasta tres clientes potenciales al mismo tiempo en los modelos. Estos días fueron importantes para los vendedores porque reclamábamos los prospectos, haciéndolos "nuestros" desde ese momento en adelante. En medio de uno de los días más ocupados, otra vez apareció Chris, solo que esta vez su esposa y cinco niños salieron del Ford sin copas. Esta vez estaba yo realmente ocupado y los ignoré por completo. Después de una media hora se calmó la multitud y note que el Ford estaba aún parado y la esposa de Chris se acercó dulcemente a preguntar algunas cosas sobre la cocina, a lo que yo respondí sin ofrecerme a mostrársela. Qué clase de mocoso fui.

Al cabo de otra hora yo estaba en una animada conversación con una señora con diamantes del tamaño de linternas en las orejas cuando se acerca de nuevo el hippy Chris con otra pregunta. Terminé mi asunto con la señora y Chris preguntó cuánto valía el tercer modelo, un modelo de dos pisos enorme si hubiéramos puesto un sótano debajo de él. Ya me estaba preocupando por este tipo de modo que pensé cómo ayudarle a entender que él no podría pagar esta casa. Le expliqué cuántos miles de dólares al mes le costaría. Chris con una mirada extraña en su cara me preguntó si se podía pagar en efectivo. ¡Efectivo! ¿Me estás tomando el pelo? Al punto, Chris se convirtió en mi mejor amigo. Resulta que él había diseñado un programa para las operaciones principales de una compañía de reciente creación que acababa de inscribirse en la bolsa convirtiéndolo en un multimillonario en efectivo con las opciones de acciones. De modo que con Chris y su dulce esposa hice la venta más grande que hubiera hecho mientras trabajé allí. El único consuelo para mi estupidez fue que ellos verdaderamente se transportaban en ese remolque; al menos estaba en lo cierto en eso.

Vender y vender como es debido importa

Vender y vender apropiadamente no solo es esencial para los negocios sino que es parte de la vida. Henry Ford decía: "Nada sucede hasta que alguien vende algo". En últimas, cualquiera puede estar en ventas. Todos los líderes deben aprender a vender. Las ventas son parte de las relaciones humanas. Los profesores venden e incitan a sus alumnos a aprender, los padres les venden a sus hijas con quién pueden salir, las esposas les venden a las otras esposas sobre dónde van a almorzar, en los negocios el dinero se hace vendiendo. No se hace dinero sino y solo cuando se haga una venta.

La primera cosa que se le ocurre a la mayoría es que no quiere ser vendedor. La mayoría de la gente ve las ventas desde la barrera, y algunas veces desde adentro, como un proceso manipulador y arribista. Cuando se hacen bien, las ventas nunca deben ser manipuladoras ni arribistas. Hacer las compras a un gran vendedor que sea realmente profesional es verdaderamente un evento muy placentero, algo así como un mesero de clase mundial sirviéndole en un restaurante. A propósito, también el mesero es un vendedor.

Los consejeros venden una mejor forma de vida, yo le vendo a la gente una forma de liderazgo mejor y cuando mi esposa quiere redecorar la casa tiene que venderme la idea. Todos somos vendedores, por lo tanto es una buena idea saber cómo trabaja el proceso de comprar. Sabiendo esto se puede evitar convertirse en manipulador y arribista. Mi amigo el gran Zig Ziglar dice: "La venta no es sino una transferencia de sentimientos. Si usted puede hacer que el cliente sienta lo que usted siente por lo que vende, entonces el cliente le va a comprar su producto".

Las ventas son una profesión honorable y noble cuando se hacen bien. Está bien que el médico le venda a usted el deseo de cuidar de su salud y que el pastor le venda el valor de una vida espiritual rica. Entender las etapas que un comprador debe recorrer y proporcionarle asistencia en ese proceso no demerita las ventas como profesión. Sería poco inteligente agrupar a toda una profesión bajo un estereotipo solo porque alguno no practica su profesión con cuidado. Hay muchos chistes divertidos sobre los abogados, y en nuestro entorno tenemos un cierto punto de vista de los abogados. Sin embargo, es realmente un placer trabajar con un abogado de alta calidad. Solo porque hay algunos que no practican con ética la profesión de abogados no significa que practicar el derecho no sea noble.

Las ventas son una de las profesiones mejor pagadas. En la mayoría de las organizaciones los mejores vendedores son algunos de los mejores pagados y no es raro que tengan mejores entradas que el jefe. Yo tengo muchos vendedores en mi compañía que ganan más que los vicepresidentes. La mayoría de las compañías tienen el buen sentido de no poner un techo a un generador de grandes ingresos como un buen vendedor. Puesto que dirigir involucra persuadir al grupo a seguir una determinada dirección, la gente que sabe cómo vender a menudo termina dirigiendo. Uno de los caminos más directos que llevan a ser el director es a través de las ventas y el área de mercadeo de la compañía. Ganadores, gente que crea grandes cantidades de ingresos, siempre se notan y se consideran líderes a medida que el equipo crece.

Cada paso en la experiencia es una venta

No solo lo quiero convencer de que como un emprelíder siempre está vendiendo, sino que quiero que usted convenza a toda su empresa de que están en las ventas. El servicio al cliente es ventas, los despachos son ventas, la producción es ventas y el control de calidad es ventas. Si el cliente tiene una buena experiencia global, permanecerá como cliente y le enviará más clientes. El chef que saca la comida de la cocina con rapidez, caliente y de buen sabor va a ser la mejor arma de mercadeo del restaurante. El chef tiene que entender eso, o el restaurante cerrará.

Como mencioné anteriormente, he dado cursos de Emprelíderes que son eventos de una semana en centros turísticos. Hicimos un evento en Cancún y una de nuestras actividades fue llevar a los asistentes a la aventura de montar en cables a través de la selva. Compramos esta excursión un año después de una recomendación y después de haber hecho reservaciones anticipadas con ellos. Recorrimos una carretera destapada en la selva, y nos divertimos desde el momento en que entramos a la propiedad. Un equipo joven y bien entrenado hizo que todos los pasos de un árbol al otro se hicieran con seguridad. Estaban bien entrenados no solo en seguridad, sino en asegurarse de que esta experiencia divertida y aterradora fuera de verdad una aventura. El equipo hacía chistes, jugaba en las líneas, nos calmaba, y durante todo el día nos instruían, lo que constituyó un gran recuerdo. No es gran sorpresa que el resultado fuera que a nuestros acompañantes les encantó la visita y nosotros quedamos como clientes de esa compañía cada vez que realizamos un evento allí.

¿No sería bueno que cada negocio con el que trabaje recuerde que cada etapa de su experiencia es una venta? ¿Qué pasaría si su HVAC o el plomero entendieran que están en el rubro de ventas?

¿Qué pasaría si el tipo que está arreglando su auto averiado recordara que está en ventas? ¿Qué pasaría si usted como un empre-líder, tratando de ajustar el comportamiento de un miembro del equipo, recordara que usted está en ventas? La respuesta a todas estas preguntas es que la eficiencia, la alegría y la rentabilidad de ese negocio se incrementarían exponencialmente. Esta es una razón más de por qué es importante que todos y cada uno ame su trabajo y esté enamorado de la misión de la compañía. Cuando usted lee un libro y se enamora de él, no puede evitar recomendarlo a alguna persona y convencerla de que lo lea.

Los pasos

Cualquiera que compra algo, desde una idea hasta un producto o un servicio, tiene que recorrer cuatro etapas para realizar la compra. Todo el que vende recorre las cuatro etapas con el comprador. No hay excepciones. Su producto o situación no es diferente. Todo el mundo, en todo momento, recorre las cuatro etapas. Mientras más dinero esté involucrado en el negocio, más pronunciadas son las etapas. Mientras más tiempo se gaste en la compra, más pronunciadas son las etapas

Al decidir ir a una cita, puede que no se dé cuenta de que va a recorrer cuatro etapas. Sin embargo, cuando decide casarse con una persona, sí será capaz de identificar todas las etapas en detalle. Cuando se compra un paquete de chicle, tendría que estudiar el proceso para por lo menos darse cuenta de las etapas involucradas allí. Pero en la compra de una casa, las etapas son muy pronunciadas y muy claras. Sea que el recorrido le tome un nanosegundo o que demore meses de sangre, sudor y lágrimas, de todos modos va a recorrer las cuatro etapas progresivamente.

Las cuatro etapas son:

1. Cualificación
2. Relación
3. Educación/Información
4. Cierre

Si usted ignora las etapas y/o trata de saltarse una y/o las realiza en un orden diferente va a lograr una reacción violenta. Usted no le va a gustar al comprador y se va a sentir agresivo porque probablemente lo sea. Cualquier situación que requiera persuasión tiene que moverse a lo largo de estas etapas intencionalmente, definitivamente y con clase. Si se prepara para persuadir a la gente de esta manera, usted tendrá mucho éxito.

Cualificación

La cualificación de los compradores es la etapa más ignorada y pasada por alto del proceso de compra. No cualificar a los compradores virtualmente asegura una atroz experiencia tanto para el vendedor como para el comprador. No cualificar apropiadamente un prospecto es probablemente el principal error de persuasión. Tratar de convencer a un comprador no cualificado para que compre es irritante, frustrante y exasperante para el comprador y finalmente también para usted como vendedor.

Va a desperdiciar tiempo, energía y dinero tratando de venderle a un prospecto no cualificado. Usted va a desperdiciar tiempo porque no le van a comprar. Va a desperdiciar dinero porque se va a gastar el presupuesto de mercadeo dirigido a un objetivo equivocado. También va a desperdiciar dinero porque desperdició un tiempo que pudiera haber usado mejor para hacer una venta a un comprador cualificado. Finalmente, desperdicia energía porque es agotador para usted y su prospecto discutir algo que no va a ocurrir nunca. A pesar de que estos razonamientos parecen obvios, hay muchos instructores de ventas que le enseñan a la gente toneladas de técnicas que se supone serán la fórmula mágica para de repente convertir en cualificados a los prospectos no cualificados. No les enseñe a los miembros de su equipo técnicas para presionar a la gente. Enséñeles a atender.

¿El prospecto cualificado tiene el dinero?

Un prospecto cualificado tiene o puede conseguir el dinero para hacer la compra. No todo el mundo tiene el dinero, pero para las compras pequeñas, la mayoría lo tiene, es solo asunto de sus prioridades con el dinero. Aun la gente que está en franca bancarrota puede conseguir $1.000 para contratar los servicios de un abogado especialista en quiebras. Cuando deseamos intensamente una compra pequeña, vamos a encontrar el dinero. De modo que porque alguien dice que no tiene el dinero no quiere decir que sea verdad. Esta afirmación puede significar que alguna de las siguientes etapas no se aplicó correctamente a la venta. Un porcentaje de la gente que compró uno de los millones de libros que he vendido sobre cómo salir de deudas era gente "quebrada". La verdad es que no estaban quebrados, como indigentes viviendo debajo de un puente, sino que estaban gastando más de lo que ganan. Por lo tanto eran prospectos cualificados para comprar un libro de $20, pero el comprar ese libro tenía que ser una prioridad para ayudarlos a cambiar su vida.

Si está vendiendo un auto Mercedes de $110.000, no cualquiera es un prospecto, de modo que tiene que hacer algún tipo de cualificación durante la conversación. Puede hacer algo como lo que se hizo en la venta de las mansiones de lujo y suponer la cualificación, pero se debe tener cuidado porque pudiera venir un Chris a su almacén como me pasó a mí. A mayor precio del artículo que está vendiendo, más hay que cualificar financieramente a la gente, o los dos se verán avergonzados y presionados. Algunos de los más importantes agentes de bienes raíces del país, se reúnen con el agente de hipotecas para precalificarlo a usted antes de mostrarle las propiedades. De esta forma no tienen que llevarlo a mirar casas de $1 millón cuando usted solo cualifica para una casa de $750.000.

Un prospecto cualificado tiene tiempo

En nuestra agitada cultura de dale, dale, dale, es muy posible que tengamos el dinero pero no tengamos tiempo para ocuparnos de una compra. Hay muchas cosas que caben en mi presupuesto, pero simplemente no tengo tiempo. Me puede dar un crucero de vacaciones gratis en un barco, que puede ser muy bueno, pero tengo un compromiso de una conferencia de liderazgo, debo estar en un programa de radio u otra cosa que puede obligarme a no aceptar su lindo regalo.

Si usted trabaja para una compañía, solo puede dejar el trabajo al mediodía. De modo que una buena oportunidad que requiere que usted salga del trabajo, no la puede aprovechar, no importa qué tan barata o emocionante sea; simplemente no tiene tiempo.

Un prospecto cualificado tiene el deseo / la necesidad

Un prospecto cualificado tiene la necesidad o el deseo. Pocos de nosotros en Estados Unidos tenemos necesidades básicas que no hayamos conseguido. A veces decimos que "necesitamos" algo simplemente porque lo deseamos. Sin embargo desear algo es una de las cosas que lo hacen a usted un prospecto cualificado.

Hay un dicho entre los agentes de bienes raíces que dice que si alguien quiere mirar una casa durante una tormenta de nieve, está realmente motivado a hacerlo. Ir a ver una casa durante una tormenta de nieve significa que usted realmente tiene una necesidad apremiante de hacerlo, o simplemente le gusta la nieve. El solo hecho de pedir la visita a una casa durante la tormenta de nieve ya es un avance significativo para cualificarlo. Esto es totalmente diferente a pasearse en el auto una soleada tarde dominical y ver una jornada de puertas abiertas, de modo que entra, mata un poco de tiempo y observa la decoración de su vecino. Orval Ray Wilson dice: "Los clientes compran por los motivos de ellos no por los suyos".

Probablemente no le va a vender anillos de matrimonio a gente casada o ropa infantil a gente sin hijos o nietos. Dado que soy calvo, no soy candidato para comprar una botella de champú. Esto parece obvio, pero se sorprenderá de la cantidad de energía de ventas y de dinero que pasa por alto estas verdades tan simples.

Un prospecto cualificado tiene el poder

Un prospecto cualificado tiene el poder de decidir. Muchos vendedores cometen el error de asumir que un presidente de junta directiva tiene el poder de hacer todas las decisiones. Yo no tengo la facultad de comprar computadoras para mi compañía de la que soy dueño del 100%. ¿Por qué? Porque le he delegado esa facultad a mi equipo de sistemas puesto que en computadoras soy un completo idiota. He delegado el poder.

Si usted es un comerciante en diamantes, pierde su tiempo hablándome de comprar diamantes, yo no los uso sino mi esposa. Llevo treinta años de casado y soy demasiado inteligente como para comprar una enorme piedra sin que esté presente la que toma las decisiones. Tengo el dinero pero no tengo el poder para decidir, de modo que no soy un comprador cualificado. Si usted vende diamantes puede ensayar todos los trucos y presiones del mundo para vender, pero yo no voy a comprar. Usted puede decir estupideces como por ejemplo que mi esposa se merece lo que le está vendiendo, pero yo no voy a comprar. Cuando ella apruebe la venta, se va a realizar la venta, de modo que tiene que hablar con ella.

Muy pocas personas casadas compran una casa sin que tanto el esposo como la esposa la vean. Los agentes de bienes raíces que tratan de presionar a que se tome una decisión sin la presencia del cónyuge, usualmente pierden credibilidad de inmediato. Cuando usted trata de venderle algo a uno que no tiene la facultad de comprar, muy rápidamente se convierte en un vendedor con el que nadie quiere hacer negocios.

Recuerde que todos estamos en ventas. Mire las áreas con problemas en su negocio o en un modelo de negocio para ver si está tratándole de hacer una venta a una persona no cualificada. Una de las cosas que ofrece nuestra compañía es la consejería financiera. En la oficina de consejería le mostramos a la gente la forma de cambiar su vida planeando cómo salir de las deudas. Lo estamos convenciendo de los sacrificios que tiene que hacer para que pueda convertirse en un ganador. Si usted es casado, nuestros consejeros no se reúnen con usted si su esposa no asiste a la reunión. A lo largo de los veinte años de experiencia hemos visto que es casi imposible que usted quiera hacer el sacrificio si la esposa no está con usted. Si quisiéramos reunirnos con usted y lo entusiasmáramos, le ocasionaríamos problemas en su matrimonio. Nuestro consejero no quisiera hacer una cita cualificada para venderle nuevas ideas a la familia sin que ambos esposos estén en la reunión, así que no lo haremos. No le vamos a permitir que desperdicie su dinero con nosotros, porque la venta que se hace en la sala de consejería no es para cobrarle honorarios, la venta que se hace es un nuevo juego de ideas que inyectamos en su familia para transformar su vida.

Es sorprendente cuánto se puede aplicar el concepto de cualificar apropiadamente. Cuando una jovencita escribe en su página de Facebook que ella "tiene una relación", está diciéndole al tipo que admira su fotografía que ella no es un prospecto cualificado. El concepto de cualificar apropiadamente un prospecto para asegurarse que ellos tienen el dinero, el tiempo y la necesidad o el deseo, y el poder de comprarle a usted es alcanzable y no está limitado solo a un vendedor comisionista. Inclusive usted debe tener en cuenta todo su plan de mercadeo con el lente de la "cualificación del prospecto", a veces decimos que esto es "conocer el objetivo del mercado". Usted no querría apuntarle a un mercado no cualificado.

Establecimiento de una relación

La segunda etapa del proceso de compraventa es establecer una relación. El establecimiento de una relación le da al comprador la oportunidad de confiar en usted, en su compañía, en su idea o en su producto. Cuando se trata de inspirar confianza, todos sabemos que solo hay una oportunidad para dar una primera impresión.

Si quiere vender su auto y decide estacionarlo frente a su casa con un letrero que dice "Se Vende", seguro que usted va a querer lavarlo y encerarlo primero. En realidad lo que usted busca es dejar que su auto establezca la relación con el comprador potencial. En realidad, no importa qué tan bueno sea el auto o qué tan bueno sea el negocio; se van a perder la mayoría de los clientes si frente a su casa pone un auto sucio, lleno de bolsas de McDonald's viejas.

El arte y empaque del producto son lo que establecen la relación. Gastamos una cantidad de tiempo en la cubierta de este libro porque queríamos que, al verlo en el estante, este saltara a sus manos, queríamos establecer una relación con usted. Un libro magnífico con un título y una portada horribles aumenta las posibilidades de fracaso.

En la mayoría de los casos la situación de establecimiento de una relación de ventas lo hace usted personalmente. Usted tiene un minuto para encontrar un punto común con el comprador, para establecer una conversación amable donde él comience a confiar en usted. Esta no es una táctica manipuladora sino la clase de cosas que uno hace cuando conoce a un extraño. Medimos al extraño para ver si podemos confiar en él. Enséñeles a sus hijos a mirar a los ojos de la gente y a saludar con un fuerte apretón de manos. Cuando vaya a una entrevista de trabajo, use un cinturón a menos de que sea con un grupo de raperos. Asegúrese de no tener mal aliento. Todo esto le ayuda a establecer una relación.

Puede gastar cientos de dólares en publicidad en televisión o en avisos en las páginas amarillas para su compañía de plomeros y fracasar porque envía a una persona de mal carácter sin modales a golpear a mi puerta para que mi esposa lo deje entrar a la casa. ¡Y para completar llega media hora tarde! Aun si usted presta su servicio gratis, mi esposa no va a utilizar los servicios de su compañía después de eso. Llegue unos minutos antes, bien vestido, con un uniforme completo bien planchado y una actitud amable, y va a tener un cliente de por vida. Puede inclusive cobrar más por el trabajo si establece una relación como esa.

Conexiones

Además de establecer una relación se puede tratar de encontrar un campo en común de otras dos maneras. Una son las conexiones. Usted establece una relación instantánea y un terreno común si una persona confiable lo envía. Si a usted me lo envía un amigo íntimo, ya usted podría obtener la cita conmigo sin pasar por mi asistente personal. Si usted se aparece sin recomendaciones lo va a atender alguien más de mi compañía. Si quiere establecer una relación con el que toma las decisiones tendrá siempre que recurrir a recomendaciones. No estoy hablando de recomendaciones artificiales recogidas por un vendedor de puerta a puerta a quien usted le dio los nombres de sus amigos deseando no haberlo hecho. Estoy hablando de conexiones reales de credibilidad porque le gustó la experiencia con su compañía. Todos le hemos contado a un amigo sobre una película maravillosa o un libro magnífico que simplemente debe leer. Eso es una referencia genuina.

Trabajé durante tres años en el comité de atletismo de mi universidad, la Universidad de Tennessee. No me gustan los comités, pero lo hice porque un amigo en el que confío me lo sugirió. Me sorprendió lo maravillosa que fue esa experiencia, y cuando se le pidió a un médico local también amigo mío que participara, le recomendé fuertemente que lo hiciera. Se nos hizo la venta a los dos, al doctor y a mí, por la recomendación de amigos de confianza donde la relación se estableció instantáneamente.

Todos aceptamos la influencia de las recomendaciones y hacemos recomendaciones todos los días. Voltear los ojos o fruncir los labios ante la mención de cierto negocio es una referencia negativa aun si no se ha pronunciado una palabra. El truco en nuestro negocio es crear tal calidad que seamos como un virus con referencias positivas en la comunidad y en el Internet, creando una relación instantánea. Debemos lanzar deliberadamente referencias al mercado como parte de nuestros planes de ventas. Puede ser tan simple como solicitar referencias. "Hola, estoy terminando la construcción de una casa por encargo para un cliente que está muy contento, de modo que tenemos un espacio libre, ¿conoces a alguien que esté pensando en construir una casa y me lo puedes presentar?" Casi ningún arquitecto constructor de casas por encargo ha hecho alguna vez esa pregunta. Sin embargo, después de construir una casa hace un par de años ayudé a vender muchos trabajos de construcción para mi arquitecto, que era muy bueno. No me dieron comisión, yo solo estaba regando la palabra de un cliente satisfecho. Pida referencias.

Investigación

Su mejor indicio es la sinceridad con la que le envían la recomendación. Una vez que tenga esta conexión, debe investigar a la persona para conocer puntos en común adicionales antes de encontrarse con él. Otra vez, no estamos tratando de manipular, estamos tratando de evitar errores mayores en la relación conociendo con quién estamos hablando. Mi asistente personal pondrá en mi escritorio un resumen sobre usted antes de que hablemos por teléfono o tengamos una reunión. Lo hacemos así para evitar que yo diga algo estúpido u ofensivo por no conocerlo mejor. Haga un poco de investigación sencilla y sepa con quién se va a reunir antes de comenzar la reunión. Para adquirir confianza, busque los puntos en común. Puede ser el auto que tienen, la escuela donde estudian los niños, el amor por la pesca o un millar de cosas más que le permiten alguna conexión y que resuelven la incomodidad de los primeros momentos de la conversación. Acabar con la incomodidad es lo que se llama establecer una relación.

Venda con la personalidad del cliente no con la suya

La relación se basa en la conexión y confianza. Todos tenemos la tendencia a confiar en la gente que entiende como nos comportamos. La gente con inteligencia relacional trata de entender cómo procesa la información las demás personas y cómo toman las decisiones. Ellos van a usar sus observaciones para conocer a la gente tal y como son y caminar con ellos. Eso es un juego limpio con los otros. Si usted va a hacer un negocio conmigo que cobro mucho, que tomo decisiones fácilmente y que odio los detalles, entonces, por lo que más quiera, no trate de hacerme una venta usando un informe de investigación de cien páginas. Le conviene poner una página de resumen al principio de ese informe. No me importa si a usted le gustan los detalles, y si su estilo de personalidad se basa en los detalles, puede perder la venta al perder la relación instantáneamente con el informe de investigación de trescientas páginas. Si trato de hacer una relación con usted y usted es de personalidad S que le gusta la gente, odia el conflicto, es lento para tomar decisiones, yo tengo que mermarle a mi energía. Mi esposa es de ese estilo, de modo que he aprendido a calmarla y darle tiempo a su proceso de decisiones y asegurarme de que todos los que están involucrados estén bien con su decisión. Esto me enloquece, pero establecer la relación con mi esposa no se trata de mí, se trata de ella.

Cuando vendía esas casas de lujo, una de las que Chris compró, tuve muchas oportunidades de plegar mi personalidad a la del cliente. Le vendí una casa a un ingeniero. Como lo puede suponer era un hombre de muchos detalles, de modo que gasté mucho tiempo tratando de adelantarme a su siguiente pregunta y asegurarme de satisfacer toda su investigación a fin de hacer que se construyera la casa. Una tarde, yo era la última persona en la propiedad apagando lo que pensaba que eran cinco mil luces cuando un tipo entró con su auto en el estacionamiento casi haciendo rechinar las llantas. Saltó del auto y rápidamente se dirigió a una de nuestras casas más grandes, que construimos para mostrar. Virtualmente me tocó correr para alcanzarlo, abrir la casa y encender las luces de modo que pudiera entrar. Pasó por todos los cuartos de la enorme casa en unos minutos, casi sin pronunciar palabra. Odio tener que admitir que lo seguía murmurando sobre las características de la casa y de nuestra gran compañía, contestando todas las preguntas que aun no había hecho.

Mientras lo seguí hasta el pórtico del frente dirigiéndose a su auto, preguntó por encima del hombro cuánto costaba la casa. Le dije el precio y dijo: "La tomo". ¡Por Dios! Esto fue fácil; ahora a redactar el contrato. Nuestros contratos son largos y comencé a llenar todos los documentos. Me miró y dijo: "Hombre, tengo que tomar un avión y si lo pierdo, usted va a perder la venta". Finalmente me espabilé y le pregunté cómo quería manejar el negocio. Llenamos la parte concerniente al precio, firmó al final y me dio $100.000 de arras mientras se dirigía a su auto.

La venta era demasiado buena para ser cierta, entonces me imaginé que el tipo era un actor y el cheque iba a rebotar. Nuevamente estaba equivocado, el cheque salió bueno y se cerró el trato. Era un ejecutivo de una corporación a quien habían transferido muchas veces. Lo habían transferido y sabía que lo harían de nuevo. Por lo tanto, esta compra era fácil para él. Además tenía una personalidad D muy pronunciada. Ese estilo hace decisiones rápido y es muy dominante. Si yo hubiera sido una persona de detalles que preguntara si había entendido cada palabra del contrato, me hubiera perdido una enorme venta.

La gente no le comprará si no confía en usted, en el producto y en la compañía.

Nuestro equipo de web y el de IT están llenos de personas detallistas y detestan ver a un vendedor de *software* o *hardware* que no conozca todos los detalles. Esa persona puede estar vendiendo el mejor producto de la tierra, pero si no establecen una relación y averiguan el estilo del comprador, van a perder la venta. Imagínese el estilo de la persona a la que le está vendiendo y asegúrese de ponerse en su lugar.

La gente no le comprará si no confía en usted, en el producto y en la compañía. No confían si no tienen una relación con usted. Trate de no eludir esta etapa en el proceso de ventas o va a hacer un desorden en el mercado.

Educación/Información

Sirva no venda. Cuando alguien piensa que es un vendedor, de inmediato se proyecta como una persona agresiva. Al igual que los verdaderos líderes no son agresivos —en cambio atraen—, un gran vendedor atrae a alguien a través del proceso más que empujarlo. Hay sutileza, mientras se toma la iniciativa, en esta actitud. Como vendedor joven, siempre creí que yo era un martillo y mi cliente una puntilla. No me gustaría que me trataran así, es un planteamiento pobre.

¿Cómo atiende apropiadamente a alguien ayudándolo a hacer el negocio con usted? Piense en un buen mesero y como le plantea la venta de su comida. Él asume que usted está cualificado puesto que está sentado en un restaurante, instaura la relación con una sonrisa y se presenta con "Mi nombre es John y voy a ser su mesero". ¿No se sentiría diferente si en un concesionario de autos, o en una tienda de ropa, su primer contacto fuera en este tono? Nuestro mesero ya cruzó las dos primeras etapas de un vendedor con usted y procede a cruzar la tercera, educación e información. Nuestro mesero responde a las preguntas que tengamos sobre la carta, nos informa sobre el especial del día, nos dice que, de hecho, él comió ese menú y le encantó, y nos aleja de las cosas que pueden no agradarnos. Nos puede decir qué cosas están condimentadas, puede hacernos sugerencias sobre el vino dentro de un rango de precios, y puede comparar algunos de los platos de los restaurantes de la competencia cercanos donde él ha comido. ¿Qué podemos aprender a hacer con nuestro proceso de venta con el ejemplo del mesero?

Conocimiento del producto

Primero, antes de vender o atender a alguien se debe conocer cada detalle y la historia de su producto. No se le puede mostrar a alguien qué tan buena es una cosa a menos que verdaderamente se la conozca. Estudie su producto, conózcalo en detalle o no trate de atender a su cliente con él —conozca el menú. Es mejor que usted también tenga una experiencia personal con el producto antes de venderlo.

Recuerde, si usted tiene una personalidad D o I que toma decisiones fácil y rápidamente, va a ofender a una persona C (detallistas) si usted no conoce bien lo que vende. Si usted es una persona detallista, tenga cuidado y conozca íntimamente su producto porque esto le dará la confianza de que está en verdad atendiendo y asistiendo al cliente para que lo compre.

Sea orgulloso y apasionado

Segundo, asegúrese muy bien de que usted ama y cree en su producto y su compañía. Por favor, no venda Chevrolet cuando usted tiene un Honda. Debe creer con integridad que desde el punto de vista del *cliente* lo mejor para él o ella es hacer negocios con usted. Esto se llama integridad. Nunca trate de vender algo a un cliente si usted no cree que lo debiera comprar. Si usted no cree que su aspiradora es la mejor aspiradora del mundo en ese rango de precios, no trate de venderla.

Como un emprelíder su responsabilidad de liderazgo es asegurarse de que el equipo de ventas crea en lo más profundo de su corazón que está ofreciendo al cliente el mejor producto al mejor precio. Si su equipo no cree en esto, entonces es mejor que cambie de producto. Si alguno de su equipo no piensa de esa manera, entonces es mejor que lo despida. Un miembro de su equipo no puede *atender* a un cliente si no cree en el producto; este puede solo *vender* al cliente, porque el miembro del equipo no está en la misión, está solo haciendo un E-M-P-L-E-O. En las reuniones de vendedores, siempre les digo a los de mi equipo que si creen que existe una persona, clase o libro financieramente mejor, deberían irse a trabajar con ellos, y no quedarse para tomar mi dinero. La única manera en que usted puede atender es *creer*, de otro modo se convierte en un vendedor agresivo.

Su confianza y la de su equipo en el producto deben ser tan completas que todos quisieran respaldarlo. Su equipo debería actuar tal como usted cuando ve una buena película y se la cuenta con mucho entusiasmo a sus amigos. Usted debe pensar que su amigo está loco si no va a comprar un boleto para ver la película. Crea o no venda. Esté orgulloso de lo que hace y si no lo está, cámbielo.

Utilizamos este enfoque para promocionar nuestro programa de radio a los patrocinadores locales. Se les ha dicho a nuestros vendedores de publicidad que si ellos no comprarían el producto o Dave no lo compraría, o a Dave no le gustaría que su hermana lo comprara, entonces no deberíamos promocionarlo. De modo que si oyen mi voz promocionando algo, por favor sepan que la compañía y el producto o servicio que proporcionan ha pasado una prueba de fuego.

Conozca a la competencia

Tuve una magnífica experiencia comprando un auto de lujo. Estaba mirando tres marcas diferentes. Ya había tenido estas tres marcas en otras ocasiones durante mi vida, por lo tanto las conocía más o menos bien. Ya había estudiado el mercado y conocía la mayoría de sus características de los modelos en competencia. Sin embargo, este vendedor conocía todos los detalles de todos los autos que estaba considerando y así maravillosamente me atendió en mi compra. Él nunca usó sus conocimientos para hablar mal de la competencia. Por el contrario, me dijo en qué cosas los autos de la competencia eran mejores que el auto que yo estaba considerando. Por Dios. Me encontré comenzando a confiar en este tipo porque estaba siendo honesto y transparente. Se mantuvo firme en que su auto era el auto que yo debía comprar por sus características y cualidades, pero me dio gran información sobre los autos de la competencia para analizarlos. Esta fue de verdad una manera muy elegante de desempeñar el papel de vendedor. Lo único verdaderamente triste de la magnífica compra de mi auto fue que al otro día estaba yo en el concesionario de la competencia y el vendedor de allí sabía menos del auto que estaba vendiendo de lo que sabía el otro tipo sobre el mismo auto.

A fin de atender al cliente con pasión usted tiene que saber tanto de la competencia como para saber por qué usted es mejor. Usted puede mostrar las diferencias sin denigrar a su competidor. Estoy seguro de que usted ha notado que es difícil confiar en alguien que vende despedazando a la competencia. Solo indique las diferencias y diga por qué es usted una mejor oportunidad. No se puede hacer esto si no se ha estudiado en detalle a la competencia, como si usted fuera a vender el producto de *ellos*.

Suze Orman y yo damos consejo financiero a través de las ondas hertzianas. Estamos de acuerdo en algunas cosas pero diametralmente opuestos en otras. Creo que ella es una mujer inteligente y que pone el alma para ayudar a la gente. Si bien somos diferentes y pensamos diferente sobre algunos aspectos del dinero, nunca me oirán hablando mal de ella. Esto no es elegante ni necesario. Hay tanta gente que necesita ayuda financiera que el mercado nos necesita a los dos.

En esta etapa de educación se instruye al cliente sobre el producto y sobre cómo el producto le puede servir. Para ser un buen profesor se tiene que escuchar más que hablar y hacer más preguntas en vez de hacer afirmaciones. Un mesero escucha sus preguntas, continua aclarándolas y solo entonces hace una sugerencia. Cuando le pregunto a un mesero qué es lo mejor de la carta, los mejores meseros siempre contestan con otra pregunta relativa a mis gustos. Si me gusta la carne, me ofrece un par de opciones de carnes con aclaraciones de cada una de ellas. Si soy vegetariano y el mesero me dice que lo mejor de la carta es un churrasco de tres libras, no nos vamos a divertir con la transacción. Haga preguntas y más preguntas. Luego haga  más preguntas con el propósito de aclarar. El cliente le va a decir a usted lo que le gusta, qué es lo más importante para él y literalmente cómo venderle o atenderlo.

Le estamos intentando dar todas las razones por las cuales les encantará ser nuestros clientes. Cuando ya tengan suficiente información y educación para hacer la compra, ya no necesita martillarlos más. Cuando inicio mi conversación, el cliente ve la escala con su tiempo y dinero por un lado y por el otro el valor del servicio.

Nuestro trabajo como creyente en nuestro producto, que sabe más que ninguno acerca de él, es cargar el "valor" al final de la balanza con la educación y la información de modo que pese más que el "tiempo y el dinero" del lado de la balanza del cliente, y así la compra se producirá de forma natural. Nuestro propósito mientras atendemos o le vendemos al cliente es aumentar el valor de nuestro producto educando y agregando información al otro lado de la balanza. Una vez que vi todos los beneficios y las características del auto de lujo, compré uno; el representante no tuvo que "venderme" a mí.

En el caso de la compra del chicle, el vendedor no cargó el peso del valor al final de la balanza; en cambio, la campaña publicitaria de la compañía me educó acerca de lo *sexy* y maravilloso que era tener un aliento de Dentyne más que el aliento de café. En algunos casos, la estrategia de mercadeo hace la venta y el vendedor se convierte en el tomador de órdenes.

La gente no compra productos o servicios

La gente no compra productos o servicios, compra lo que *hacen* esos productos y servicios. Usted no compra un reloj, usted compra el mecanismo que le permite manejar su tiempo. Si compra un reloj costoso, usted compra un mecanismo que le permite manejar su tiempo, pero al mismo tiempo compra un mensaje sobre usted para las demás personas.

Cuando le compro un diamante a mi esposa, no compro una piedra brillante. Compro una bonita manera de decirle "te amo".

Si es una piedra grande y brillante, ella la va a usar porque la piedra dice que su marido la ama y que ha ganado mucho dinero, o que él ha hecho algo malo y se la trajo como llave para salir del atolladero. (Solo bromeo).

Venda y atienda describiendo los beneficios, no el producto. Lo que el producto hace es lo que le importa al comprador. Necesito un equipo de aire acondicionado porque el mío se dañó y quiero que en mi casa sople aire frío. Me gusta lo que hace el aire acondicionado, no qué es. También me gustaría la eficiencia que produciría cuentas de electricidad más bajas, pero nunca he invitado a comer a mis amigos en el jardín de mi casa para que admiren la belleza de mi unidad de aire acondicionado. Todo lo que quiero son los beneficios: aire frío y cuentas de electricidad bajas.

El gran mesero que le ayudó a escoger su plato no va a decirle que la carne es de primera según la USDA sin decirle lo que eso significa para las papilas gustatorias. ¡A quién le importa si es de primera! Todo lo que quiero es un trozo de carne que se derrita en mi boca con todos los sabores como Dios manda. Quiero los beneficios no el producto. Usted debe vender beneficios no productos.

Venda un masaje por la forma como se va a sentir el cliente después del masaje. Venda el producto de planeación financiera por la forma como se va a sentir el cliente con dinero al descansar con la jubilación y además con dinero para dejar una herencia. Nadie *quiere* comprar un seguro, compramos lo que hace el seguro, por lo tanto venda lo que hace.

Cierre de la venta

Si usted tiene un cliente apropiadamente cualificado con el que ya estableció una relación y lo ha educado con los beneficios de poseer lo que usted vende, naturalmente va a comprar. El cierre de la venta va a ser muy suave. Hay algunos instructores de ventas que aseveran ridículamente que hay que hacer cierres pronto y con frecuencia. No lo haga, eso es ser agresivo.

Si usted tiene un cliente que puede hacer la compra, le tienen confianza, y usted les ha mostrado los beneficios de la compra, van a cerrar ellos mismos; no es necesario usar la técnica de torcerles el brazo. Si usted ha atravesado apropiadamente las primeras tres etapas, la siguiente etapa va a ser la compra —sin que el cliente se sienta agredido o usted haya sido agresivo. La agresividad es vergonzosa para las partes involucradas.

Una gran metáfora es aquella en la que un tipo soltero se le acerca a una chica atractiva a la que no conoce e inicia una conversación como para solicitarle salir con ella y solo recibe una cachetada o como mínimo una negativa. En vez de eso hubiera podido acercarse y solo decir "Hola", y preguntarle si está en la fiesta con su novio. Si no tiene novio, ya tiene un *prospecto cualificado*. Primera etapa. Luego necesita *establecer la relación* que consiste en encontrar un terreno común y averiguar todo acerca de ella. La etapa de *educación/información* es cuando él dice algo acerca de sí mismo, pero no demasiado. El *cierre* es que a ella ahora realmente le gustaría que él la invitara a almorzar algún día, y razonablemente es posible que ella estuviera abierta a esa idea. La vida real funciona así, y realmente se compran las cosas así durante todos los días de la vida.

Justo antes de que la compra se produzca hay un momento de aumento de la agitación e incluso de frustración. El proceso ha sufrido una constante subida con una inclinación gradual hasta este punto, pero hay una cumbre, un punto donde se puede rodar pendiente abajo con mucha rapidez hasta el cierre real. En esta cumbre el cliente sentirá físicamente los cambios. Mientras más importante sea la compra más pronunciado e identificable será el momento de la cumbre. En esta cumbre el cliente desechará la compra si las otras tres etapas no se efectuaron apropiadamente.

No es de ninguna manera inusual que el vendedor llegue a esta etapa primero que su cliente. Si percibe resistencia y se siente agrediendo, no empuje, solo comience a trazar de nuevo sus etapas desde el principio. Comience a hacer preguntas para asegurarse de que es el prospecto cualificado. Otra vez, nunca se logrará que un prospecto no cualificado cierre. Converse un poco y asegúrese de que exista una relación de confianza entre usted y el cliente. Recargue el valor al final de la balanza y haga nuevas preguntas, muchas preguntas más. Con bastante frecuencia se dará cuenta de que no ha completado sólidamente alguna de las etapas y entonces tiene la oportunidad de llenar el vacío. Cuando el vacío esté lleno, su cliente le va a solicitar que llene la orden. El cierre se producirá de manera natural cuando haya completado bien las otras tres etapas.

Estilos de personalidad diferentes llegan a la cumbre de la compra basados en su estilo. Los de personalidad D (dominantes) van a cruzar por encima de la cumbre tan rápido que aun si usted también es un D va a tener problemas tratando de mantenerse con el cliente. Debe acordarse del ejecutivo de la corporación tratando de comprar la casa antes de tomar el avión. Él tenía una marcada personalidad D.

Los de personalidad I (influyentes) harán una celebración cuando hagan la compra. Ellos verán la compra como una fiesta y también van a pasar por encima de la cumbre.

Los de personalidad S (*steady* o constante) van a disminuir la velocidad cuando lleguen a la cumbre. Con frecuencia sienten conflicto en el aire. Les debe asegurar que toda la gente involucrada en esta transacción va a estar muy contenta con esta compra. Posiblemente ellos necesitan un poco más de establecimiento de la relación de parte suya justo cuando lleguen a la cumbre. Es posible que suspiren de alivio mientras bajan al otro lado.

Los de personalidad C (conformistas) probablemente empiecen a sentirse inseguros en la cumbre y también disminuyan la velocidad. Ellos son analíticos y siempre quieren tener más detalles, de modo que nunca le van a dar demasiada información a los de personalidad C. No se preocupan por la relación y se ofenden si te pones amable y vago en la cumbre. Ellos están procurando hacer las cosas bien y lo único que los tranquiliza es tener más información. Al pasar el tope de la cumbre y hacer la compras, podrá ver como su cuerpo se relaja y probablemente sus dientes rechinantes dibujen una pequeña sonrisa. Este tipo estará muy tenso en la cumbre.

El cerrador

Se ha escrito y enseñado tanto acerca del cierre de una venta —indebidamente y con manipulaciones— que es importante asegurarse de que se entienda que el emprelíder cierra la venta, pero con un equivocado espíritu o proceso. La basura de una venta cerrada indebidamente de la que estoy hablando es como algo que presencié alguna vez en una cesión de entrenamiento en ventas. El tipo al frente del salón sugirió que llenáramos el contrato, pusiéramos el bolígrafo sobre el papel y lo dejáramos en frente del cliente de manera que el cliente pudiera agarrar el bolígrafo en su caída. Sugirió que como el cliente tenía el bolígrafo en su mano él debía firmar el contrato. Usted puede hallar clientes pusilánimes que respondan de esa manera, pero no va a ganar clientes de por vida con esa clase de basura.

No se puede decir lo suficiente que una venta ejecutada apropiadamente va a cerrar de forma natural si ha completado las tres primeras etapas. Usted no querrá usar las técnicas de torcer el brazo para forzar a la gente a entrar en una venta con presión. El cliente que atiende un emprelíder se hace cliente de por vida, y no ocurre por empujarlo sino por atraerlo, solo atendiéndolo.

Sin embargo con el espíritu de atención la venta todavía debe cerrarse. La orden debe finalizarse. No se puede permanecer en el negocio si no se reciben cheques. Aprender a finalizar la orden manteniéndola con el espíritu de atención significa que necesita poner atención a algunas de las técnicas estándar de cierre para permitirle a usted y a su equipo cerrar suavemente y con distinción.

Sentir-Sintió-Encontró
Algunas reglitas simples lo pueden ayudar a usted y a su equipo a ponerle un moño al paquete y finalizar la orden. Las técnicas más básicas son las mejores porque son las reales, no son manipuladoras. La palabrería "sentir-sintió-encontró" puede ayudar a atraer a alguno por sobre la cumbre de la frustración. Ese proceso verbal es simplemente un proceso para tranquilizar al cliente indeciso que está haciendo lo correcto. Puede sonar como esto: "John, comprendo cómo se siente acerca de esta compra y tengo muchos clientes que sintieron lo mismo. Lo que encontraron fue que al convertirse en clientes, estaban contentos con lo que hicieron". Ensayemos de nuevo: "John yo sé cómo se siente llevar a su

esposa a una película para mujeres. Yo conozco muchos tipos que se sintieron igual —preferían más bien mirar películas que tuvieran cosas que explotaran— pero lo que encontraron fue que a su esposa no le gustan esas películas, de manera que el propósito de la cita nocturna no tenía sentido". Recuerden que todos están en ventas.

El cierre presuntivo

Las técnicas de cierre presuntivo son las que el emprelíder y su equipo usan la mayor parte del tiempo. Usted simplemente llena los papeles reuniendo la información necesaria para el despacho, etc., y asumiendo que el prospecto se va a convertir en cliente. Usted solo toma la orden. Una mesera escribe el cierre presuntivo sin saber lo que está haciendo. Solo toma la orden. Si el prospecto no está listo para comprar, se lo va a decir y usted rehace las otras tres etapas. Es interesante recordar que cuando usted está listo para ordenar su comida en un restaurante, si el representante de mercadeo (la mesera) no está cerca para tomar la orden usted se sentirá mal atendido. De modo que cerrar la venta es verdaderamente atender. La mayoría de sus ventas deben cerrarse con el cierre presuntivo: solo tome la orden, atienda al cliente.

Callarse

Cuando usted le da a alguien un título que involucre mercadeo o ventas, inmediatamente adquiere una enfermedad que le provoca verborrea. Enséñele a su equipo a formular preguntas y a *callarse*. Más ventas se pierden por vendedores charlatanes que lo que hubieran ganado profiriendo un brillante comunicado. Haga una pregunta que involucre que la venta seguirá adelante y *cállese*.

Usted debe *callarse* después de que formule la pregunta por dos razones. Una, es de buena educación en una conversación hacer la pregunta y luego esperar la respuesta, a pesar de que haya una pausa elocuente. Pero algún vendedor novato siente la necesidad de interrumpir la pausa para introducir algunas aclaraciones poco brillantes. Hacer una pregunta y agregar más información no solicitada antes de que contesten la pregunta, esto es grosero. Si su mesero viene a la mesa y pregunta: "¿Qué desearía, señor?", y mientras usted permanece sentado en silencio pensando en su elección el mesero interviene con seis sugerencias no pedidas, esto es grosero. Acomódese a las pausas elocuentes posteriores a la pregunta.

Si usted permanece en silencio y escucha, el prospecto le va a decir cómo venderle o atenderlo. El libro de los Proverbios dice: "En una multitud de palabras, el pecado no falta". Aun los peces no podrían atraparse si mantuvieran la boca cerrada. La segunda razón para callarse después de formular la pregunta es la presión natural que construye con la pausa elocuente. Este es el momento preciso en la transacción en que se hace la venta, el momento en que se rueda pendiente abajo al otro lado de la cumbre de la frustración. En inglés a este estilo de pausa se le dice *pregnant pause* o pausa preñada, porque le da lugar al nacimiento. La pausa, el momento de silencio, literalmente da a luz a la venta. Mantenga el silencio, una venta bebé está llegando al mundo.

El cierre alternativo

El cierre alternativo es un hermano del cierre presuntivo. Durante las primeras tres etapas descubre las necesidades del cliente y es capaz de reducir la elección a dos posibles opciones. El cierre alternativo presenta las dos opciones posibles al cliente, y ambas involucran comprar. Este cierre puede sonar como "¿Quiere comprar un objeto o todos los cinco para obtener el descuento de escala?" o "¿Lo quiere usted en verde o prefiere en azul?" o "¿Se decidió por el pescado especial o prefiere probar el cordero esta noche?". Ambas alternativas involucran que el prospecto se convierta en cliente. El punto obvio es que no se formula una pregunta de sí o no. "¿Quiere comprar esta casa?" es por definición, dentro de este tema, una pregunta estúpida.

El cierre calendario

El cierre calendario es una combinación del cierre presuntivo y el cierre alternativo hecho usando un calendario. Usted simplemente presenta dos días o fechas en que haría el negocio. Podría sonar así: "¿Hay dos días posibles para el consejero matrimonial esta semana del dieciséis de octubre, un jueves o un martes, cual es mejor para usted? ¿Martes? Genial, tenemos un espacio abierto a las diez de la mañana y otro a las dos de la tarde, ¿cuál es mejor? Genial, lo esperamos a las dos de la tarde el martes, nos vemos entonces". Use el calendario para crear opciones de entrega del producto o servicio —y todas las opciones involucran hacer un negocio con usted.

El cierre de integridad

El cierre de integridad a veces se conoce como el cierre de un cachorro de perro en la prueba de manejo. Usted deja que el prospecto experimente el producto o el servicio con la esperanza, o con la promesa, de que si está satisfecho van a hacer el negocio con usted. Es realmente difícil llevar un auto nuevo a la casa de la noche a la mañana, dejar que los hijos y los vecinos den una vuelta en el auto y luego llevarlo de vuelta al concesionario al otro día. En los viejos tiempos, el dueño de la tienda de mascotas le dejaría llevar el cachorro a la casa para hacerle la prueba de manejo. Casi nadie puede devolver a un cachorro.

Yo le dejé poner avisos en mi programa local a una casa de empeños gratis por una semana entendiendo que compraban los anuncios si vendíamos cosas por ellos. El primer día vendieron $12.000 en anillos de diamantes minutos después de que salió el aviso, el resultado fue un contrato anual. Todavía pautan con nosotros más de quince años después.

Este cierre se llama integridad porque depende de la integridad del prospecto. Ellos tienen que seguir dentro de la compra si el producto comprobó lo que se presentó. A veces usted puede hacer que firmen un acuerdo diciendo que ellos están haciendo una prueba de manejo con la promesa de comprar si ciertos criterios se cumplen durante la prueba de manejo.

Dinero en la casa

No importa que cierre se haga, ninguna venta se hace hasta que no esté el dinero en la casa. Las facturas son promesas no dinero. Nosotros no pagamos con promesas o contamos las ventas hasta que no se reúna el dinero. Tenemos el corazón tan duro con respecto al cobro del dinero, a la confirmación de los cheques para confirmar que la venta está terminada, que uno de nuestros líderes ha hecho un chiste práctico. Un nuevo vendedor joven superestrella cobró su primer cheque y su líder lo convenció de que había una tradición en la compañía con respecto al primer cheque. La tradición era que se hacía una copia del cheque y se lo pegaba en la frente hasta el almuerzo para decirle al mundo que había hecho su primera venta. Entré al área de ventas y allí estaba ese joven con el cheque pegado en la frente. "¿Qué es esto?" pregunté. Entonces se dio cuenta de que le habían hecho una broma y desde entonces ha pasado mucho tiempo pagándola. Diviértase, pero asegúrese de que contabiliza la venta cuando tenga el dinero.

Conclusión

Un emprelíder se asegura de que ama su producto y ama a su cliente y quiere que ellos dos se casen. Haciendo esto remueve la frenética atención a las transacciones solo por dinero y el emprelíder ve el negocio más racional que transaccional. Nosotros atendemos, no vendemos, pero a fin de atender bien tenemos que ser inteligentes e intencionales acerca del proceso que los humanos pasan a fin de comprar. De modo que ya sea que trate de hacer una cita, persuadir a los niños que obtengan buenas notas o hacer un negocio por dinero, enfoque el proceso con lo bueno de la otra persona en la mente. Cuando usted usa ese enfoque se va a convertir en un vendedor atento y conseguirá clientes para toda la vida.

9

Tranquilidad financiera en los negocios

Principios a prueba de balas para el dinero, las deudas y los fondos de su futuro

En otoño de 2008, la bolsa de valores estaba en caída libre y se presentó un pánico en el mercado. Hubo y seguirá habiendo muchas discusiones sobre por qué la economía parecía caminar al borde del abismo y contemplar el suicidio, pero la mayoría cree que el desplome básicamente se debió a la debacle en los bienes raíces por las hipotecas de alto riesgo.

La gente en bancarrota vendió en muy malas condiciones las hipotecas con intereses altos a los banqueros codiciosos. Los estúpidos políticos de ambos partidos alentaron a los prestamistas hipotecarios respaldados por el gobierno a que aceptaran el mal negocio como si fuera bueno. De modo que una industria razonablemente administrada quebró y cayó cuando la gente en bancarrota no pudo pagar sus deudas, lo cual no debería haber sorprendido a nadie.

La caída en el otoño de 2008 fue más complicada que eso, pero cuando el miedo dejó a Wall Street y llegó a Washington, hubo pánico. Cuando los llamados líderes de nuestra nación, de ambos partidos, entraron en pánico, el pánico dejó a Washington, D.C., y para cuando llegó a los medios nacionales se había transformado en histeria total. Miedo, pánico e inclusive histeria sobre el futuro de nuestra gran economía estaba en las noticias todas las noches. Como una de las voces más fuertes con referencia al dinero en Estados Unidos, me encontré en el inicio de todos los noticieros importantes hora tras hora dando consejos y tratando de difundir algo de calma.

Terminé de hacer tres programas en Fox News en un día y fui esa noche a comer en un restaurante en Nueva York. Mientras estaba sentado con mi esposa y mis amigos discutiendo las noticias del día, se me presentó un momento de claridad. La gente que se supone es más inteligente y más sofisticada que yo estaba literalmente en pánico. Lo que pensaba la gente anteriormente sana, era que si el gobierno no pasaba un enorme rescate de un billón de dólares nuestra economía quebraría y la vida, como la conocemos, cesaría en el planeta. Las emociones estaban fuera de control. Tenía un amigo muy conocedor, con un PhD en economía de Stanford y un título de Yale, que decía que no se debe tomar decisiones importantes cuando se tiene miedo o se está borracho. Parece que en el otoño de 2008 una gran mayoría de la gente estaba borracha o con miedo.

Mi momento de claridad llegó cuando estaba tratando de entender por qué yo no estaba en pánico. ¿Por qué no tenía miedo? ¿Acaso yo no era lo suficientemente inteligente para comprender las consecuencias? Por momentos comencé a dudar de mi inteligencia y mis creencias y de pronto me golpeó una idea. No tenía miedo porque rijo mi vida y mis negocios con principios bíblicos y financieros de sentido común y no era vulnerable a la debacle que parecía estar surgiendo. Tenía paz en medio de la tormenta porque yo era como el cerdito que construyó su casa con ladrillos y no con paja o con palitos.

El gran rescate pasó por el congreso seguido por un super-estímulo que no funcionó. Hay algunos que piensan que *no* hubiéramos quebrado sin la interferencia del gobierno, y yo soy uno de ellos. Nunca lo sabremos. Lo que sí sabemos es que a pesar de la "ayuda" del gobierno la economía continúa contra la pared. El desempleo subió mientras la economía se ralentizó y los precios de las casas bajaron en cantidades récord. Todas las industrias frenaron en seco debido al miedo. Este bajón creó un récord de ejecuciones, y las penurias de la economía golpearon a los que no estaban preparados como la avalancha de una represa rota. Tal como en otras recesiones, incluso la Gran Depresión, los que estaban preparados prosperaron y compraron durante la contracción, agregándole a sus riquezas. Como bien dice Warren Buffet: "Cuando la marea baja, se puede decir quiénes estaban nadando desnudos". Los que no tienen sentido común y principios económicos conservadores quedan ellos y sus negocios a merced de los caprichos de la competencia e incluso a los cambios en la economía.

Yo estaba en paz en el otoño de 2008, en medio de la gente que estaba enloqueciéndose porque, desde el primer día de operaciones, seguimos los principios monetarios de este capítulo. Estábamos allí con montones de dinero, sin deudas personales o del negocio, con grandes márgenes en el producto y con un espíritu de generosidad. Esta fuerte condición económica nos permitió crecer y hacer inversiones mientras otros estaban reduciéndose. Invertimos en gente, contratando talentos que estaban en la calle. Compramos cosas que estaban en rebaja por primera vez en años, como los bienes raíces, e invertimos fuertemente en la bolsa de valores. Warren Buffet dice también: "Sea cauteloso cuando otros son codiciosos y codiciosos (en la buena forma) cuando los demás son cautos". Compre las cosas cuando están en rebaja. Pero recuerde, no puede comprar cosas rebajadas si es usted uno de los que está vendiendo sus cosas.

Yo les puedo mostrar cómo hacer que prosperen sus negocios en los buenos tiempos y en medio de las tormentas. Les puedo mostrar cómo seguir los principios financieros probados por mucho tiempo para ayudarlo a deshacerse de las principales áreas de estrés de su negocio. El problema es que estos principios están opuestos a lo que la mayoría hace o cree. La mayoría es gente estresada, enloquecida, que está ya fuera del negocio, o quisieran estarlo. Por lo tanto prepárese para entrar en la zona de "nunca volver a ser normal".

Los principios básicos funcionan

Los académicos del mundo de las finanzas de alguna manera son arrogantes. Aquellos de nosotros que tenemos una educación formal en finanzas tenemos la tendencia a desdeñar lo simple. Se nos enseñó que lo *simple* es primitivo y poco sofisticado. En la práctica tengo que desear darle una mirada a opciones financieras complicadas y también he adquirido gran respeto por lo simple. Algunas de las cosas más profundas de mi campo de estudio son muy simples y sin embargo muy profundas. El principio, y la aplicación práctica de dicho principio, no necesita ser complicado para ser correcto. Mientras más conocimientos tenga, más cuidado debe tener al leer este capítulo.

> **Puede que usted sea tan inteligente que pierda la oportunidad de ser sabio.**

Puede que usted sea tan inteligente que pierda la oportunidad de ser sabio. He sido víctima de esa enfermedad y me ha costado mucho, por lo que recomiendo prestar mucha atención.

Lleve la contabilidad

La mayoría de los negocios pequeños fracasan debido a la mala contabilidad. Comienzan con poco dinero (subcapitalizados), pierden proyección, no pagan los impuestos trimestrales y se meten en problemas de "flujo de caja". Todos estos son síntomas de que no se está llevando apropiadamente la contabilidad necesaria para que un negocio funcione. Proverbios 27:23 dice: "Conoce bien el estado de tus ovejas, cuida de tu rebaño". Por la noche cuando el rebaño se acuesta, el pastor cuenta las ovejas y se asegura que no se quedó ninguna por fuera. Él cuenta, hace una contabilidad. Esto es todo lo que tiene que hacer en los negocios, pero usted *tiene que hacerlo*. Si quiere saber más acerca de la contabilidad, hay una explicación completa sobre la contabilidad básica en los recursos en línea de este libro. Pero igual tenemos que darle una mirada a algunos principios básicos.

Microempresas

Empresas que comienzan en la casa con frecuencia olvidan aun los principios más básicos de la contabilidad apropiada. Con frecuencia estas son empresas por aficiones que se comen parte del garaje o parte de la sala. Cuando está comenzando inconscientemente mezcla su dinero efectivamente desfalcándose.

La primera etapa de su negocio debe ser abrir una cuenta para el negocio separada de la suya. No se necesita constituir una compañía u obtener un número de identificación para esto. Se puede abrir una cuenta de propietario único con el formulario DBA (*doing business as* o haciendo negocios como) usando su número de seguro social para impuestos. La pequeña cuenta corriente puede ser: "Sally Jones DBA [haciendo negocios como] Artesanías de Sally". Ni siquiera necesita comprar esas enormes chequeras de negocios, se puede usar una de las pequeñas como las que se usan para las cuentas corrientes personales.

Luego tiene que depositar en esa cuenta cada centavo que entre en su negocio. Nunca pague gastos del negocio sino con esta cuenta y con esta cuenta solo pague gastos del negocio. En otras palabras no use su dinero para pagar gastos del negocio y no use dinero del negocio para pagar sus gastos personales. Las entradas consignadas y los gastos pagados anotados en su chequera la convierten en un registro y un balance de pérdidas y ganancias como contabilidad básica del dinero. Esto significa simplemente que el saldo de su chequera es su ganancia. No se permite hacer trampas. Maneje esta chequera como si fuera el negocio de otro —nunca le robaría ni pagaría las cuentas de *ellos* con *su* chequera personal. Esta simple etapa muestra si es usted productivo, si está ganando.

Los impuestos van a matar su empresa

Odio los impuestos, pero odio más los impuestos no pagados y no tener fondos para ellos. Si no se mantiene al día con sus impuestos, esto solo lo acabará. Si usted negocia con productos en los cuales agrega el impuesto a las ventas y usted "presta" ese dinero (Impuesto a las ventas) para operar, su negocio va a fracasar. Si usted tiene empleados y no deposita la cantidad que les retiene para sus impuestos, usted va a fracasar. Estas simples ideas para estar adelante del agente de impuestos son extenuantes para aquellos que no las aplican.

Cuando tome parte de sus ganancias de la chequera de su negocio y la lleve a casa, debería separar un 25% en una cuenta de ahorros de modo que pueda pagar su estimado trimestral como lo requiere el IRS. De modo que abra una cuenta de ahorros de "impuestos" en la que deposite el dinero cada vez que se gire un cheque (de la cuenta de su negocio). Cuando comencé con mi empresa hace tantos años, tomé esta medida básica y nunca he tenido al agente de impuestos a mis espaldas. Por ejemplo, si va a sacar $2.000 de la cuenta de su negocio, debe girarse un cheque de $1.500 a su nombre y otro de $500 para depositar en su cuenta de ahorros. Está reteniendo los impuestos suyos en un nivel básico, pero debe empezar por ahí.

Presupuesto

Casi todas las empresas pequeñas van a tener un preparador o CPA que prepara la declaración anual de pérdidas y ganancias (P & L, por sus siglas en inglés) para efecto de impuestos. Si su negocio mejora, consiga una declaración P & L mensual, o hágala usted mismo. Para muchas empresas pequeñas el P & L es en todo sentido la extensión de su sistema contable. Si quiere ganar debe llevar una contabilidad un poco más avanzada que solo un P & L. La mayoría de los empresarios no son personas de detalles y odian la contabilidad, de modo que no tienden a hacer un buen trabajo en eso especialmente durante las primeras etapas del negocio.

La declaración de pérdidas y ganancias le dice qué ocurrió el mes pasado, el último trimestre o el último año; no le dice lo que va a pasar. Es necesario hacer el P & L pero es necesario hacer más. El P & L es como cuando se conduce el auto usando solo el espejo retrovisor. No obstante, la primera contabilidad que debe hacer es el presupuesto, que es como conducir el auto mirando hacia adelante por el panorámico.

Todo lo que hace un presupuesto es proyectar o pronosticar las entradas y los gastos y por lo tanto las ganancias. La primera vez que hace un presupuesto en una empresa nueva no va a ser preciso porque es una suposición bien fundada. Mientras más tiempo lleve su negocio, más precisas van a ser sus suposiciones.

No puede viajar de Nueva York a Florida sin proyectar la carretera que va a seguir. Sería estúpido y un fracaso si sale de su casa a viajar sin destino. Zig Ziglar dice: "Si no le apunta a nada, siempre le va a pegar". John Maxwell dice: "Una persona que hace presupuestos sabe a dónde va el dinero y no se pregunta a dónde fue". Jesús dijo: "No construya una torre sin antes haber calculado el costo". (Construya con planos).

Hacer un presupuesto hace que lo obvio se haga realidad y le obliga a prepararse para pensar en opciones. Si tiene un negocio de paisajes hacer el presupuesto y así proyectar los ingresos le obliga a reconocer que el invierno va a ser lento y, como la ardilla, debe guardar algunas bellotas en el nido. Todo lo que le pido es que sea inteligente como la ardilla. Es una marca más bien baja, la marca de la ardilla.

Compórtese de acuerdo a su salario

Una vez que el empresario comienza a ganar algún dinero tiende a volverse flojo. Tal como hacemos en casa, los negocios se exceden en gastos de cosas de moda, pero su justificación es mucho más sofisticada. Tienden a justificar toda clase de juguetes y equipos que en realidad no necesitan a nombre de "ganar credibilidad" o un supuesto incremento en la productividad.

Conozco muchos vendedores de bienes raíces que compran lindos autos, y permanecen endeudados porque están erróneamente convencidos de que la gente le compra a los vendedores de bienes raíces basándose en el auto que conducen. Lo máximo que debe conducir un vendedor de bienes raíces en el trabajo es un auto de lujo antiguo limpio, confiable, no importa cuánto dinero esté ganando. El auto nuevo de treinta o cuarenta mil dólares de doble transmisión y doble cabina —tal como se ven en los comerciales de televisión— es absolutamente estúpido. ¡Nadie ha contratado nunca a un plomero o un carpintero por el auto que conduce! Estos lindos autos se destruyen en el sitio de trabajo y los chóferes se endeudan fuertemente con un auto destruido que de ninguna manera necesitaban para operar el negocio.

La compra de aditamentos electrónicos y de actualización de las computadoras a nombre de "se necesitan" para ganar en el negocio me hacen dar ganas de gritar. Se puede comprar juguetes cuando gane mucho dinero, pero no desestabilice su negocio o se endeude comprando basura y después parecer estúpido tratando de convencernos de que tenía que tener ese objeto nuevo para incrementar las entradas.

Los negocios más rentables y más estables son aquellos que evitan la necesidad de juguetes o la necesidad emocional de impresionar a los visitantes. Consiga cosas lindas y juguetes, pero solo si tiene dinero de más, y nunca con la justificación de que se necesita para operar el negocio.

Visité el negocio de un multimillonario para hacer una transacción de muchos millones de dólares. A su entrada había un sofá cuyo forro se había deteriorado hacía tanto tiempo que el sofá estaba cambiando de piel. Cuando nos sentamos para nuestra reunión, lo hicimos alrededor de una mesa plegable en sillas apilables. Él no necesitaba impresionarme con su mobiliario, ya que él sabía que lo que yo quería era acceder a su negocio. Si usted y su negocio son atractivos no necesita impresionar a nadie con su mobiliario o los juguetes. Nunca se ha hecho un negocio basado en el sofá del área de la recepción. Eso es solo ego.

Justificación del ahorro en los impuestos

Un emprelíder sabio nunca justifica el ahorro de los impuestos con compras innecesarias con el fin de hacer utilidades. Si usted necesita algo para hacer utilidades y quiere comprarlo unos cuantos meses antes para ponerlo en los gastos de un año fiscal contra otro, eso es sabio. Pero hacer compras innecesarias para luego pavonearse como un pavo real en su Hummer nuevo diciendo cosas estúpidas como "mi CPA me dijo que necesitaba gastar un dinero para economizar en impuestos" es estúpido y lo puede llevar al fracaso. Sí, siempre debe hacer las deducciones necesarias en impuestos con gastos asociados con operaciones propias del negocio. Sin embargo, si su CPA dice que usted necesita gastar dinero que no es necesario gastar comprando objetos que no se necesitan para el negocio a fin de "economizar en impuestos", usted debería despedir a su CPA porque no sirve.

Haga un poco de matemáticas. Si usted está ganando $75.000 al año, usted está en el rango de impuestos del 25%. Si gasta $10.000 que usted no necesita gastar solo para crear una deducción de $10.000, ahorra un 25%, o $2.500 en impuestos. Si usted piensa que eso es buena matemática entonces usted definitivamente va a fracasar.

Deuda

Si ha estado en el negocio por muchos años se va a dar cuenta de que se cometen errores. Todos cometemos errores y tenemos ideas tontas. La mayoría de nosotros tiene ideas un día y muchas de esas ideas apestan. Después de estar en el negocio por algunas décadas y alcanzando reconocimiento nacional con la marca Dave Ramsey, estoy convencido de que nuestra compañía hace todo su ingreso y se alegra con el éxito del 10% de sus ideas. Sobrevivimos con el otro 90% de ellas. Puede que los porcentajes estén errados, pero aquellos que nos han acompañado por un tiempo pueden atestiguar que la mayoría de nuestras ideas, intercambio de ideas y revelaciones probaron ser falsas o por lo menos erróneas.

Las deudas agrandan los errores

Como no sé cuál de mis brillantes no va a resultar, se convierte en un gran error pedir prestado y aumentar el tamaño del error. Hemos hecho tantos errores y cálculos fallidos que no hay páginas suficientes para escribirlos. Estoy seguro de que nuestra reluciente montaña de éxitos es en verdad una pila de basura, una pila de errores y etapas mal terminadas, solo que estamos parados encima de ellas y no enterrados bajo ellas. Si usted está parado sobre sus errores ahí tiene un éxito. Sin embargo, si usted ha pedido prestado para aumentar el tamaño de sus errores va a estar fuera del negocio. Los fracasos no fatales son estimulados y es la forma como se aprende a montar en motocicleta. Pero cuando pide préstamo para implementar su último plan "brillante", usted incrementa exponencialmente las posibilidades de un fracaso fatal.

Campamento espacial

Tenemos una maravillosa serie de libros de cuentos para niños que les enseñan los principios financieros a niños de edades entre tres y doce años. Son historias de talla mundial ilustradas por mi primo Marshall Ramsey, que es un editor de dibujos animados a quien han nominado dos veces para el premio Pulitzer. El personaje de los libros, "Junior" (Financial Peace Jr.), estuvo en cuatro aventuras donde aprendió a trabajar, ahorrar, gastar y dar.

Nuestros amigos de Chick-fil-A nos preguntaron si podían licenciar cinco libros de niños para ponerlos en las comidas de los niños. Su plan era poner un libro por semana en las comidas durante cinco semanas, más o menos 2,5 millones de libros en total. Los derechos de la licencia para oportunidades como esta no representan mucho, entonces pensamos en volver con una idea para ganar un poco de dinero con esta fabulosa exposición y reconocimiento de la marca. Como teníamos cuatro libros, y ellos necesitaban cinco, nuestro plan fue crear tres libros más. Con tres más podíamos suministrar los cinco libros de Chick-fil-A y poner una publicidad de los otros dos en las tapas de los 2,5 millones de libros. Nuestro plan era, por supuesto, que pudiéramos vender paquetes de regalo con los siete libros en tapa dura, o por lo menos vender los dos libros extras que ellos no iban a tener en sus comidas. De modo que Junior se fue a otras tres aventuras donde aprendió sobre las deudas, la integridad y la satisfacción.

El nuevo libro sobre la satisfacción se llamó *Aventuras en el espacio*. En este libro Junior quiere ir a un campamento espacial y no puede porque es demasiado costoso y sus padres no tienen el presupuesto. Junior estaba muy triste, pero su papá fue a un almacén de cajas y compró algunas cajas sobrantes para construir un cohete espacial.

Junior y algunos de sus amigos que no podían sufragar el costoso campamento espacial la pasaron genial jugando con las cajas. Los amigos de Junior que fueron al enorme, magnífico y costoso campamento espacial no se divirtieron ni un poquito. De modo que Junior aprendió una maravillosa lección de satisfacción. Todo fue maravilloso e inspirador hasta que...

El director del verdadero campamento espacial del Huntsville Space and Rocket Center llamó y preguntó por qué estábamos robando su marca registrada federal "Space Camp". Fue amable, pero luego su abogado comenzó a mandarnos cartas amenazadoras. Fuimos estúpidos, estábamos equivocados y *accidentalmente* habíamos violado completamente su marca registrada. Yo tengo muchas marcas registradas y nunca me robaría una de otra persona. No teníamos ni idea de que "Space Camp" fuera una marca registrada. La historia se complicó aun más. Aparentemente la esposa del director del verdadero campo espacial escucha mis programas radiales y respeta nuestra misión. Entonces, cuando oyó que Dave Ramsey dijo que el campo espacial verdadero era malo y demasiado costoso, encaró a su esposo y le dijo que por qué hacía él eso. Ay.

Estábamos completamente equivocados aun cuando lo hicimos por accidente. Hubieran podido partirnos en pedazos y aparentemente su abogado estaba sugiriendo hacer eso. Llamé al director personalmente y me disculpé profusamente ofreciendo decirle a su esposa que todo era un terrible error. Estaba comprensiblemente muy disgustado pero mientras más hablamos más comprendió que yo no era un granuja, aunque posiblemente mi compañía y yo pudieran acusarse de estupidez. Magnánimamente él nos permitió certificar que los libros restantes de campo espacial en nuestros inventarios habían sido destruidos, y ahora cualquier miembro de su equipo está autorizado para asistir a nuestros eventos en forma gratuita, para siempre. Ay, hermano.

Estábamos tan emocionados con este proyecto que si hubiéramos tomado dinero prestado habríamos destruido 250.000 libros, pero como no pedimos prestado no aumentamos los errores. Tuvimos que destruir solo 22.000 libros, que lo hicimos con gusto para evitar cualquier robo futuro de nuestra parte. En realidad no estábamos felices de perder ese dinero, pero era hacer lo correcto y un arreglo elegante de parte de Space Camp. Que conste que el verdadero Space Camp, que yo no sabía con anterioridad que existía, es un muy buen campamento y *no* es costoso por el servicio que brindan. Y ellos no tuvieron que amenazarme para que dijera esto.

Las deudas matan el efectivo

Cuando los negocios pequeños fracasan es usualmente por falta de "flujo de caja". Yo he dicho que este problema de "flujo de caja" puede traducirse como "problema de impuestos" y como "problema de deudas". Si un negocio no tiene deudas por definición tiene más flujo de caja que la competencia operando el mismo modelo de negocio con deudas. La tintorería que tiene un préstamo de una SBA por $300.000 y una segunda hipoteca sobre su casa, tiene más posibilidades de fracasar que otra tintorería que opera sin deudas. De modo que las deudas desestabilizan la fuerza que exponencialmente aumenta el riesgo y las probabilidades de fracaso.

Las compañías que tienen deudas y están inscritas en la bolsa se evalúan en el mercado debido al aumento del riesgo. Aun en una cátedra de finanzas de inversión para estudiantes se enseña este principio financiero básico. Aun más, la gente sofisticada y que se supone educada gastan una desmesurada cantidad de energía tratando de decir que las deudas son buenas cuando se usan apropiadamente. Las deudas se necesitan para iniciar la operación de un negocio, dicen ellos. La realidad es que hay muchas compañías sin deudas que son pequeños negocios que duran por generaciones. Entre las grandes compañías hay muchas que no tienen deudas porque no quieren correr el riesgo de agotar su efectivo. Todas estas compañías sin deudas parece que vuelan bajo el radar de lo que la cultura ha empezado a creer: que la deuda es lo más frecuentemente usado en los negocios para ganar, lo cual resulta falso. Grandes compañías sin deudas que puede llegar a conocer, incluyen Cisco, Microsoft, Chick-fil-A, Hobby Lobby, Bed Bath and Beyond, the Gap, Electronic Arts (juego EA), eBay, Apple, Google, y Wrigley (chicle). Peter Andrew, un analista de

> **Lo que mata las compañías es la deuda; sin deudas la compañía tiene los medios para sobrevivir.**

A. G. Edwards, dice: "Lo que mata las compañías es la deuda; sin deudas una compañía tiene los medios para sobrevivir".

Mitología

Hay muchos mitos sobre las deudas que flotan en el aire y en las conversaciones de negocios que necesitan abordarse. La primera dice que no se puede comenzar o agrandar un negocio sin deudas. La verdad es que de acuerdo con los datos del Buró del Censo (Bureau of Census), el 60% de todos los negocios pequeños iniciados en un año determinado necesitaron menos de $5.000 para comenzar. La realidad es que la mayoría de la gente no comienza su negocio (ni lo necesitan hacer) con un préstamo grande, una enorme cantidad de equipo nuevo y construcciones con una hipoteca. La verdad es que iniciar un negocio pequeño y gradualmente agrandarlo disminuye el riesgo y minimiza los errores que se puedan cometer.

El mito de la línea de crédito

Con frecuencia oigo decir que el crédito se necesita para cubrir las fluctuaciones del flujo de caja. "Mi negocio es estacional e impredecible por lo tanto tengo que tener una línea de crédito para hacerlo". Otra vez la verdad es muy diferente a la mitología que cree la cultura. Mientras más tiempo lleve en el negocio, más puede predecir las fluctuaciones normales del flujo de caja por medio de un presupuesto y una contabilidad decentes. Si usted es inteligente y opera su negocio bien, se va a dar cuenta rápidamente qué parte de la mengua del dinero se debe a problemas causados por los ciclos estacionales. También cuando ha retenido entradas o dinero efectivo usted se convertirá en su propia línea de crédito.

Deudas de tarjeta de crédito en los negocios

Es realmente difícil de imaginar pero la gente actualmente piensa que es inteligente usar la tarjeta de crédito para financiar el negocio. La persona que piensa eso es un negociante ingenuo —básicamente, un apostador. Pero de acuerdo con *Businessweek*, el 50% de las compañías pequeñas usan las tarjetas de crédito, con el 71% de ellas para mantenimiento. Esta extremadamente costosa forma de deuda es un indicador de que la persona que está operando o está abriendo un negocio no le está poniendo mucha cabeza a las fianzas. Viven bajo la ilusión que pueden ganar por fuera de su estupidez. Al aconsejar a gente de pequeñas empresas, he encontrado, en muchos casos, que el usuario de la tarjeta de crédito es reactivo. Están reaccionando a un tiempo lento o a una oportunidad, o aun peor, no pensaron muy bien durante su lanzamiento y están reaccionando a la manera de un soñador que automáticamente piensa que todo va a salir bien. Estoy convencido de que la tasa de fracaso de los negocios pequeños está influenciada principalmente por el número de ellos que le rompen la espalda a su sueño usando las tarjetas de crédito para financiar su negocio.

Viven bajo la ilusión de que pueden ganar más que su estupidez.

También he aconsejado a gente que justifica el uso de las tarjetas de crédito en la operación de su negocio diciendo, "No mantenemos deudas" o "Las usamos para llevar nuestra contabilidad". Primero, si no mantiene deudas, entonces use la tarjeta de débito de la empresa.

Nosotros usamos exclusivamente tarjetas de débito del negocio y encontramos que las vigilamos con mil veces más cuidado porque representan dinero real. Lo irónico es que las tarjetas de crédito también representan dinero real, pero su uso no golpea las emociones de la misma manera que las tarjetas de débito. Los empresarios me miran horrorizados cuando les recomiendo usar las tarjetas de débito diciendo, "¡Yo nunca confiaría en un empleado usando la tarjeta de débito!". Esta estúpida afirmación me muestra dos cosas: uno, ellos no piensan que son responsables por el mal uso que un empleado le dé a la tarjeta de crédito de la compañía; eso es estúpido, por supuesto. Dos, ellos no confían en empleados que los están ayudando al crecimiento de la compañía. Yo no quiero un empleado o un miembro del equipo, en el que no confío, tratando de hacer una venta de $100.000. Entonces no es un asunto de tarjeta de crédito es un asunto de liderazgo; usted tiene empleados en los que no confía pero los retiene de todos modos.

Por último si su único sistema de contabilidad es la tarjeta de crédito corporativa usted es un empresario inepto y debe hacer algo para poner en orden su sistema de contabilidad. Yo sé que las compañías de tarjetas de crédito venden la función de contabilidad como uno de los supuestos beneficios del uso de su plástico, pero si se detiene a pensar se dará cuenta lo débil que es ese argumento.

Mito: Las grandes compras requieren deuda

Bill es una buena persona, un hombre trabajador, honesto, la clase de tipo que realmente queremos ver como ganador. Es bueno con su esposa, ama a sus hijos y lleva el negocio con integridad. Se encontraba frente a mí con su esposa Sonja. Su gorra de Caterpillar estaba echada hacia atrás pero sus ojos miraban hacia el suelo avergonzado. Bill maneja una pequeña compañía exitosa como plomero y de pronto se encontró al borde de la quiebra. Un contratista general le pidió que abriera una zanja desde la calle hasta un edificio y alquiló una excavadora para hacerlo. El alquiler costaba alrededor de $450. El cliente era un buen cliente, de modo que pagó la renta y comenzó a hacer el trabajo. Durante el mes siguiente terminó alquilando una excavadora tres veces más. Cuando llegaron las facturas del alquiler se dio cuenta cuánto había gastado y decidió que era hora de invertir en una excavadora porque, dijo: "Los alquileres me están matando".

Entonces Bill fue a un almacén de equipos pesados, donde financió una excavadora nueva de $52.000 y una camabaja de $16.000 para transportarla y más tarde compró una mula de $64.000 para atar la camabaja con la excavadora. Bill es una buena persona que tomó algunas decisiones estúpidas. Es ridículo pensar que sólo $450 de alquiler matemáticamente justifican estas compras, pero la gente de negocios lo hace todo el tiempo. Un negocio de tamaño mediano pide un préstamos de $500.000 para comprar equipo para "permanecer en la competencia" o para "hacer ese trabajo grande" que piensan que no pueden hacer sin esa inversión grande.

La razón de que Bill y Sonja estuvieran en mi oficina solicitando consejo fue que los pagos de los equipos estaban hundiendo muy rápido su otrora rentable negocio de plomería. Después de vender los equipos, Bill asumió una pérdida de $20.000, que financió y aún está pagando. Sin embargo, esta movida fue la única movida que lo salvó de perder todo. La mayoría de los líderes de empresas son optimistas y con frecuencia solo ven, y digieren emocionalmente, que todo va a funcionar exactamente como lo proyectaron. He tenido el desagrado de sentarme con miles de empresarios que están contra la pared y la enorme compra que financiaron fue la razón de su fracaso más que la razón de su éxito.

Es preferible crecer lenta y gradualmente que caer en la profundidad de las deudas.

Yo sugiero que no pidan préstamos para esas grandes compras por las muchas razones que ya hemos discutido. El riesgo aumenta, los errores se agrandan y se destruye el flujo de caja por los pagos de las deudas. Usted me preguntará: "¿Cómo se supone que pueda agrandar mi negocio si no compro ese equipo o ese edificio?". Primero déjeme recordarle que lento pero continuo se gana la carrera, por lo tanto es preferible crecer lenta y gradualmente que caer en la profundidad de las deudas.

Hay cuatro principios que seguimos cuando hacemos compras grandes.

1. *Pagamos en efectivo.* Sistemáticamente ahorramos para la compra una suma específica y la ponemos como una entrada en nuestra contabilidad mensual —casi como si fuera un gasto. Los ahorros no son deducibles de los impuestos pero tratarlos emocional y matemáticamente como tal es un gasto. De modo que ahorre $28.000 al mes durante dieciocho meses y podrá pagar en efectivo el equipo de $500.000. Nota: si no puede ahorrar ese dinero tampoco podría pagar las cuotas, y no piense que podría pagarlas con el aumento del ingreso, porque no todo sale siempre como se planea.

2. *Arrendamos hasta poder pagar en efectivo.* Si Bill estuviera todavía arrendando la excavadora en vez de haberla comprado no estaría tan cerca de perder su negocio. Cuando comencé mi negocio en la sala de mi casa, no tenía una copiadora, de modo que alquilé una de Kinko's pagando por copia. Alquile hasta que su negocio sea tan rentable que pueda permitirse comprar en efectivo y para entonces puede que ya usted no quiera ser el dueño del equipo.

Tengo un magnífico estudio de radio y televisión de cerca de $500.000 en equipo. No empezamos así, sin embargo; empezamos en el radio usando los estudios de una estación local desde la que yo transmitía. Esto significa que durante cuatro años atravesaba la ciudad todos los días para hacer mi programa de radio. Era difícil, pero durante todo ese tiempo aprendí mucho acerca de los equipos, lo que significó que cuando compré los míos no cometí errores. Y por supuesto no tenía deudas sobre el equipo que me llevaran a tomar decisiones desesperadas. Nunca olvidaré cuando finalmente teníamos ahorrado lo suficiente para construir nuestro pequeño estudio de radio. Pusimos orgullosamente la nueva adición en dos armarios, instalando una pieza de vidrio entre ellos. Teníamos muchas piezas de equipo y mobiliario usados. Los cuartos ni siquiera eran a prueba de ruidos así que tuvimos que acordonar el extremo de la oficina cuando estábamos al aire porque la charla de la gente en el pasillo se oiría en nuestra transmisión. Compramos un buen micrófono, pero mi mesa de transmisiones era pequeña, una mesa redonda llena de rayones y abolladuras de la parte trasera del cuarto de suministros. Le perforamos unos huecos en la "madera" para poner el micrófono y estábamos listos para la carrera.

Lenta y gradualmente, ahorramos el dinero para

construir un estudio un poco mejor, y luego otro, después agregamos el equipo para el estudio de televisión, y ahora estamos haciendo suficiente dinero para continuar mejorando mientras seguimos adelante. Pero nunca tomamos préstamos y nunca tuvimos que hacerlos; comenzamos usando el equipo de otras personas.

3. *Trabajamos con servicios externos para no endeudarnos.* Toda compañía contrata servicios externos para algo. Y cuando no puedes hacer un hoyo, hay alguien por ahí que tiene una excavadora y quisiera hacer el trabajo. Nosotros pagamos cerca de $10 millones en imprentas y no tenemos ni una sola impresora. Compramos comidas para nuestros empleados todas las semanas y les proporcionamos comidas para eventos mensuales en nuestro centro de conferencias, y no tenemos un chef. Tiene más sentido contratar externamente —económicamente, desde el punto de vista de la gerencia, para evitar deudas.

Cuando su negocio está empezando o esté creciendo rápidamente debe alquilar el local donde va a radicar. Me encanta comprar propiedades como inversión pero he encontrado que la mayoría de las veces es una mala idea, hasta que usted haya estabilizado el negocio. Muchas compañías están afectadas por la ubicación, y cuando usted esté comenzando puede cometer un error al seleccionar la ubicación. Ser propietario de la ubicación equivocada le puede ocasionar que le toque permanecer en ella más tiempo del que debiera. He visto que muchas empresas tratan de que su negocio se acomode al edificio en vez de que el edificio se acomode al negocio. Inclusive he oído a gente decir que ¡no quisieran crecer más porque tendrían que agrandar el edificio que es de su propiedad!

Después de estar en negocios por cinco años y su crecimiento se puede predecir, estará preparado para ahorrar algún dinero para comprar algo en efectivo. Como ya lo dije, hice un buen negocio con el edificio en que estamos pero las reparaciones y las funciones operacionales algunos días provocaron que me convirtiera en el casero en vez de concentrarme en lo que me produce el dinero, mi negocio. Si debo revisar las propuestas para poner un nuevo techo en mi edificio, esta no es una actividad que produzca ingresos. Hay algo que se debe decir acerca de dejar al casero que esté en el negocio de bienes raíces hacer su trabajo para poder dedicarle a tus negocios. Una vez que tengas el dinero y tu negocio no vaya muy pronto a ser más grande que tu compra, entonces puedes considerar comprar una edificación si logras una buena oportunidad a buen precio. Sino, también está bien alquilar durante todo el tiempo que dure su empresa.

4. *Compramos usado.* Cuando comenzamos y cuando compramos nuestras primeras cosas grandes, compramos cosas de primera calidad pero usadas que eran centavos en vez de dólares, buenas oportunidades a buen precio. Las primeras mesas tenían sillas metálicas muy buenas, nuevas podían habernos costado $400 cada una y las compramos usadas por $10 cada una, a pesar de un color verde muy feo. Necesitábamos solo algo presentable y funcional para comenzar. Creo que todavía tenemos la mesa, pero las sillas se fueron hace tiempo. Ya no compramos cosas usadas come esas, pero esas compras todavía representan parte de las utilidades. No sea tan orgulloso que no pueda comenzar con equipo usado.

Los ahorros mueven el mundo

Los lunes, a mediodía, hacemos una reunión de liderazgo con mis cuatro principales líderes. Durante los primeros años de la empresa la llamábamos "reunión de gerencia" y discutíamos todos los detalles en curso de la empresa. Tratábamos asuntos de personal, la situación de caja, compras, tecnología y cualquier otra cosa que necesitáramos contemplar para mantener el negocio andando.

Hay tres cosas muy importantes en las que he implementado la "sensatez de la esposa": uno, en la contratación de personal, como ya indiqué con anterioridad; dos, en las grandes decisiones, como en aquella ocasión en la que mi esposa Sharon me llevó al edificio donde ahora estamos; y tres, en las reuniones de gerencia, a las que Sharon asistía en los primeros tiempos. Lo hacía con pocas ganas y, en honor a la verdad, pasaba la mayor parte del tiempo en silencio. Nos sentábamos e intentábamos resolver qué sistema telefónico comprar mientras ella bostezaba. Hoy en día no asiste a tales reuniones, pero su sensatez en aquellos primeros días sigue siendo legendaria en nuestra cultura empresarial.

Recuerdo un lunes en el que estábamos muy quejumbrosos. Sé que usted jamás se pone así, pero igual allí estábamos en nuestra reunión de gerentes quejándonos. Nos quejábamos por lo apretados de dinero que estábamos y porque todo parecía indicar que jamás alcanzaríamos la cima. Nos quejábamos por el hecho concreto de que si uno de nuestros clientes no nos pagaban pronto, no iba a ser para nada fácil pagar la nómina el viernes siguiente. En breve, estábamos celebrando un ágape de autocompasión sobre lo duro que estaba el negocio. Mi esposa de pronto alzó la voz y opinó: "Sé por qué ustedes están sin dinero". Incrédulo, alcé los ojos al cielo y le dije a mi esposa, la ama de casa, que nos iluminara. La mujer dijo: "La razón por la cual no tienen dinero es porque ustedes son una manada de hipócritas". Me estaba poniendo furioso y le dije, "A ver, ¿se puede saber de qué estás hablando?" y ella replicó: "Se la pasan diciéndole a la gente por radio, en libros y en seminarios por todo el país que deben tener un fondo para emergencias y sin embargo no tienen uno en este negocio". Caramba, tenía razón. Odio eso.

Inmediatamente supe que mi mujer estaba usando el sentido común y que no teníamos ahorros en beneficios no distribuidos. Cuando los árboles no nos dejan ver el bosque siempre conviene tener un leñador a mano. Ese mes, y desde entonces todos los meses, ponemos un porcentaje de nuestras utilidades netas como beneficios no distribuidos. En Proverbios se lee: "Hay en la casa del sabio un tesoro inestimable; pero el hombre sin juicio disipará todo". En otras palabras, la gente sabia ahorra. Hasta el día de hoy la cuenta con los beneficios no distribuidos se llama "el fondo Sharon" porque fue en efecto así como empezó.

Más que un mero fondo de emergencia

Los beneficios no distribuidos se utilizan para tres cosas: emergencias, inversiones para el negocio y para capitalizar oportunidades. La meta debiera ser tener unos seis meses de capital operativo ahorrado en efectivo. Es muy probable que no sea esa su situación en este momento y que le tome todavía un buen tiempo alcanzar ese monto en beneficios no distribuidos, pero es una buena meta a alcanzar en el mejor de los mundos posibles.

Y no se trata de un mero fondo de emergencia, aunque quizá sí es esa la función más importante de los beneficios no distribuidos. Cuando alcanzamos cierto nivel de liquidez (flujo de caja), nuestro negocio podrá sortear las tormentas. Las tormentas en los negocios son distintas a las de nuestra vida personal, pero de alguna manera son lo mismo. Las tormentas son lo mismo en tanto que son inesperadas, pero eso sí, vienen de distintas direcciones. En nuestra vida personal podemos perder un puesto mientras que en el negocio podemos pasar un par de meses horribles tratando de cobrarle a nuestros clientes. Ambas cosas implican una pérdida inesperada de ingresos, pero igual son ligeramente distintas. En un negocio podemos llegar a tener gastos inesperados como son los sobrecostos en un trabajo o reemplazando la pieza de un equipo que se estropea, mientras que en casa podría ser por ejemplo un daño en la transmisión del auto. De manera que las emergencias, los incidentes inesperados, en el fondo no son tan inesperados, lo que ocurre es que no sabemos en qué sabor vendrán. Es sabio esperar la inesperada pérdida en

> **Es sabio esperar la inesperada pérdida en utilidades o el incremento de los gastos.**

utilidades o el incremento de los gastos. De hacerlo, permanecerá en servicio y operando con muchísimo menos estrés.

Invierta en su compañía favorita

Los beneficios no distribuidos se utilizan para más cosas que el mero fondo de emergencia. También nos es posible continuar desarrollando nuestro negocio sin endeudarnos simplemente asignando algo de nuestro efectivo para futuro crecimiento. Cuando tenemos el dinero podemos lanzar un nuevo producto o contratar gente muy talentosa o intentar un nuevo enfoque de mercadeo. Cuando hacemos algo similar a lo anterior con nuestro dinero arduamente ganado, seremos mucho más sensatos respecto a cualquier inversión orientada al crecimiento que lo que lo seríamos con dinero prestado. El dinero prestado, por algún motivo, no parece real.

Tengo un líder que ya lleva más de una década conmigo que es muy conservador con el efectivo, demasiado. Tuvimos una reunión con uno de los líderes de su departamento que no estaba dispuesto a tomar el menor riesgo de mercadeo y yo intentaba convencerlos de que tomaran el riesgo de cometer algunos errores no fatales para poner en movimiento la máquina de mercadeo. Sugerí que, en lo que concernía a los siguientes sesenta días, me gustaría que implementaran ideas de mercadeo por un valor de $10.000. Les pedí que se aventuraran por ahí e intentaran algo, porque nada ocurre mientras estamos sentados en la oficina contando monedas. Yo estaba siendo un poco sarcástico, pero ellos debieron interpretarme literalmente porque pronto habían invertido $10.000 en un mercadeo que no sirvió para nada. Bueno, supongo que me la busqué, pero al menos teníamos el dinero para invertir en el negocio e intentar algunas cosas. No le estoy sugiriendo que se precipite o que obre de manera impulsiva, pero el efectivo ahorrado nos permite tomar riegos calculados de manera segura.

La oportunidad está tocando a su puerta

La otra cosa para lo que el efectivo ahorrado es muy bueno es para sacarle provecho a las grandes oportunidades que surjan.

Es posible, por ejemplo, comprar inventario a centavos de un proveedor en problemas. Es más, con dinero en efectivo, en ocasiones podríamos comprar completamente a un competidor también con centavos. Para mí la palabra oportunidad se deletrea así: N-E-G-O-C-I-O. Algunas veces todo tipo de oportunidades nos pasan por las narices pero no podremos aprovecharlas a menos de que tengamos el efectivo.

A fines de la década de 1990, estábamos suministrando contenido para un sitio web financiero de una empresa nueva durante el *boom* de las compañías punto com. La joven empresa era un clásico negocio punto com: habían recurrido a capital de riesgo para montar una idea que luego cotizarían en la bolsa. La idea estaba consumiendo dinero efectivo a un ritmo lento y todavía no habían recibido un centavo en utilidades. Ya conoce la historia: no lo lograron.

El tipo que la dirigía nos llamó para contarnos que estaba cerrando el negocio y que podíamos comprarle el mobiliario completamente nuevo de su oficina. En realidad no necesitábamos muebles de oficina, pero el tipo insistió y fue un gran negocio. Fui a mirar los muebles; se trataba de unas terminales de trabajo marca Steelcase de primerísima calidad, algunas fabulosas mesas de junta y escritorios ejecutivos. Muebles que ni siquiera habían llevado al edificio, de manera que en todo ese mobiliario ni siquiera se habían sentado. El tipo me mostró la factura de compra que ascendía a casi $300.000. Le aseguré que no quería sus cosas y mucho menos que después se fuera por el mundo contándole a la gente que yo lo había pateado cuando estaba caído. Me repitió una y otra vez que se trataba de dineros de capital de riesgo y que a nadie le importaba; su tarea era limpiar y quería hacerlo de una vez.

Discutimos el asunto con mis líderes e intentamos llegar a una cifra que de no comprar estuviéramos cometiendo una estupidez. Resolvimos que $21.000 sería una suma bastante cómoda teniendo en cuenta nuestra situación de caja, pensando muy particularmente que lo que íbamos a hacer no era más que almacenar todo hasta que lo necesitáramos. El tipo aceptó nuestra baja oferta y nosotros compramos ese mobiliario más o menos a siete centavos de dólar. No puede, o por lo menos no debe, hacer eso si no tiene el efectivo. Cuando la oportunidad toca a su puerta, solo si tiene dinero en efectivo puede abrirla.

Sea generoso

Sea generoso con sus productos, servicios y utilidades. En su libro, *The Little Red Book of Wisdom*, el autor Mark DeMoss cuenta una historia sobre John D. Rockefeller. El fundador de Standard Oil, que murió en 1937, fue uno de los magnates más ricos del mundo de los negocios. En vida donó el equivalente a cinco mil millones de dólares de hoy. En sus palabras contó así su historia: "Tuve que trabajar desde niño para ayudar a mi madre. El monto de mi primer sueldo era de $1,50 a la semana. Después de mi primera semana de trabajo le llevé ese dinero a mi madre. Ella lo puso en su regazo y me comentó que la haría muy feliz si yo donaba una décima parte al Señor. Así lo hice, y a partir de aquella semana hasta el día de hoy, he contribuido con mi diezmo por cada dólar que Dios me ha confiado. Y quiero decir que, de no haber hecho eso con el primer dólar que gané, tampoco lo hubiera hecho cuando gané mi primer millón de dólares".*

Ser generoso es el sello distintivo de la gente que lleva vidas exitosas y que opera sus negocios con alma. Si la única razón por la cual usted opera su negocio es el lucro personal, se encontrará vacío por dentro porque es una persona superficial. Algunas de las más grandes alegrías de alcanzar el éxito están asociadas a actos de generosidad para con su equipo, sus clientes y su comunidad.

Como cristiano evangélico que soy, creo en dar el diezmo de mis ingresos. Lo que significa que Sharon y yo donamos una décima parte de nuestros ingresos personales a nuestra parroquia. No encontramos nada en la Biblia que diga que debemos sacar el diezmo de los ingresos de un negocio sino solo después de haber llevado ese ingreso a casa. De manera que casi nunca donamos nada directamente desde la empresa. Llevamos las utilidades e in-

---

* Rockefeller citado en Mark DeMoss, *The Little Red Book of Wisdom*, pág. 96–97.

gresos de la empresa a casa, donde aportamos nuestro diezmo y hacemos otras donaciones.

Donar desde la casa nos evita donar desde la empresa en calidad de publicidad para anunciar lo maravillosos que somos. La matemática del asunto termina siendo la misma cuando se dona desde la casa, pero conserva con mayor pureza nuestros motivos y nos permite mucho más anonimato. En nuestro caso tenemos una fundación familiar que mantiene las cosas separadas.

Sin embargo, si bien casi todas nuestras donaciones en efectivo las hacemos desde la casa, mantenemos un espíritu generoso en la empresa. Queremos ser generosos con nuestro equipo, donamos libros para subastas silenciosas, ese tipo de cosas. Si usted es dentista, la familia inmediata de su equipo debiera recibir el cuidado dental gratis. Si es dueño de un almacén de ruedas, su equipo no debe andar con ruedas lisas. Asigne un dinero en su proceso contable para impulsar permanentemente un espíritu de generosidad. Encontrará que los dividendos en forma de sonrisas y satisfacción personal compensarán con creces los dólares entregados.

Mi amigo, el rabino Daniel Lapin, describe la tradición judaica de la ceremonia del Havdalah en su libro *Thou Shall Prosper*. Es quizá una de las más bellas metáforas que yo haya visto para aquello de poseer un negocio y contemplar debidamente la prosperidad. En sus palabras: "Al tiempo que el Sabbath declina cada noche de sábado, las familias judías se preparan para el trabajo productivo que vendrá la semana que entra cantando el hermoso *Havdalah*... el himno del *Havdalah* se recita ante una copa de vino que rebasa sobre un platillo que ponen debajo".

Esta copa que rebasa simboliza la intención de producir durante la semana que entra no solo lo suficiente para llenar nuestra copa sino también un excedente que rebasa para beneficio de otros. En otras palabras, mi obligación es, primero, llenar mi copa y luego, seguir vertiendo vino en ella de manera que tenga suficiente para darle a otros y así ayudarlos a iniciar sus propios esfuerzos.

Me parece entender que lo que dice allí el rabino es que primero debemos ganar lo suficiente para cubrir nuestras necesidades y antojos razonables, pero que debemos seguir ganando simplemente para dar. De seguir esta fórmula, su negocio será algo muchísimo más satisfactorio.

Poner en práctica los principios

Quizá ahora se esté preguntando por dónde empezar y cómo implementar algunos de estos principios. La mayoría son obvios, por ejemplo, aquello de llevar mejor la contabilidad, incluyendo elaborar un presupuesto preciso. Simple y llanamente deje de comprar cosas que no necesita para producir una ganancia o que se compran con el único propósito de ahorrar dinero en impuestos.

Si encuentra que su negocio está en deuda o sin suficientes beneficios no distribuidos, siga la fórmula que recomiendo: reduzca sus ingresos personales sacados del negocio a un modesto salario para vivir, el mínimo necesario para que su familia pueda vivir. Luego, utilice la mayoría de las utilidades que quedan después de haberse pagado su sueldo mínimo en reducir la deuda, y utilice un porcentaje menor para engrosar el efectivo disponible.

Hace poco se me acercó un asistente a uno de nuestros eventos de empreliderazgo. El hombre administraba una bonita imprenta. El negocio le dejaba unas utilidades de cerca de $200.000 al año y se llevaba todo para la casa, de manera que no tenía efectivo en el negocio y tenía una deuda por la compra de equipos de $150.000. Le recomendamos reducir el dinero que se llevaba a casa a $60.000 al año (¡ayayay!) y el tipo resolvió dirigir el 80% de las utilidades a pagar la deuda y el 20% a reservas de tesorería. Si su negocio continúa como ha venido haciendo, el hombre invertiría $112.000 al año en pagar la deuda y al mismo tiempo ahorraría $40.000 en efectivo. Una vez en ese punto, podría comenzar a llevar más dinero a casa, pero sin embargo resolvió crecer su efectivo a un ritmo del 20% de las utilidades netas hasta tener ahorrados seis meses de capital operativo.

Para redondear

Suena tan elemental y poco complicado cuando lo repito una vez más... pero la verdad es que los negocios en realidad no son tan difíciles. Eso sí, nos toca cumplir los principios básicos o de lo contrario no triunfaremos. Haga sus presupuestos y lleve su contabilidad, evite endeudarse, no compre lo que no sea necesario para hacer ganancias, ahorre efectivo y siempre sea generoso. Al cumplir estos puntos básicos con mano firme y creciente elaboración, se encontrará administrando una operación estable y gratificante.

La verdad es que los negocios no son tan difíciles. Eso sí, le toca cumplir los principios básicos o de lo contrario no triunfará.

10

El mapa para llegar a la fiesta

*Comprenda la innegable relación entre la buena
comunicación y las buenas empresas*

Cuando estaba en la universidad mis abuelos me permitían vivir gratis en su casa de veraneo al lado de un lago. Entiéndanme bien: ¡estudiante universitario, junto a un lago y gratis! El único inconveniente era que quedaba a cuarenta kilómetros del campus... y cuarenta kilómetros nada fáciles si vamos a ello. Este tramo en particular incluía sortear pasos de ganado, curvas, doce desvíos, caminos rurales y todo tipo de fauna y flora silvestre. Cada viaje era una aventura. Ahora, estar en la universidad y cerca del lago significaba que, por ley federal, era menester armar fiestas frecuentes en la residencia veraniega y lacustre de los Ramsey. En los tiempos en los que aún no existía el Internet ni los teléfonos celulares ni los dispositivos GPS, tuvimos que aprender el arte de "dar direcciones". Las indicaciones para llegar a estas fiestas eran un mapa burdo dibujado en una hoja de papel que se parecía a uno de esos mapas del tesoro acompañado de instrucciones por escrito donde se indicaban cosas como "cuando cruza la línea del ferrocarril se ve un camino a la derecha, no lo tome". Nuestros mapas eran famosos.

Las fiestas eran formidables, pero los paseos de quienes iban y volvían por primera vez a la casa del lago crearon verdaderas leyendas. Perderse es una cosa, pero perderse en las agrestes campiñas de Tennessee al tiempo que se nos hace realmente tarde para llegar a una fiesta es otra cosa. La cantidad de veces que, a lo largo de los años, he llegado tarde a una fiesta y me he enfurecido en serio por culpa de unas instrucciones mal dadas o por la falta de instrucciones a secas es realmente absurda. No más esta semana ofrecimos una cena en casa y el GPS de los invitados los desvió por lo menos quince kilómetros, de manera que terminamos trayéndolos a casa por medio de indicaciones a través del celular y llegaron treinta minutos tarde. Todo salió bien, pero me recordó una vez más lo frustrante, incluso lo enervante, que pueden ser unas indicaciones mal dadas o la falta de ellas.

Su negocio es una fiesta. Y usted ha invitado a su equipo a la fiesta. Si les da unas buenas indicaciones, todo el mundo va a pasarla muy bien en la fiesta. Pero si su negocio se parece a la mayoría de los negocios, entonces usted será terrible en el arte de dar instrucciones y la única comunicación que se va a dar será una comunicación muy pobre. En el mundo de los negocios la comunicación es el mapa para llegar a la fiesta. Si disponemos de un gran mapa, pues cabe esperar una gran fiesta. Pero la mayoría de los negocios no tienen un gran mapa.

Una de las cosas que distingue a las compañías que triunfan es que su comunicación es muy deliberada y eficaz. De hecho, la meta de todo emprelíder debiera ser crear una cultura empresarial de comunicación. La comunicación es como el aceite en los piñones. Es posible que tengamos unos maravillosos engranajes y piñones en nuestra compañía, pero si no lubricamos con aceite ese motor, igual se paralizará y terminará por detenerse del todo. Cuando la mano derecha no sabe qué hace la izquierda, es mucha la frustración y desconfianza que puede llegar a irrumpir.

Si quiere crear una empresa en la que sea divertido trabajar, en donde la productividad y la creatividad sean muy altas y en donde en efecto le dé gusto liderar, debe crear una cultura de comunicación.

Son muchas las cosas que causan la falta de comunicación, pero hay dos razones principales para que eso ocurra: una, que las compañías no le dan prioridad a la comunicación, y dos, que quienes dirigen son tan arrogantes o tímidos que intencionalmente se comunican menos. En cualquiera de los dos casos la falta de comunicación empieza a sembrar la discordia y la desconfianza dentro del equipo. Si queremos levantar una empresa en la que sea divertido trabajar, en donde la productividad y la creatividad sean muy altas y en donde en efecto nos dé gusto liderar, debemos crear una cultura de comunicación.

Lo primero que hace la falta de comunicación es generar frustración. Y la frustración se convertirá en ira y luego se transformará en desconfianza generalizada entre los miembros del equipo y también respecto a quienes dirigen la compañía. La desconfianza por último deviene en miedo. La encuesta Deloitte de 2010 ("Ethics and Workplace Survey") reveló que el 48% de los empleados que tienen planes de dejar una compañía quieren hacerlo por falta de confianza en sus empleadores y el 46% alega que su principal fuente de descontento en el lugar de trabajo obedece a la falta de transparencia en la comunicación por parte de los directivos de su organización.*

Cuando se dirigen a su equipo, muchas compañías recurren a lo que podríamos llamar una "comunicación para hongos", algo así como: manténganlos en la oscuridad y aliméntenlos con boñiga. Hacer esto no solo refleja falta de visión sino que resulta catastrófico cuando se trata de crear un ambiente que atraiga y conserve el talento, que sea creativo y productivo y que nos permita delegar con confianza.

Cuando un equipo no sabe qué es lo que está pasando en la compañía, por definición deja de ser equipo y entonces terminamos más bien con empleados y no con miembros de equipo. Cuando el equipo no sabe qué es lo que está pasando, el temor y la ira se instalan. Cuando la gente no conoce la verdad, por lo general deja crecer un montón de basura negativa en sus cabezas que suele ser diez veces peor que la realidad. Si las directivas no se conocen por su transparencia y calidad, si no practican la comunicación total, la más sencilla declaración se exagera hasta convertirse en una catástrofe en las cabezas de los empleados. Si

---

* *New York Post*, 26 de julio de 2010, www.nypost.com/f/print/news/national/gets_third_economy_ame ricans_will_fdKUJmux9W0r04dJc43cnN.

el equipo no puede confiar en que sus directivas están dando una información completa, entonces una declaración tan sencilla como "excedimos el presupuesto y por tanto tenemos que aumentar las ventas" desencadenará todo tipo de rumores, antes de que el día haya terminado, en los que se afirma que van a salir de más de la mitad del personal porque las ventas están muy bajas. La mayoría de la gente optará por la versión "diez veces peor" cuando las directivas no se han ganado su confianza diciéndole toda la verdad. Por lo tanto, cuando la comunicación no es buena, el temor, la frustración, la ira y la desconfianza se convierten en la cultura de la empresa. Y todo eso conduce a una cultura interna de secretos, chismes y miles de oportunidades perdidas. Tristemente, esto es cierto en casi todas las compañías.

La mayoría de la gente optará por la versión "diez veces peor" cuando las directivas no se han ganado su confianza diciéndole toda la verdad.

Si usted es uno de esos líderes que no se comunica bien porque no es proactivo al respecto, yo lo puedo ayudar a cambiar rápidamente la cultura interna de su compañía con un par de procesos básicos para crear comunicación de buena calidad. Pero lo más importante para cambiar su compañía es *su* compromiso en lo que concierne a crear una cultura de comunicación. Es necesario que usted *realmente* quiera que la mano izquierda sepa qué está haciendo la derecha.

Ahora bien, si usted es el tipo de líder que no se comunica bien debido a la falta de confianza en su equipo o a su arrogancia que lo lleva a pensar que "esa gentecita" no necesita toda esa información, entonces es muy probable que yo no pueda ayudarlo. Contratar al equipo indicado y luego confiarle toda la información con la seguridad de que sus miembros tienen la madurez emocional suficiente para escuchar toda la historia es uno de los sellos distintivos del emprelíder. Así las cosas, en el caso de que usted sea este último tipo de líder, necesitará un verdadero cambio de corazón respecto a lo que piensa de su equipo antes de que pueda convertirse en un emprelíder, un líder de verdad; por el momento no es más que un jefe.

Métodos de comunicación

Comparta el sueño: cuente la historia

Su equipo no podrá administrar su tiempo camino a la construcción de su sueño si usted no les cuenta cuál es su sueño. La comunicación es la que se encarga de mover el balón entre todo el equipo, en lo que va de los sueños hasta el manejo del tiempo que significa productividad. Los líderes deben compartir una y otra vez los sueños, las visiones, las declaraciones de objetivos y las metas con su equipo. Recuerden la advertencia de Andy Stanley de que cuando se trata de compartir nuestra visión debemos hacerlo veintiún veces antes de que nuestro equipo la digiera y empiece a creer en ella. El emprelíder expone una y otra vez los sueños de la organización y qué debe hacer su equipo para llegar allí. Como líder, si aún no está harto de repetir la misma cosa una y otra vez, lo más probable es que no se haya comunicado con su equipo.

Como líder debe aprender a contar el cuento de su compañía y su historia. Al tiempo que le cuenta a su equipo la historia de sus luchas y victorias una y otra vez son muchas las cosas que ya está logrando, cosas como ilustrar a su equipo sobre el sistema de valores de su empresa cuando ven cómo reaccionó para bien o para mal en una situación dada en los viejos tiempos. También les deja saber que forman parte de algo que es más grande que ellos. Si los miembros de su equipo saben que están participando en algo grande, eso, además de brindarles energía y creatividad, le deja saber a la prima donna que nunca falta que es muy probable que usted pueda sacar lo suyo adelante sin su ayuda... en el caso de que el tipo no se conecte con la cultura que aquí impera.

Con frecuencia cuento historias en mis reuniones de personal de victorias ganadas en pasadas batallas. Siempre les recuerdo a los miembros de mi equipo que son valiosos y que el futuro es nuestro. Pero ese futuro es nuestro porque está basado en la manera cómo triunfamos en el pasado. Hace poco alcé en mi mano una moneda de una libra esterlina y leí la leyenda grabada en el borde de la moneda: "De pie a hombros de gigantes". Y luego hablé sobre los sacrificios y esfuerzos que han hecho algunos de los miembros de nuestro equipo que han estado conmigo durante décadas. Quería que toda esa gran reserva de talento joven recibiera el mensaje de que vamos a triunfar, que son importantes, pero que de pie entre ellos hay unos grandes guerreros de antaño y que por tanto deben ser respetuosos.

La comunicación en tiempos difíciles

Los problemas nunca faltarán. Los problemas entrarán a su empresa. Nadie se escapa, de manera que resolver cómo comunicarse al respecto antes de que lleguen es absolutamente esencial. La gente emocional y espiritualmente madura y con buena salud mental puede lidiar con los problemas y comunicarse durante una crisis. Es probable que cuando haya que lidiar con basura sea uno de los momentos más importantes para comunicarse con su equipo. Cuando hay basura con la que tenemos que lidiar, recurrimos a un par de reglas.

La primera, cuando en duda, comparta *más de la cuenta*. Cuente más detalles y más partes del cuento de lo que quisiera contar. Ahora, esto es un asunto riesgoso y debe hacerse con mucha clase... y con una advertencia. A lo largo de los años he tenido que hacerlo varias veces y siempre empiezo hablando de la responsabilidad: le dejo saber a mi equipo que estoy contando más de la cuenta y que espero que tengan la madurez suficiente para guardarse esta delicada información. Les recuerdo que tenemos una política de nada de chismes, de manera que, si tienen algún comentario o pregunta deben llevárselas a las directivas o guardárselas para sí. Le recuerdo al equipo que queremos ser una empresa especial con niveles de comunicación muy altos y que al contar más de la cuenta estoy cumpliendo con el anterior propósito y que la parte que a ellos les corresponde es ser suficientemente maduros como para hacerle honor al proceso actuando como adultos con clase. Decir más de la cuenta me asusta, pero tener una empresa normal me asusta mucho más.

La necesidad de comunicar problemas la pueden suscitar distintos tipos de situaciones. Por primera vez en la historia de nuestra compañía tuvimos un par de trimestres en los que las ventas bajaron. Traté directamente el meollo de los problemas con los líderes y con algunos departamentos en particular de nuestra empresa. También compartí en términos generales, no en dólares contantes y sonantes, con todo el equipo la necesidad de que remediáramos el problema. Nosotros no solicitamos préstamos, de manera que la única opción que teníamos era enfrentar este bajón pronto y enmendarlo porque de continuar la tendencia no podríamos conservar a todo el personal. Expliqué una vez más que, en último término, todos trabajábamos por cuenta propia y que, así las cosas, lo mejor que podíamos hacer era actuar en consecuencia y darle vuelta al problema de ventas. A cada uno de los miembros del equipo se le pidió que mejorara por lo menos en un 5% lo que fuera que hiciera y les prometí que, de hacerlo, veríamos un cambio. Expresé en voz alta delante de todo el equipo que compartir esta información de manera abierta podría generar un miedo irracional, pero que yo estaba dispuesto a tomar el riesgo porque tenía la certeza de estar trabajando con adultos capaces de cargar con la realidad y no con niños a los que había que contarles la fantasía de que todo venía marchando bien cuando eso no era cierto. En calidad de líder, tales conversaciones dan miedo, pero siempre tomaré el riesgo de llevarlas a cabo.

En segundo lugar, jamás hiera o avergüence en público a nadie cuando comparta un problema cruzando la raya del decir más de la cuenta. A lo largo de los años he tenido que lidiar varias veces con tipos que se vuelven adictos a la pornografía en Internet. En aquellas ocasiones en las que no nos fue posible llevarlos a un lugar de sanción, tuvimos que pedirles que salieran de la compañía. Jamás he pronunciado un nombre cuando trato este asunto con el equipo. Sin embargo, ocasionalmente le recuerdo al equipo que hay gente que ha salido de la empresa por abuso del Internet. Les recuerdo que yo soy el dueño de las computadoras y los buzones de correo electrónico que utilizan y que por tanto deben renunciar a su derecho a la privacidad cuando usan mis equipos. Esto último me suena terriblemente intervencionista, controlador y ofensivo al tiempo que lo escribo, pero la privacidad no significa demasiado para quienes llevan una vida limpia y hacen lo correcto.

Sistemas de comunicación mecánicos

Una vez haya decidido que una gran cantidad de comunicación será una prioridad para usted y su equipo, entonces tendrá que recurrir a métodos básicos para comunicarse. Recuerde que para crear un espíritu, en medio de la cultura de su empresa, que anhele y busque triunfar, la comunicación es el único camino para generar esa atmósfera triunfadora. No implemente estos procesos o sistemas en una compañía donde las directivas no hablen permanentemente sobre lo importante que es la comunicación. Los métodos de comunicación no tienen energía alguna si se dan en medio de una cultura que no aprecia el valor de la comunicación. Por el contrario, cuando implementa sistemas desprovistos del espíritu de la comunicación, los sistemas hundirán a su equipo antes que elevarlo. Presupuestos e informes se convierten en mero papeleo odioso cuando no entiendo lo valiosos que son.

Reuniones de personal

Cuando recién empezábamos y nos convertimos en un equipo que ya llegaba a cerca de diez personas, un buen día nos enfrascamos todos en una gran discusión. La tensión y la frustración hicieron crisis y la cosa no fue nada bonita. Una vez calmados nos sentamos a examinar lo que había ocurrido. Concluimos que en efecto sí confiábamos en la competencia e integridad de unos y otros. Comprendimos que constituíamos un grupo de muy apasionados campeones haciendo esfuerzos por asegurarse de que el área de cada cual triunfara. También comprendimos que el hecho de que la mano derecha no supiera qué hacía la izquierda nos llevó a desconfiar de la competencia, integridad e incluso las intenciones de unos y otros. En ese momento nacieron nuestras reuniones de personal.

Clavamos una estaca en el suelo y establecimos que todos los lunes, de ocho y media a nueve y media de la mañana, habría una reunión obligatoria para todos los miembros de nuestra pequeña pandilla. Nuestras primeras reuniones fueron muy rudimentarias y fundamentalmente consistieron en cada cual contando en qué había trabajado la semana anterior y en qué trabajaría en la entrante. Así al menos todos sabíamos qué hacían los otros. De manera inmediata, incluso en esa temprana etapa, empezamos a ver cómo se disipaban la frustración y la desconfianza. Y también empezamos a ver algo que no esperábamos: la sinergia. Cuando sabemos qué batalla libra nuestro compañero de lucha, nos es posible con frecuencia aportar conocimiento y establecer conexiones con nuestra propia red de operaciones... e incluso unirnos a la batalla. Bueno, pues nada de eso venía ocurriendo. Así, haber perdido una hora a la semana, una "hora de trabajo", aumentó de manera increíble nuestra productividad. Y la productividad aumentó porque se crearon sinergias, pero también porque todos nos queríamos y respetábamos más.

De modo que hoy, con un equipo de más de trescientos miembros, seguimos reuniéndonos los lunes por la mañana. Se convoca al líder de cada departamento para que comparta cualquier cosa buena o mala que esté ocurriendo en su área. Celebramos juntos las victorias y juntos lamentamos las bajas. Hoy en día un informe departamental puede incluir fotografías o videos presentados en las pantallas. Presentamos a los recién llegados a toda la compañía y los aplaudimos para darles la bienvenida. Hablamos sobre utilidades y ventas. Leemos correos insultantes y cartas fanfarronas sobre nuestro impresionante servicio al cliente interno o externo. Hablo sobre nuestros valores o principios operacionales básicos para recordarle a todo el mundo quienes somos como tribu. Anunciamos los cumpleaños una vez al mes y cantamos el *cumpleaños feliz* (cursi, ¿verdad?) mientras repartimos una torta después de la reunión. Rifamos boletos para fútbol americano o béisbol. Por lo general abandonamos ese salón, a primer hora los lunes por la mañana, sincronizados todos en la misma página y estimulados para enfrentar la semana entrante.

Los miércoles en la mañana nos reunimos de nuevo en grupo durante una hora. Es nuestra hora de devoción e invitamos a un pastor, a un orador motivacional o incluso a un artista de renombre por sus grabaciones musicales para que inspiren a nuestro equipo. Además de levantarnos el ánimo, esta reunión nos da otra oportunidad para hacer anuncios sobre la compañía entera de manera personal. Estas dos horas de "cierre" de la compañía para asegurarnos de que todos estamos leyendo la misma partitura ha dado tremendos resultados.

Hay muchas razones por las cuales gozamos de una cultura fabulosa pero, si usted le preguntara a mi equipo a qué le atribuirían ese buen espíritu, muchos de ellos contestarían que valoran sobremanera estos momentos que pasamos juntos. Si maneja usted una empresa, debe hacer reuniones de cuerpo presente con tanta frecuencia como sea posible y razonable. Si se trata de una empresa muy grande, haga reuniones departamentales. Si su equipo está repartido geográficamente, reúnalo por Internet y obligue una reunión presencial por lo menos un par de veces al año.

Reuniones fijas

Jamás querríamos tener tantas reuniones que no pudiéramos adelantar trabajo. Muchas compañías que han perdido su alma se lo deben a eso. Pero por el otro lado, la mayoría de los empresarios que apenas comienzan nunca tienen una reunión regular y en consecuencia terminan saltando de incendio a incendio en una especie de trastorno deficitario de atención hiperactivo que los deja exhaustos y que no es productivo. Lo digo porque lo sé; lo hice. Cuando empecé a liderar un equipo solía aparecerme a la puerta de alguno de los miembros cada vez que tenía una pregunta o un trabajo por hacer. Y ninguno de nosotros lograba hacer nada porque nos pasábamos todo el día interrumpiéndonos los unos a los otros.

Una vez empezamos a tener reuniones fijas a la misma hora y el mismo día del calendario todas las semanas, dejamos de importunarnos unos a otros. Todos los lunes en la mañana, de once al mediodía, me reúno con mis dos vicepresidentes ejecutivos, mi director de operaciones y mi jefe de finanzas. Los cinco constituimos el equipo básico de líderes. En esa reunión hablamos de todo. Se trata además de algunos de los miembros mejor pagados de la empresa, de manera que juntarlos cada vez que surja una pregunta sería realmente muy costoso. De modo que cada uno de nosotros llega a esa reunión con una lista de cosas a discutir con el grupo y pasamos una hora muy productiva. Con la excepción de enfermedad, vacaciones o algún asunto realmente importante, jamás faltamos a esta reunión.

También tengo una reunión fija con cada uno de mis vicepresidentes ejecutivos una hora a la semana y con mi jefe de finanzas ídem de ídem. Así nos evitamos (ellos y yo) atiborrarnos de correos electrónicos o de voz y visitas a las oficinas a lo largo de toda la semana. Estas reuniones fijas no son solo muy valiosas por aquello de la productividad, sino que brindan otro beneficio del que al principio no me di cuenta. Celebrar la misma reunión a la misma hora durante ya casi dos décadas, le dio ritmo a mi/nuestra semana. Si por algún motivo una de tales reuniones se cancela un par de semanas seguidas, empezamos a presentir que algo anda mal por dentro. No, las reuniones no son una mera medida de seguridad; cumplen un papel muy valioso, de modo que cuando faltamos a ellas, todos empezamos a registrar emocionalmente que algo anda mal. Y cuando algo anda mal, perdemos contacto con nuestra operación y unos con otros.

Correos

Los correos de voz, los correos electrónicos y los mensajes de texto son eficientes pero un mecanismo peligroso para comunicarse con su equipo. Son eficaces porque con ellos nos es posible despachar un mensaje rápido a uno o más interesados. Sin embargo, son peligrosos porque están desprovistos de lenguaje corporal y tono. La comunicación no verbal da cuenta de entre el 80 y el 90% de un mensaje en vivo. Cuando olvidamos lo anterior nos podemos ver involucrados en disputas por correo electrónico con la gente. He pecado de hacerlo y me parece estúpido. Y peor que pelear por correo electrónico es pelear por correo electrónico recurriendo a la opción "responder a todos". En breve, todo parece indicar que el correo electrónico es muy eficaz pero la pérdida de sentido o significado obliga a más reuniones para enmendar la comunicación imperfecta, de modo que tenga cuidado.

Informes semanales

Nos oponemos a cualquier cosa que pueda parecerse a la burocracia en muchas organizaciones grandes. Cuando cualquier cosa nos parece nimia, mezquina, inútil, política o que no ama a al gente como es debido, calificamos tal cosa de "corporativa". Si escucha a un miembro de nuestro equipo calificando algo de "corporativo", lo que quiera que sea es un insulto. Por supuesto que sabemos que tal insulto no cubre a todas las organizaciones grandes, pero un número suficiente de nosotros ha trabajado para tontarrones que exigen trabajo inútil como para resistirnos con toda la firmeza del mundo a que semejante sensación se manifieste en nuestra cultura.

Cuando nuestra empresa se hizo lo suficientemente grande y se me volvió imposible estar encima de todo el mundo, me encontré deseando saber en qué andaban todos. Y también quería asegurarme de que andaban en algo. Pensé entonces que quizá me gustaba la idea de exigirle a cada miembro del equipo que redactara un informe semanal indicando qué había hecho esa semana, pero tan pronto como se me ocurrió la idea me eché para atrás sintiendo que me estaba volviendo "corporativo". "Informe semanal" suena demasiado a papeleo inútil realizado por un zángano metido en un cubículo que odia su trabajo. Horrible. Con todo, estaba educando a mi equipo en el buen manejo del tiempo y por tanto quería poder verificar que ciertas cosas pertinentes estuvieran haciéndose.

Entre más cabeza le echaba a la idea del informe semanal más y más me daba cuenta de que no era el informe lo que odiaba... era el miedo a parecer o ser "corporativo". De manera que hoy por hoy nuestros informes semanales no los escriben para mí; todo miembro de equipo redacta un resumen semanal de una página para sí mismo. Si una persona es parte de mi equipo es menester que quiera triunfar y por tanto ser capaz de medirse para asegurarse de que triunfa. ¿Qué objetivo tiene bajar de peso si no lo comprobamos subiéndonos a una balanza?

Entonces todo miembro de nuestro equipo redacta para sí mismo cada semana un informe contestando la siguiente pre-

gunta: "¿Por qué debe alegrarse Dave de que yo trabaje aquí?".
Dejamos que cada miembro del equipo diseñe su propio informe
sirviéndose de las pocas pautas que enumero a continuación. El
informe no puede pasar de una página. En la parte superior del
informe registran el sueldo que les pago y el resto de la página lo
dedican a decir por qué yo debiera alegrarme de eso.

Punto alto, punto bajo

Cada informe debe registrar el punto alto de la semana y el punto
bajo. Cuando le pedí a mi equipo que hiciera eso por primera vez
fui tan ingenuo que asumí que tanto los puntos altos como los
bajos tendrían algo que ver con nuestro negocio, su trabajo. No
señores; los miembros de mi equipo anotaron allí la más extraña
información personal que ustedes se puedan imaginar. Tuve la
tentación de volver sobre ellos en las reuniones de personal y decirles que limitaran sus altos y bajos al negocio, pero entonces empecé a entender que toda esta información sobre lo que rondaba
en sus cabezas era valiosa para crear y fortalecer las relaciones y
para dirigirlos bien.

Si el punto alto de la semana es algo así como "Este fin de
semana voy a ir por primera vez en mi vida a un partido de fútbol
profesional, gracias por los boletos", ¿de qué me estoy enterando?
En primer lugar, tendré que verme por lo menos treinta segundos
con esa persona al salir de la reunión de personal y preguntarle
qué le pareció el partido. En segundo lugar, comprendo que mis
tipos en recursos humanos, quienes se encargan de comprar los
boletos para regalar, necesitan algo de retroalimentación positiva
dado que su programa ha tenido buena acogida. En tercer lugar,
en mi calidad de abonado que recibe todos los boletos de la temporada, debo recordar que para mucha gente eso es una gran cosa.
Perspectiva. ¡Qué tal la cantidad de conclusiones a partir de un
pequeño fragmento de comunicación!

Si el punto bajo es "Me molesta que papá no haya llamado
para mi cumpleaños", ¿de qué me estoy enterando? De que debemos tener en cuenta los asuntos de esa persona con su padre. No
olvidar por ningún motivo hacer algo para su cumpleaños el año
entrante. Dependiendo de cuál sea mi relación o la de su líder con

la persona en cuestión, quizá lo apropiado no sería más que pasar por su oficina y darle un abrazo.

"Mi perro está enfermo", "Mamá está enferma", "Acabo de recibir el cheque más gran que jamás haya recibido", "Acabo de salir de deudas", "Tengo problemas en mi matrimonio", "Terminé con mi novio", "Bajé dieciséis kilos de peso", "Corrí mi primer maratón" y "Me encanta mi trabajo" son solo unos pocos de los puntos altos y bajos que he leído en tales informes. Un material valioso en extremo porque percibimos que nuestro equipo está conformado por personas a las que les ocurren las cosas que le ocurren a la gente real todo el tiempo. Jamás les pedí que hablaran cosas personales, simplemente lo hicieron.

El deber del informe

Si usted y sus líderes no leen y responden a la información que los informes contienen, el mensaje que estará enviando es que la comunicación y los informes no son importantes. Si lee que una persona ha batido un récord en ventas, déle un espaldarazo tan pronto termine de leer el informe. Si en el informe se menciona un problema, trate el problema, pero más importante aun, déjele saber a quien redactó el informe que usted está al tanto. Si valora la información que recibe, y debiera hacerlo, déjele saber a la persona en cuestión que usted está haciendo algo al respecto. Lea los informes y responda a ellos todas y cada una de las semanas... o no pida que los hagan.

Evaluación anual

Aquí vamos otra vez... otro de esos procesos que algunas empresas "corporativas" hacen y que quisiéramos evitar a toda costa. Las evaluaciones anuales con frecuencia son aquella única vez en la que una persona recibe verdadera retroalimentación sobre su trabajo y desempeño personal, y también el momento único en el que recibe un aumento de sueldo.

En nuestro lugar el trabajo y el desempeño personal reciben continua retroalimentación, casi semanal, ya sea positiva o negativa. Yo no espero un año para corregir errores que transcurren ahora. Los miembros de mi equipo tampoco deben esperar un año para presentar sus problemas a las directivas; ambas cosas son ridículas. Es más, los miembros de mi equipo ni siquiera necesariamente reciben un aumento de sueldo solo una vez al año cuando cumplen el aniversario de su fecha de ingreso; pueden no merecerse un aumento o pueden llegar a recibir dos y hasta tres aumentos en el curso de un año.

Por las anteriores razones nosotros no hacemos revisiones o evaluaciones anuales, pero sí hemos encontrado que un chequeo anual es valioso. A todo lo largo del año tratamos el asunto del desempeño, el miembro del equipo tiene muchas oportunidades para presentar sus problemas y hacemos (o no) aumentos salariales. Sin embargo, como acabo de decir, hemos encontrado que programar una reunión fija por lo menos una vez al año garantiza aun más que revisemos sin falta el salario de todos los miembros del equipo y también de otorgarles una instancia más en la que les es posible presentar sus problemas o ideas respecto al futuro. Hemos visto que personas que se resisten a programar una reunión expresamente orientada para tratar un conflicto, se destapan en esta reunión. Pero *no* utilizamos esta evaluación anual para discutir el asunto del desempeño laboral; les exijo a mis líderes que lo anterior sea una discusión fluida, continua y permanente.

Áreas de resultados clave

La descripción de un cargo es comunicación. Cuando formulamos con claridad por escrito cuáles son las áreas de resultados claves para un cargo particular, nos hemos comunicado. Así, las ARCs son un tipo esencial de comunicación porque nos obliga a establecer y definir permanentemente qué entendemos por triunfar a los ojos de nuestro equipo. Estamos comunicando que triunfar es hacer aquellas tres o cuatro cosas con pasión, creatividad y actitud positiva. Si los miembros del equipo no lo están haciendo, pues entonces están perdiendo y más les vale que cambien. Este tipo de comunicación con mucha frecuencia brilla por su ausencia en muchas empresas.

Administrar al caminar por ahí

No hay comunicación de mejor calidad que la que se da personalmente. Tenemos la ventaja del lenguaje corporal, el tacto, el tono, el contacto visual y más de mil otras pistas no verbales que hacen que la comunicación sea completa. Tom Peters, en su maravilloso libro *En busca de la excelencia*, examinó compañías extraordinarias para develar sus atributos. Leí el libro hace décadas y todavía recuerdo varios de los puntos señalados. Una de las cosas que menciona es el administrar al caminar por ahí. Yo lo entiendo simple y llanamente como liderazgo en la práctica.

Y la manera como implemento este tipo de comunicación consiste en que, por lo menos un par de veces por semana, llamo por celular a mi asistente y le digo en broma que voy a dar una vuelta por el edificio para propagar el odio y la disensión. Y salgo con mi pequeño bloc amarillo de notas en mano a caminar lentamente a lo largo y ancho del edificio para sentir como están las vibraciones. Recurro a algunos de los altibajos mencionados en los informes para felicitar o consolar a alguien si me topo con ellos. Y voy en busca también de negligencia y desorganización. Escucho conversaciones telefónicas a hurtadillas. Algunas veces simplemente me instalo frente al escritorio de alguien y les pregunto por sus vidas y negocios. Puedo recorrer toda mi compañía en unos treinta minutos y le tomo su temperatura. Esto es lo que yo considero la cultura de mi compañía comunicándose conmigo. El ambiente en el aire es comunicación. Y también le he manifestado a mi equipo que, dando esa vuelta, me importan y preocupan, que no vivo encerrado en mi torre de marfil.

> El problema más grave de la comunicación es la ilusión de que se logró.
> —George Bernard Shaw

Sam Walton era conocido por acompañar a sus chóferes de reparto y por las visitas espontáneas a los locales de Wal-Mart. Cuenta la leyenda que solía decir que aprendía más sobre su compañía viajando con los chóferes de sus camiones de reparto y viendo cómo se comportaba la gente durante una visita al azar de los locales que con todo lo que le pudieran decir sus informes. Comunicaba y era comunicado caminando por ahí.

Conclusión

En aquellas compañías que no se toman muy en serio la comunicación impera el caos y se engendra el fracaso. Su equipo, por definición, no se puede llamar equipo a menos de que sus miembros (y usted) compartan un sueño, una visión, una misión y unas metas. Y la única manera en la que se pueden compartir todas las anteriores es a través de una comunicación constante, deliberada y de calidad. Seth Godin dice: "Una turba es una tribu sin líder y sin comunicación". Mis instrucciones pues a un emprelíder es que dirija el camino mecánica y culturalmente generando comunicación de calidad.

11

La gente es lo que más importa

Cree unidad y lealtad con su mejor recurso

Mi asistente personal es una mujer muy dura, de manera que cuando levanté la cabeza y la vi desde mi escritorio en la puerta de la oficina con lágrimas rodándole por las mejillas y un patrullero de tránsito de pie a su lado, se me hizo un nudo en el estómago. En ese mismo instante pensé en mi esposa y mis hijos. ¿Qué demonios había ocurrido?

Es increíble la rapidez con la que procesamos situaciones y estímulos visuales como ese. El patrullero dijo que traía muy malas noticias. Había ocurrido un accidente, un estrellón de frente que había acabado con la vida de una joven madre y su pequeña hija; solo el crío más pequeño, un bebé, había sobrevivido. Se trataba de la familia de un joven que trabajaba para mí. Le preguntamos al agente si podíamos informar al hombre, y el patrullero dijo que sí, pero que él debía estar presente para asegurarse de que la triste noticia había sido transmitida. El corazón me palpitaba a mil y la cabeza me daba vueltas. ¿Cómo decirle a un hombre que su esposa e hija ya no están con nosotros? Apenas si podía respirar. Avisamos al departamento donde trabajaba para que por favor le dijeran que se acercara a mi oficina y fue entonces cuando nos enteramos de que no estaba en el edificio. ¿Dónde diablos estaba entonces? Dios, la cosa se estaba poniendo cada vez más fea.

Una vez encontramos a su líder, comprendimos que debía estar trabajando con nuestro equipo encargado de organizar eventos en vivo, montando un escenario a más de ciento cincuenta kilómetros de distancia. Dada la magnitud del accidente, la noticia iba a salir en las noticias de la noche, de manera que el agente insistió en que se le avisara al hombre cuanto antes. Fletamos un jet para que fuera a recogerlo y en cuestión de minutos el avión ya estaba volando, de modo que para cuando por fin logramos ponernos en contacto con el hombre, el jet ya casi llegaba. Llamamos al líder que estaba en el lugar y le indicamos que por favor él, y otro par de colegas, se reunieran en el cuarto de un hotel con el joven esposo. Con toda la tristeza del mundo tuvimos que darle la terrible noticia por teléfono y luego enviarlo de inmediato derecho al aeropuerto acompañado de uno de nuestros líderes al mando del jet para su mayor consuelo. Logramos que su familia y un pastor estuvieran esperándolo cuando aterrizó el avión de vuelta, de modo que lo recibió tanta gente que lo amaba como fue posible en ese horrible momento de necesidad. Fue uno de los días de liderazgo más duros que yo pueda recordar.

¿Cómo pudimos tomar decisiones con tanta rapidez y buen juicio en una situación tan tensa? ¿Cómo supimos qué hacer en medio de semejante crisis sin titubear? Sencillo. Todas las interacciones con nuestro equipo, en cualquier situación, las manejamos siguiendo una regla muy sencilla: la Regla de Oro. Sé que ya lo dije antes, pero debemos aprender a tratar a la gente como quisiéramos que nos traten a nosotros si nos interesa la lealtad y la unidad en nuestra empresa. Sabía exactamente qué era lo que debía hacer: todo lo que estuviera en mis manos para minimizar el dolor extremo que la vida le había infligido a este joven.

Liderar en pos de la lealtad

¿Sabe usted por qué la mayoría de los empleados no son leales con sus compañías ni fieles a sus directivas? Porque sus compañías y directivas no les son fieles a ellos. Mi esposa no dejaba de repetirles a mis hijos mientras crecían que, si uno quiere tener amigos, uno debe ser un amigo. Si queremos lealtad, debemos ser leales. Demasiada gente en el mundo de los negocios ha perdido de vista el hecho de que los miembros de su equipo son seres humanos, que son gente. Demasiada gente en el mundo de los negocios se ha hecho tan superficial que todos sus intercambios son transaccionales y no relacionales. La gente en nuestra nómina no son unidades de producción, son gente. Tienen sueños, metas, penas y crisis. Si los pisoteamos o no nos tomamos la molestia de comprometernos relacionalmente con ellos, todas nuestras operaciones van a ser una lucha.

"Tratar a otros como queremos que nos traten a nosotros mismos" es un principio esencial del emprelíder. Cuando usted esperaría ser elogiado, elogie. Cuando usted esperaría un aumento salarial, haga el aumento. Cuando usted necesitaría capacitación, ofrezca capacitación. Cuando necesitaría unos días de gracia, dé unos días de gracia. Cuando usted esperaría una reprimenda, reprenda. Cuando usted se siente perfectamente competente y por tanto le gustaría que lo dejen en paz para que siga adelante y cumpla con su tarea, retírese y deje que la persona competente ejecute su tarea.

La gente de calidad, bueno, en realidad toda la gente, necesita ser tratada con dignidad. Si quiere que su equipo participe en su sueño y ejecute lo que quiera que sea su menester con toda la pasión que tiene, es necesario que lo vean a usted cuidando de ellos personalmente y tratándolos con dignidad.

En alguna ocasión contratamos a una superestrella en mercadeo para que nos consiguiera unos muy buenos e importantes contactos. Definimos con toda claridad sus áreas de resultados clave y establecimos su remuneración de manera que para cuando pescara uno o dos peces grandes el tipo se hiciera de una muy buena cantidad de dinero. Tras unos seis meses de trabajar para nosotros, nos llegó con un negocio de un millón de dólares. El tipo fue demasiado creativo con un cliente que estaba mordiendo el anzuelo y le vendió algo completamente por fuera de lo que lo habíamos contratado para que vendiera. Nosotros comprendimos, y también él, una vez se firmó el negocio, que en la estructura de su remuneración se establecía de manera específica que no se le pagaría por negocios por fuera de su área. Sin embargo, igual la decisión de pagarle se tomó de manera inmediata. El pobre tipo había pasado tanto tiempo en malas empresas, que se había vuelto cínico y por tanto no podía creer que una compañía en efecto le pagara un dinero que técnicamente no le correspondía. Lloró cuando recibió el cheque; fue impresionante.

La decisión la tomamos instantáneamente. ¿Cómo? Porque eso es lo que yo quisiera que alguien hiciera conmigo si yo le llego con un negocio de un millón de dólares. ¿Qué si el tipo está entusiasmado y convencido? Por supuesto. ¿Qué si será leal? Claro que sí. ¿Me creería usted que si este tipo oye a alguien en cualquier lugar o momento hablar mal de mí, dicha persona con seguridad se va a ver envuelto en una pelea? Eso es la lealtad. Pero aun mejor, el tipo estará motivado, muy motivado para traer otro par de negocios más de un millón de dólares, porque sabe que

> **Si quiere que su equipo participe en su sueño y ejecute lo que quiera que sea su menester con toda la pasión que tiene, es necesario que lo vean a usted cuidando de ellos personalmente y tratándolos con dignidad.**

cuenta con mi respaldo, que se le pagará. Tristemente algunas empresas miopes hacen justo lo contrario. Se ahorran el dinero que le hubieran pagado, pero pierden su confianza, su lealtad, su motivación y su creatividad. Toda esa pérdida por ahorrarse una comisión realmente es un mal negocio.

Integridad fervorosa

La lealtad surge también de una ciega, fervorosa integridad. Que su *sí* sea un *sí* y su *no* un *no*. Cuando se compromete a pagarle a alguien, páguele. Jamás desatienda el pago de la nómina. Le vendría mejor salir de personal si su compañía está pasando por dificultades que mantener ese mismo personal allí y que sus cheques les sean devueltos. Diga siempre la verdad, en los buenos y en los malos tiempos. Sea muy transparente sobre cómo y por qué se toman las decisiones y sobre los retos que el equipo enfrenta.

No interrumpa el pago cuando una persona esté produciendo;

lo único que logrará es que la persona empiece a no gustarle producir. Una empresa no puede atraer y conservar personas con talento cuando las maltrata a ellas y a la gente que las rodea.

La integridad también significa regularidad. Cuando reaccionamos del mismo modo siempre y en toda ocasión similar, no nos toca imprimir un folleto con los valores de la empresa porque la gente los ve en vivo todos los días. Mientras más previsibles seamos en asuntos de principios, valores y cultura, formará más líderes y miembros de equipo, personas en quienes podrá delegar con tranquilidad. Y podrá delegar en ellos porque ellos sabrán qué hacer porque lo han aprendido viendo su integridad. La lealtad surge y una cultura de calidad ocurre cuando el emprelíder es una persona que se comporta de manera previsible, positiva y proactiva en todos los asuntos y ante toda oportunidad. La gente solo se deja dirigir cuando se siente valorada y es tratada con dignidad.

> **Cuando reaccionamos del mismo modo siempre y en toda ocasión similar, no nos toca imprimir un folleto con los valores de la empresa porque la gente los ve en vivo todos los días.**

Conozca a su equipo. Apréndase los nombres de sus hijos, de sus esposas y entérese de sus sueños. Averigüe su historia... todo el mundo tiene una. Asista a los funerales, vaya al hospital y jamás se pierda un nacimiento. Cada vez que disponga del poder o las conexiones o el dinero para ayudarles a llevar sus vidas, hágalo, siempre.

He alcanzado un punto en el que el tamaño de mi empresa no me permite, por mera logística, involucrarme con tanta profundidad en la vida de todos los miembros de mi equipo. Pero eso no significa que la cosa no se esté haciendo. Mis líderes, a todos los niveles, deben asegurarse en serio de que permanecen en contacto con su equipo en particular.

Si piensa que por lo anterior ahora me comporto con imprudencia o de manera histérica, le cuento que no. Tengo la meta de llegar hasta el fin de mis días y que una de mis grandes alegrías sea no solo haber triunfado en los negocios sino en cómo triunfé en los negocios. Ninguno de nosotros llegará al final de nuestros días pensando que debimos haber hecho un negocio o un dólar más; cuando nuestra vida llega a su fin, comprendemos lo que en verdad es importante: la gente y cómo la tratamos.

Su equipo está observando y, del mismo modo que nuestros hijos, sus miembros prefieren toda la vida ver un sermón antes que oírlo.

La unidad

Uno de los caballos más grandes y más fuertes del mundo es el conocido caballo de tiro belga. Se realizan competencias para ver cuál caballo puede arrastrar más peso; uno de esos caballos puede tirar hasta cuatro mil kilos. Pero lo curioso es que, si con un arnés se juntan dos caballos belgas que no se conocen el uno al otro, juntos pueden tirar entre diez y doce mil kilos. Es decir, dos pueden arrastrar no el doble sino tres veces más que uno solo. Esto es un buen ejemplo del poder de la sinergia. Sin embargo, si los dos caballos se criaron y adiestraron juntos, aprenden a tirar y pensar como si fueran uno, en cuyo caso este par puede arrastrar no doce mil kilos sino entre quince y dieciséis mil kilos. Es decir, la pareja unificada puede tirar hasta cuatro veces más que uno de los caballos solo. Cuatro mil kilos de más simplemente porque lo hacen al unísono. Pero, ojo, la unidad nunca es sencilla ni se alcanza fácil.

Son muchos los ejemplos que podríamos tomar del básquetbol o el fútbol americano en donde puede haber unas superestrellas que en realidad son unos patanes tan centrados en sí mismos que lo único que aportan es la desunión del equipo. Muy rara vez un grupo de superestrellas conforma un equipo deportivo de ensueño. La mayor parte de las veces más parecen una guardería infantil llena de pataletas y caca. La mayoría de los fanáticos de un deporte, y también la mayoría de los atletas, añoran respectivamente ver jugar o jugar con el jugador que no es egoísta. Es sorprendente ver cómo un equipo bien dirigido de jugadores bien unidos de segundo orden con frecuencia derrota a las grandes figuras, si las grandes figuras no están unidas.

En los negocios con frecuencia cometemos el mismo error. Podemos llegar a creer, equivocadamente, que si solo contratamos gente talentosa triunfaremos en el negocio. De manera que en algunas compañías contratan a un grupo de personas talentosas y dentro de ellas hay varios de estos cabrones. Dada la presencia de algunos de estos personajitos, nadie en el grupo quiere ayudar al esfuerzo común y entonces la falta de unión deshace lo que el talento aporta y, juntos, pierden. Yo preferiría tener un grupo de jugadores de segundo y tercer orden apasionados y unidos que un grupo de superestrellas contrariadas. Con seguridad mi pequeña pandilla de tipos unidos ganará casi siempre.

El famoso "milagro sobre el hielo" de 1980 es prueba del principio de unidad. Ese año, mientras conformaba el equipo olímpico de jockey sobre hielo, Herb Brooks, el director técnico, rechazó a algunos de los más talentoso jugadores de la época. Su comentario fue que no estaba buscando a los mejores jugadores sino a los jugadores *indicados*. Herb quería jugadores que jugaran con el corazón en la mano, sin particularidades, para así crear una tremenda unión. Esa unidad en un grupo de jugadores más bien desconocidos logró una de las más grandes victorias deportivas ese año al equipo ganarse la medalla de oro contra todo pronóstico.

Para crear la unidad

La unión, como tantas otras cosas en este libro, rara vez se encuentra en muchas compañías, pero siempre se encuentra en las *grandes* compañías. La unión, como tantas otras cosas, debe crearse intencional y deliberadamente en la cultura de su empresa. La gente naturalmente no se une; para que lo haga debe ser liderada. Para crear una cultura de unión debemos lograr que nuestro equipo participe en una causa más grande, superior a los motivos egoístas de sus miembros. La unidad solo se puede crear cuando el equipo no solo sabe que la compañía cuida de ellos sino que también los miembros del equipo cuidan unos de otros. Los miembros de nuestro equipo solo llegarán a estar unidos cuando estén también dispuestos a renunciar a la gloria personal o su triunfo para bien de todos y cada uno de ellos y de la causa. Este fenómeno es tan raro, que cuando nos topamos con un grupo unido no podemos menos que contemplar con admiración la belleza del asunto.

La gente naturalmente no se une; para que lo haga debe ser liderada.

Cinco enemigos de la unidad

En mis esfuerzos por construir la unidad de mi equipo he descubierto, a las malas, cuáles son las cosas que acaban con la unidad. He comprendido también que si mantenemos estos cinco enemigos de la unidad a raya, cada vez nos unimos más. La unidad nos brinda un excelente ámbito de trabajo donde la productividad, el servicio al cliente y las ganancias que resultan ocurren con mucha más naturalidad.

1. La mala comunicación

La mala comunicación genera falta de unidad. Y la cosa es tan importante que todo el capítulo anterior lo dedicamos a ese tema. Para recapitular: si la mano derecha no sabe qué está haciendo la izquierda, la desunión, la ira y la frustración terminan por ocupar nuestra empresa. Por definición, un equipo solo es un equipo cuando está unido, cuando juega unido, cuando está sintonizado. Si quiere un equipo maravillosamente unido y todas las cosas buenas que eso conlleva, tendrá que trabajar muy duro para generar y conservar altos niveles de comunicación.

2. La falta de un propósito común

La falta de un propósito común también genera falta de unidad. Si los miembros del equipo no comparten las metas de quienes lideran y de unos y otros, no habrá unidad. De nuevo, esto es tan importante que inicié este libro hablando de los sueños que conducen a la visión que lleva a la misión, y ésta, a las metas. Las metas compartidas crean unidad. No puede haber unidad allí donde no hay una meta común, una misión común, una visión común que devienen de un sueño común. Si quiere un equipo maravillosamente unido y todas las cosas buenas que esto conlleva, tendrá que trabajar muy duro para crear una visión y unas metas comunes.

3. Los chismes

No soporto los chismes. He pecado de hacerlo y he visto a la gente haciéndolo y, francamente, el chisme es burdo y nocivo. El chisme en la cultura de una empresa acabará con todas las cosas buenas por las que luchamos con tanto esfuerzo. Es imposible pensar en unidad con un grupo de chismosos. La naturaleza misma del chisme es lo contrario de la unidad. En vez de acercar a la gente entre sí, la aleja. Y todo el mundo sabe de manera inherente que no puede confiar en un chismoso.

El chisme sobre la empresa o sus líderes es una forma particularmente dañina de la deslealtad. Y suicida, cuando la persona chismosa hiere y le hace daño al lugar y a la gente que le paga para que pueda alimentar a su familia. ¿Por qué demonios puede querer alguien que su empresa fracase?

Odio tanto el chisme que, después de haberlo soportado al comienzo decidí imponer un política contra los chismes en mi compañía. Nadie puede chismorrear y trabajar para mí. Si uno de mis líderes o yo sorprendemos a un miembro del equipo chismorreando, se lo advertimos la primera vez y, a la siguiente, lo despedimos. Sí, en efecto he despedido gente por chismorrear, y lo haré de nuevo. El chisme es malo, dañino, insidioso y contagioso. Erradique el chisme si quiere unidad. En Proverbios se lee: "Guarda de angustias su alma el que guarda su boca y lengua".

La gente que trabaja para nuestro equipo con seguridad cargará con sus frustraciones. Tendrá sus problemas y en ocasiones tendrá disgustos. Si no padecieran ninguna de las anteriores es probable que no los necesitáramos. La mayoría de la gente que contratamos la traemos para que desarrolle o arregle algo, cosa que implica problemas desde donde quiera que se mire. Cuando chocan con alguien o no están contentos con sus líderes o con otro miembro del equipo, necesitan saber qué entendemos por chisme para poder evitarlos. Sabemos que los miembros del equipo tendrán problemas. Pero lo que importa es cómo los manejan.

Los problemas o las quejas están bien, pero deben hacérsele saber a las directivas. Los problemas y las quejas que se transmiten hacia abajo o lateralmente son por definición chismes y por tanto implican el riesgo de que ese miembro del equipo sea despedido. Una vez tuvimos a un hombre que forcejeaba permanentemente con su líder. Se enfrentaron, y ambos eran talentosos. Pero el hombre cometió el error de compartir su frustración con la persona encargada del apoyo en ventas del grupo. Se lo advertimos una vez y luego el hombre resolvió compartir sus quejas con otras dos personas, de manera que, desde entonces, ya no trabaja con nosotros.

La persona de apoyo en ventas no puede hacer nada para ayudarlo con sus molestias, de modo que eso es chisme. Una vez tuve una joven señora que procesaba pedidos cuya computadora era una porquería. Los de información y tecnología habían hecho mal su trabajo de repararlo o cambiarlo, de manera que tenía una queja genuina. Pero la mujer cometió el error de sentarse con nuestra recepcionista y ventilar durante quince minutos el poco interés que mostraban los directivos y que los de informática eran unos incompetentes y que no entendía cómo Dave permitía que esa situación continuara así. Mi recepcionista jamás ha reparado una computadora o presupuestado la compra de una, de manera que no podía hacer nada para ayudar a esta tonta chismosa. Si quería que le repararan la computadora debió intentar hablar con alguien que pudiera hacerlo.

Pase las cosas negativas hacia arriba y las cosas positivas hacia abajo. De lo contrario el asunto empezará a sonar peligrosamente a chisme.

En fin, igual la gente chismosa también suele ser la más tonta. La gente capaz de grandeza no tiene tiempo para el chisme. Como alguna vez dijo Eleanor Roosevelt: "Las mentes pequeñas hablan de la gente, las mentes mediocres de los acontecimientos y las grandes mentes de ideas".

La buena noticia es que la gente de calidad también odia el chismorreo. Una vez disponemos de una cultura que odia abiertamente el chisme y valora el estupendo ambiente que se respira en una "zona libre de chismes", todo el equipo se autovigila, cosa que por lo demás resulta de gran ayuda. Si un miembro nuevo o descarriado del equipo empieza a chismorrear, otros miembros le recordarán que eso puede ser causa de despido y "aquí no hacemos eso". He visto eso ocurrir muchas veces en mi empresa y es realmente divertido observar cómo reacciona la gente ante la presión positiva de sus colegas. Si desea tener un equipo fabulosamente unido y todas las cosas buenas que eso conlleva, tendrá que trabajar muy duro para mantener el chisme a raya en su organización.

4. Los desacuerdos sin resolver

Cada vez que algunos de los miembros de su equipo tengan un desacuerdo es menester que lo resuelvan. Los desacuerdos sin resolver paralizan a la gente. Recuerde que hay ciertos niveles de madurez y ciertos estilos de personalidad que no soportan el conflicto. El conflicto los debilita y tienen que resolverlo. Los conflictos que no se resuelven crecen y crecen y acaban con la unidad.

Los desacuerdos sin resolver permanecen así cuando el emprelíder no se entera de su existencia. Eduque a su equipo en la solución de conflictos o a que hablen de ellos de manera abierta y franca con sus líderes o directivas para que así reciban ayuda para resolver sus problemas. Una de las cosas bonitas de los puntos altos y bajos de la semana que se redactan en los informes semanales es que los conflictos suelen quedar registrados allí, lo cual nos abre una oportunidad para ayudar a resolver el problema.

Una semana cualquiera, mientras revisaba los informes semanales del equipo, noté que una de nuestras mujeres del equipo de asistencia en ventas había anotado como su punto bajo lo siguiente: "Odio cuando la gente no me deja hablar". Lo primero que pensé fue: *Ay, mujer, un poquito más de fibra y supere el asunto*. Pero luego me puse a recapacitar intentando descifrar qué sería lo que realmente estaba diciendo. Y sospeché que en realidad la mujer estaba pidiendo ayuda, de manera que le pedí a su líder que averiguara el asunto.

Resultó ser que a aquella joven mujer, que estaba embarazada, la tenía muy molesta un comentario que le hizo una colega de cincuenta y pico de años pasando por un mal día. Veamos... una mujer encinta y una mujer de cincuenta y pico... nada de hormonas implicadas ahí, ¿verdad? Las sentamos a las dos juntas, la mayor se excusó, ambas lloraron y terminaron por hacerse grandes amigas, y la mujer de más edad incluso se convirtió en la mentora de la nueva madre durante años. Pero eso solo fue posible gracias a que el liderazgo intervino y no permitió que un desacuerdo inocente continuara creciendo sin resolverse.

No puedo exigirles a todos los miembros de mi equipo que se caigan bien ni que se conviertan en los mejores amigos extra muros. Pero sí puedo exigirles que se respeten unos a otros y acepten que, aunque tenemos estilos y formas de ser diferentes, compartimos una integridad y una intención. Cuando es necesario, nos sentamos y hablamos hasta alcanzar ese punto de acuerdo.

Algunas veces los desacuerdos no se resuelven porque las personas responsables del liderazgo se acobardan o no quieren tomarse la molestia de involucrarse en el drama. Pero parte del asunto de dirigir un equipo consiste en ayudar a sus miembros a que se acerquen entre sí, porque de lo contrario se distanciarán. Los emprelíderes deben tener el coraje de lidiar con los conflictos y deben tomarse la molestia de implicarse en el drama. Hay algunos días en los que honestamente me he sentido como si estuviera en un salón de belleza con melodrama suficiente como para un Oscar de la Academia, pero tenemos que lidiar con eso si queremos gestar una cultura de calidad basada en la unión. Si queremos un equipo maravillosamente unido y todas las cosas buenas que eso conlleva, tenemos que trabajar muy duro para asegurarnos de que todos los desacuerdos se resuelvan.

5. La incompetencia tolerada

John Maxwell dice: "Tolerar la incompetencia desmoraliza". Cuando un miembro del equipo es incompetente, por la razón que sea, y los responsables del liderazgo no actúan, los miembros buenos del equipo se desmoralizan. *¿Para qué matarme trabajando si este tipo no lo hace?* Una pregunta así puede entonces llegar a volverse incesante en las cabezas de todo el mundo en la compañía. Y de ser así, los miembros del equipo que están bien motivados se vuelven la excepción y no la regla si toleramos el mal comportamiento.

Con frecuencia ocurre que los miembros del equipo toman una dirección a partir de la manera en que nosotros tratamos a otros miembros del equipo. Toda la vida he luchado entre ser amable con la gente, darle todas las oportunidades para que le den un giro a su desempeño cuando no están a la altura y, por otro lado, no permitir que su mal desempeño se propague por todo el lugar.

Tuve una asistente en la compañía que simplemente jamás iba a llegar a donde necesitaba ir. La mujer carecía de las herramientas mentales necesarias para subir a ese punto en donde podría desempeñarse con excelencia en su papel. Sin embargo, es una de las personas más adorables que yo haya conocido. Todo el mundo la estimaba y quería que triunfara. Y precisamente porque todo el mundo la adoraba y en efecto era adorada, dejamos que su bajo rendimiento se prolongara durante un año más de lo debido. Hasta que finalmente empezamos a percibir que todo el mundo entornaba los ojos clamando al cielo cada vez que se asignaba su nombre a un proyecto. No entornaban los ojos literalmente, pero quedaba esa sensación en el aire de que a la mujer le estaban regalando un pase de cortesía.

Finalmente comprendí que, aun en las más amables de las circunstancias, cuando le permitimos a alguien que no es excelente quedarse, no le estamos haciendo un favor a nadie. Pero además, con esta mujer, no teníamos correctivos específicos que ofrecerle; era como estar ante un enorme nubarrón gris de incompetencia.

Lo que ocurrió cuando finalmente nos deshicimos muy delicadamente de ella fue increíble. Esa jugada envió el mensaje a todo el equipo de que sus directivos y líderes en efecto eran competentes.

Y también el mensaje de que aunque los queramos mucho, igual tienen que desempeñarse con excelencia.

Como ya se dijo en el capítulo 7, la única ocasión en la que les permitimos a los miembros de nuestro equipo desempeñarse a un nivel por debajo de la excelencia es cuando les extendemos un período de gracia para que superen un problema personal. Somos tan delicadamente rudos en esto del desempeño que, cuando alguien rinde por debajo de lo que debe, el resto del equipo automáticamente asume que no se trata de que el liderazgo de la empresa sea cobarde o incompetente, sino más bien que estamos dando una prorroga de gracia para sobrellevar una cura.

Creo que la mayoría de quienes lideramos cometemos errores precisamente por ser muy lentos a la hora de actuar en instancias de incompetencia o, de lo contrario, por proceder con demasiada rudeza y rapidez. Encontrar el equilibrio entre las dos cosas es duro, pero igual en ocasiones este asunto del liderazgo es más un arte que una ciencia. La mayoría de los líderes tienen la tendencia a ser muy lentos o demasiado rápidos al actuar. Encuentre cuál es su tendencia y dé dos pasos en la dirección contraria; entonces verá cómo se equilibra la cultura interna de su equipo.

Si somos demasiado prestos a despedir a alguien debido a asuntos de desempeño, podemos propagar un espíritu de miedo y entonces nos veremos en problemas para generar lealtad. Y si somos muy lentos al despedir a alguien por asuntos de desempeño, nos pueden empezar a ver como personas débiles o que no estamos en contacto con las operaciones que requiere la empresa. Trabajar en busca de este equilibrio entre jamás tolerar la incompetencia y sin embargo otorgarle al miembro del equipo en cuestión todas las oportunidades posibles para que logre salir adelante es una señal de que nos estamos convirtiendo en un emprelíder. Y al hacerlo veremos una verdadera unidad creciendo al tiempo con la lealtad. Si queremos un equipo maravillosamente unido y todas las cosas buenas que eso conlleva, tenemos que trabajar muy duro para evitar tolerar la incompetencia.

Luche contra los enemigos

Si valora la unión, entonces luche y enséñele a su equipo a luchar contra estos cinco enemigos de la unidad. Son enemigos tan fuertes que cualquiera de ellos puede paralizar su empresa y *dos* juntos pueden conducirlo al fracaso. En la misma medida que cualquiera de ellos se haya introducido en la cultura de su empresa lo estará privando del placer de liderar. Vale pues la pena combatirlos a muerte.

1. Falta de intencionalidad, deliberación y rigor respecto a la comunicación.
2. Falta de intencionalidad, deliberación y rigor respecto al establecimiento de metas y de un propósito compartido.
3. El chisme.
4. Los desacuerdos no resueltos.
5. La tolerancia de la incompetencia.

Unidad y lealtad

Son tan pocas las compañías que en verdad gozan de unidad y lealtad que, cuando una compañía lo hace, ésta automáticamente se destaca en el mercado. Cuando eso ocurre el talento hace cola para unirse a ese equipo porque dicha cultura se hace leyenda. Una de las consecuencias naturales de una compañía que asume estos valores es un excelente servicio al cliente. Sin embargo, y por encima de todo, me parece que liderar este tipo de cultura es sumamente satisfactorio. Tendrá días que no son perfectos, pero gozará de una riqueza de espíritu en su negocio de la que muy pocos disfrutan.

12

Sorprendido

*Amplifique el éxito de su negocio por medio
del reconocimiento y la inspiración*

En la apertura del programa de televisión *Los Simpsons*, Homero se encuentra entre sus compañeros de trabajo listo para recibir el premio "Empleado de la semana", seguro de que esta vez lo va a ganar porque aparentemente él es el único de toda la compañía que nunca ha recibido un premio. El jefe sube al estrado sin tener en cuenta a los empleados para hacer el anuncio, y mientras Homero permanece expectante, el premio se le otorga a "esta varilla de carbono inanimada". Homero murmura, "le voy a mostrar inanimado". Los escritores de *Los Simpsons* son genios, ya lo sabemos. Pero en esta escena ellos capturan la verdadera esencia de algunas reglas y razones para darles a los empleados su reconocimiento.

- El reconocimiento es importante.
- El reconocimiento no sirve para nada si se diluye dándole el mismo reconocimiento a todos de la misma forma.
- Cuando no se le da reconocimiento a la gente y es notorio, esta se vuelve inanimada.
- Cuando no hay reconocimientos es muy difícil tener miembros del equipo apasionados, creativos y motivados.

Jacques Plante, guardametas de la NHL dice, "¿Cómo podría gustarle un empleo cuando cada vez que comete un error se enciende una enorme luz roja y dieciocho mil personas abuchean?".

El sentimiento y la realidad de la aceptación le da a la gente una mejor oportunidad de convertirse en el mejor. La gente añora la aprobación. Yo tengo un maravilloso golden retriever que probablemente es el mejor perro que yo haya tenido en mi vida. Este perro hace cualquier cosa para recibir aprobación. A veces pienso que usted y yo somos virtualmente la misma cosa. La gente anhela el agradecimiento. El agradecimiento puede mandar a la estratosfera hasta a la gente más instruida y sofisticada. Mi esposa dice que las mujeres en ocasiones se visten para que las aprecien, no solo sus esposos sino también sus amistades. En un matrimonio saludable la mayoría de los hombres anhela el aprecio de su esposa virtualmente más que cualquier otra cosa en el mundo. Prueba de ello es que virtualmente todo hombre superexitoso que haya conocido tiene una esposa agradecida y comprensiva. El viejo chiste que detrás de todo hombre exitoso hay una fabulosa esposa y una suegra sorprendida.

La gente anhela atención. Este anhelo es tan primitivo que la gente aun actúa negativamente solo para que la noten. Con frecuencia se vuelven sonsos solo para que los noten en las reuniones sociales. El presionar para obtener atención es tan fuerte que lleva a gente, incluso a los más maduros espiritual y emocionalmente, a actuar contrariamente a lo que son realmente. Por último, la gente anhela afecto. Cualquiera que ha tomado un semestre de psicología ha leído los estudios sobre los bebés que tienen todas sus necesidades físicas satisfechas, pero nunca los han tocado o amado y como resultado casi mueren.*

Anhelamos tan desesperadamente el afecto, incluso siendo adultos. ¿Pero afecto en el trabajo? Se alzan las cejas y de repente pasan por su mente visiones de demandas de acoso sexual volando por todas partes. Obviamente no estoy hablando del afecto inapropiado en el trabajo. Sin embargo, los malos actores asustan a la gente buena para que nunca toquen en la forma apropiada. Cuando se muere de cáncer la mamá de alguien, por Dios, necesita aprender a darle un buen abrazo. La esposa de uno de los miembros

---

* De un estudio de hace cien años cuando 99% de los niños en orfanatos en Estados Unidos murieron por una condición llamada "marasmus", donde la falta de caricias produce la falta de apetito. www.benbenjamin.net/pdfs/Issue2.pdf

de mi equipo abortó recientemente durante el segundo trimestre. Ellos tienen otros tres hijos, pero la pérdida de un bebé nunca es fácil. Fuimos a visitarlos un domingo a la hora del almuerzo, una semana después de la pérdida. Sin pensarlo me acerqué a ella y le di un abrazo diciéndole que los estábamos acompañando en la pena. Esa tarde recibí un lindo correo electrónico del miembro del equipo, su marido, recordándome que la razón por la que él ama trabajar con nosotros es que de verdad nos importa la gente. No tenga miedo de amar a le gente en forma apropiada. Lo políticamente correcto y el directorio de riesgo de la policía han destruido la habilidad de los líderes de tratar a sus equipos como familia. La gente anhela aceptación, aprobación, aprecio, atención y afecto.

¿Entonces cómo damos reconocimiento?

La primera regla del reconocimiento es simplemente preocuparnos por hacerlo. Comenzar a formar el hábito de coger a la gente haciendo algo bien. Una felicitación sincera es tan rara que cuando usted comienza a darlas inmediatamente lo destacan como un líder y como un ser humano. Tenemos que luchar por seguir la tendencia del camino recto. La crítica constructiva con frecuencia destruye. ¿Por qué ocurre que cuando mi hijo llega con todas las notas A y una C nos concentramos en la C? ¿Por qué hacemos eso? Es ridículo ignorar la C, el área que puede mejorar, pero ¿por qué me concentro en eso en vez de felicitarlo por las otras cinco A? Creo que cuando nos sentimos "a cargo" de alguna manera pensamos que eso es hacer bien nuestro trabajo. Corregir es parte del trabajo del líder, pero no es el *único* trabajo, y algunos jefes gastan todo su tiempo buscando qué está mal en vez de buscar qué está bien. También cuídese de reconocer las actividades y los rasgos de carácter que usted quiere mantener en su compañía. Recuerde que cualquier cosa a la que usted dé reconocimiento crecerá en la compañía. En alguna ocasión le di reconocimiento a un tipo por ser realmente radical en sus reacciones ante una situación. ¿Adivine qué? Inmediatamente comenzaron a presentarse toneladas de reacciones radicales por toda la compañía, algunas buenas, la mayoría no. Sea muy intencional para reconocer lo que usted quiere duplicar porque eso es lo que sucederá.

Cuando sorprenda a alguien haciendo algo bien puede hacer algo tan simple como asentir o sonreír expresando aprobación a la persona y a sus acciones. Cuando me paseo por la compañía, muchas veces me encuentro con algunos hablando por teléfono con un cliente de modo que no lo puedo interrumpir. Pero algunas veces me detengo a oír cómo lo están atendiendo, luego hago alguna señal de asentimiento y sigo mi camino. Ahí le digo al miembro del equipo que está haciendo un buen trabajo, sin pronunciar una palabra. Tengo que admitir que con frecuencia tengo que recordarme a mí mismo de ser deliberado con el reconocimiento.

Una felicitación debe ser real. No puede ser una falsedad porque usted leyó este capítulo y se inspiró. La motivación como la felicitación si es adulación barata puede ser desmotivadora. La adulación barata le dice a la persona que es manipulador y falto de integridad, y va a destruir la conexión.

Busque oportunidades para exaltar y reconocer a las personas. Elogiar a alguien es efectivo, pero dar reconocimiento en frente de los demás es más poderoso. El reconocimiento más efectivo es aquel que se da en frente de las personas por las que él se preocupa. Con frecuencia me reúno con los padres de los miembros jóvenes de nuestro equipo cuando visitan nuestra oficina. Siempre que me reúno con el papá y la mamá de ellos, les agradezco por "prestarme a este joven" y les digo "ellos son especiales, son la superestrella en nuestra compañía, y son especialmente buenos en...". Si le da esta clase de felicitación sincera a alguien a través de sus padres, inclusive los muy sofisticados cuarentones se van a parar en frente de usted con una sonrisa radiante. Yo sonrío solo con pensar en eso.

Cuando se encuentre con el cónyuge de algún miembro del equipo asegúrese de decirle qué tan especial es su esposo o esposa. Uno de mis líderes incluso le mandó flores a la esposa de un miembro del equipo con una tarjeta que decía lo maravilloso que era su esposo y lo contentos que estábamos de que trabajara con nosotros. Cuando el tipo llegó a la casa su esposa le dio la bienvenida de un héroe.

Debido al éxito que hemos tenido en el medio, he sido bendecido con la oportunidad de conocer gente mundialmente famosa.
Hace algunos años, conocí y me hice amigo de un campeón mundial de un deporte en particular. Estaba un poco preocupado de
que él sería un poco arrogante pero lo encontré gentil, amable,
cortés y un atleta increíble. Una noche, mientras hablábamos en
la mesa de mi cocina, me contó las nunca relatadas horas de sacrificio que su padre tuvo que soportar para ayudarlo en sus entrena-
mientos durante sus años de adolescente. Humildemente atribuyó
su campeonato mundial al estímulo y sacrificios de su padre.

Entonces, sin que él lo supiera, averigüé la dirección de sus
padres. Les envié una carta hablándoles sobre el excelente joven
que habían criado y que más que estar impresionado por sus habilidades atléticas, lo estaba por el hombre que su hijo había llegado
a ser. Les agradecí por haber sido uno padres excelentes. ¿Podrían
imaginarse la carta de respuesta que recibí? Miren, a la gente de
fama mundial la felicitan diariamente por su talento o por su aspecto. Pero tal como usted y yo, raras veces se les ha dicho que son
maravillosos en otras formas.

Dé reconocimiento por escrito

Uno de nuestros emprelíderes de la compañía comenzó con nosotros cuando todavía teníamos restricciones de dinero. Un día pasó
por mi oficina y me pidió permiso para ordenar alguna papelería
con membrete en relieve. Para la gente de las compañías grandes
o con mucho dinero, esta solicitud parecería normal. Pero somos
obreros, y la papelería con membrete en relieve me sonaba, para
tipos como yo, como gastar en encajes que bordean en la locura.
Sin embargo, me convenció de que las iba a usar para hacer seguimiento a las ventas, de modo que aprobé la orden a regañadientes.
Este joven emprelíder no solo es un maestro enviando notas de
seguimiento a los prospectos, también manda cientos de notas de
agradecimiento al año. Lo mejor de todo es que manda cientos y
cientos de notas escritas a mano en papelería con membrete en
relieve con reconocimientos. Les hace reconocimientos por escrito
a sus líderes, sus esposas, los clientes e inclusive a los extraños. Es

difícil hacer algo bien bajo la mirada de este tipo sin recibir de él una nota de aprecio diciéndote lo bueno que eres. Es tanto lo que él ha inspirado a la gente de nuestra compañía, que ahora hay una enorme cantidad de papelería personal con membrete en relieve para nuestro equipo de modo que podamos tratar de imitarlo. Hasta yo tengo algunas, pero para ser sincero yo no mando muchas notas escritas a mano debido a mi mala letra y mi ortografía. Sin embargo, ocasionalmente me aventuro en este reino, inspirado por el poder de este sencillo gesto. Dé reconocimiento por escrito a la gente. Van a recordarlo, y no se sorprenda si encuentra la carta enmarcada cuando visite su oficina en otra ocasión.

Dar reconocimiento frente a los compañeros para brindar más fuerza

Como lo dije antes, el reconocimiento tiene más fuerza cuando se hace delante de las personas que más le importa a la persona que reciba ese reconocimiento. Por lo tanto dar un premio por ser el mejor padre a un CPA en una convención de CPA podría no tener ninguna fuerza, pero darle el mismo premio a un tipo frente a su propia familia en su iglesia tendría un poder fabuloso.

Por el tamaño actual tuvimos que cambiar una tradición de cuando nuestra compañía era pequeña. No teníamos dinero y éramos solo unos pocos, de modo que al principio nuestra fiesta de Navidad de la compañía era una comida casera en nuestro hogar, y luego se convirtió en una cena en un salón de reuniones de un restaurante elegante. Al principio de esas reuniones no dábamos regalos generosos, dábamos elogios generosamente. Cuando llegaba el momento de nuestro "programa", yo daba un corto discurso sobre el estado de la empresa, agradecía a cada uno y empezaba la diversión. Le daba a cada uno un detallado elogio por su trabajo, su carácter y su diligencia. Con frecuencia todos rompíamos a llorar. Ustedes pensarán que soy blandengue, pero es tan extraño para una persona recibir o dar elogios que uno se emociona mucho. Los elogios en frente a las esposas y los amigos es un regalo de Navidad que se espera durante todo el año. ¿Sabía que puede usted recibir una ovación de pie de un grupo de solo veinte personas cuando usted hace esto? Sinceramente no es usted el que recibe la ovación, es la persona a la que se agasaja. Esto realmente es poderoso.

El reconocimiento no tiene que ser costoso

Cuando yo tenía veintidós años estuve tres meses en una compañía multinivel. Era asombroso lo bueno que eran para el reconocimiento. Durante las entusiastas reuniones de los fines de semana, siempre se daban premios. Los premios eran una camiseta. Sí una camiseta, pero vi gente haciendo más de $100.000 por año que se mataban para alcanzar la producción necesaria para obtener la camiseta de un color en particular. No era la camiseta lo importante, era la oportunidad de ser declarado ganador frente a sus compañeros. Los hombres y las mujeres luchan muy duro para que los alabaran.

Feliz cumpleaños

Tengo la teoría de que nadie es demasiado viejo o demasiado sofisticado para no sonreír cuando alguien le dice "¡Feliz cumpleaños!". Pero es muy difícil desearle a alguien un feliz cumpleaños cuando se ignora cuándo es el cumpleaños. Tengo un amigo de gran clase, ilusionista y mago, llamado Kevin King. Parte del acto de Kevin King es la memorización, y él es el mejor que he visto en mi vida. El memoriza el cumpleaños de todas las personas que ha conocido en su vida. Durante los últimos diez años recibo un mensaje de voz en mi teléfono de Kevin con sus deseos para mi cumpleaños. Sin falta, cada vez que repetimos el mensaje de voz, miro a mi mujer y ella está sonriendo como una chiquilla de siete años con su caballito nuevo. También desea feliz aniversario.

Siguiendo el ejemplo de Kevin decidí que nuestro departamento de recursos humanos pusiera los cumpleaños de todos los miembros del equipo en mi agenda personal de modo que pudiera enviarles un correo electrónico con deseos de cumpleaños. También me acuerdo de decirle algo a la persona en cuanto la veo. Esto no acarrea ningún esfuerzo pero obtiene un gran resultado. Me ha quedado claro que el correo de cumpleaños chistoso es ahora inclusive automático pero realmente no soy tan atento, pero tiene el mismo efecto. ¿Ha trabajado con alguien que le manda un correo automático de cumpleaños o no?

Pueda que se diga a usted mismo que si sigo poniendo cucharadas de azúcar se va a derramar la taza. Estoy consciente de eso, pero usted debe estar sonriendo al leer esto sabiendo que amar a la gente funciona bien. Si usted quiere tener una compañía diferente, una vida diferente, debe tratar de hacer cosas diferentes. Napoleón dijo: "Los líderes son agentes de la esperanza".

Inspiración

La inspiración toca las emociones y causa actividad. Cuando un libro, un sermón o una persona te inspira, te levanta y te hace seguir adelante. ¿Cómo hacer esto en una compañía o una organización? Primero, miremos cómo no lo hacemos. Usted no da charlas o discursos para publicitar a la gente mientras deja toda la filosofía de la compañía en la alcantarilla. Estos discursos comienzan al parecer como una sátira del programa *Saturday Night Live* porque está diciendo una cosa y haciendo otra. Por el contrario, una inspiración organizacional es mucho más complicada que un simple discurso de motivación. La inspiración real tiene múltiples capas y consistencia extrema. Si usted quiere llegar a ser un verdadero emprelíder necesita recorrer todas las etapas de formación de un equipo que he bosquejado en este libro, y la totalidad de ellas crean la verdadera inspiración. Toda la operación debe ser inspiradora, no un simple y único gesto. Zig Zigler dice: "Algunos dicen que ni la inspiración ni el baño duran mucho, por eso es recomendable hacerlo a diario". Nosotros usamos siete cosas intencionales para asegurarnos de que todo el entorno sea inspirador.

1. La proyección de una visión

Donde no hay visión que se comprenda y se le repita al equipo, no hay inspiración. No existen muchas cosas que levanten más a una persona que creer en sus sueños, visión y misión más grande que ellos. Yo insistí sobre este tema en los primeros capítulos pero ahora hago una pausa y me aseguro de que usted vea cómo estoy juntando todo esto para crear una filosofía organizacional donde la gente se sienta muy estimulada.

2. Compensación

Voy a tratar la compensación en detalle, incluyendo cómo construirla en el capítulo 14. En última instancia poca gente se siente subvalorada y/o financieramente aventajada si está inspirado. Es un chiste e inclusive un insulto recordarle a alguien su cumpleaños cuando ha quitado todos los incentivos financieros de la ecuación. Si quiere un equipo inspirado y ansioso de trabajar, págueles bien cuando se lo ganen. Todo buen miembro del equipo quiere recibir un premio cuando se lo gana.

3. Crear una mentalidad de cruzado

Los cruzados pelearan con la competencia. Los cruzados entran a un edificio en llamas. Los cruzados trabajan durante las horas de trabajo. Los cruzados necesitan escaleras fuertes con una enorme integridad. Los cruzados no se manejan como ganado, se mueven como caballos salvajes. Los cruzados solo fueron a las cruzadas por algo más grande que ellos. La gente se estimula e inspira cuando trabajan por algo más grande que ellos. Anteriormente mencioné el viejo libro de Tom Peter *En busca de la excelencia*, que estudió compañías excelentes. Otro de sus descubrimientos fue que las compañías excelentes entienden que sus equipos tienen profundamente arraigado el deseo de ser parte de algo más grande que ellos. Mi amigo John Rich, del grupo country de mega estrellas Big y Rich, dice: "Yo toco mejor cuando lo hago por algo más grande que yo". La Biblia dice en Colosenses 3:23: "Cualquier trabajo que hagan, háganlo de buena gana, pensando que lo hacen para el Señor, en vez de fijarse en los hombres". Esto nuevamente apunta a la necesidad de tener un objetivo más alto y comunicarlo a todo su equipo. Leo Buscaglia decía: "Su talento es un don de Dios. Lo que haga con él es su regalo a Dios". No sea solo un carpintero, sea un artesano.

4. Contar cuentos

Ya tratamos del poder de contar la historia del capítulo 10. Tiene que contar el cuento de la historia de la compañía. Siempre es inspirador. Es como saber que los pioneros viajaron por las montañas en carretas. Nuestros antepasados eran fuertes e independientes. Conocer mi patrimonio es inspirador. Los Ramseys pelearon contra William Wallace. El escudo de armas de mi familia tiene el lema *Ora et Labora,* que quiere decir en latín "Ora y trabaja", lo que hemos hecho siempre; eso es muy inspirador para mí.

Siempre tenga en mente lo poderosamente inspiradoras que son las historias. La historia de la compañía es solo una historia, pero la compañía también debe estar permanentemente construyendo su historia. Algo que hacemos siempre en las reuniones de ejecutivos de los lunes es leer los correos de los clientes. Leo los correos dirigidos a mí y nos reímos de ellos. También leo los correos y las cartas que hablan bien del equipo. Este reconocimiento público predecible es increíblemente inspirador para todos, nos manda un claro mensaje sobre nuestra filosofía y nuestros valores, y hace que la gente sonría.

Trate de leer un correo electrónico ante toda la compañía, o ante su departamento, y diga: "Solo quiero darles las gracias y decirles lo importante que ha sido la ayuda que Jimette nos ha dado para obtener la posibilidad de vivir este acontecimiento. Ella es la mejor empleada de servicio al cliente que hemos conocido en mucho tiempo. No es de sorprenderse que su compañía tenga éxito con personas como ella, quisiera que otras compañías los instruyeran como lo hacen ustedes". Y he aquí lo que pasó: obviamente Jimette se ruborizó y se fascinó. Todos los demás quedaron motivados para ascender al cargo de servicio al cliente porque les daba la posibilidad de que los mencionaran algún día. Los aplausos se hicieron sentir y la gente se quedó pensando que esta compañía es realmente diferente. Esto es una declaración a gritos de que nuestros líderes valoran altamente el cargo de servicio al cliente.

Traten de leer delante de toda la compañía un correo que diga: "Queremos dar las gracias a nuestro representante Amy. Hace una semana estábamos listos para comenzar nuestras clases y nos golpeó un huracán causando grandes daños en nuestras instalaciones. Todos los materiales quedaron destruidos. Llamamos a Amy a decirle que los materiales y las instalaciones estaban destruidos y por lo tanto teníamos que posponer la clase. No estábamos esperando eso. ¡¡Sin dudarlo un momento, nos repuso los materiales en forma gratuita!! ¡Por Dios! Ahora estamos dando la clase en otras instalaciones y queremos agradecerles por tener a gente como Amy en su organización". He aquí lo que pasó: todos los miembros del equipo se sintieron con el pecho lleno de orgullo porque todos formamos parte de un equipo que trabaja correctamente. Generosidad con el cliente, pensar rápido y hacer automáticamente lo correcto se merecieron justamente el premio. Sonaron los aplausos y Amy, quien probablemente no había tenido una vida perfecta, quedó lista para una magnífica semana. Tiene energía, sonríe y está lista para continuar con la lucha el resto de la semana. Se levantó el ánimo del equipo, se levantó el de Amy y se produjo el reconocimiento, la unión, la lealtad y la comunicación.

Si usted les lee tres correos por semana a su equipo, verá como encontrará correo apilándose en su escritorio; ellos tendrán la esperanza de que usted lea uno de esos correos que hable de ellos. Inclusive podrá encontrar que llegan a su escritorio mensajes internos de fanáticos donde un miembro del equipo alardea a otro. Recuerde, tenga cuidado en reconocer lo que quiere duplicar porque, se lo digo por experiencia, su cultura empresarial puede cambiar casi de inmediato.

5. Previsibilidad

El comportamiento explosivo y errático del liderazgo no es inspirador; por el contrario, no saber lo que se espera es una de las más importantes causas de la parálisis organizacional. Cuando la gente no puede predecir cuál va a ser su reacción, se congela y no hace nada. Asumiendo que usted contrató personal motivado y de alta calidad, los verá frenar en seco tratando de imaginarse su próxima impredecible movida. Ser predecible en asuntos de principios es una señal de verdadera integridad. Amy sabía que podía regalar esos materiales y que la elogiarían en vez de culparla por haberlo hecho, porque ella había visto durante años que los líderes hacían lo mismo una y otra vez. La respuesta previsible de los líderes le dio mucha autoridad para actuar.

Establecer los valores y principios básicos ayuda a informar la manera como se intenta llevar las operaciones de la empresa. Por supuesto, usted debe vivir estos valores día a día e instante por instante.

6. Pasión

Muchas veces he dicho que no se puede arder si nunca le han prendido fuego. Los monótonos no inspiran. No es necesario que grite o que sea la reina del drama, pero debe estar consciente de que el liderazgo transmite la pasión al equipo. En nombre de la sofisticación, muchas empresas y personas han eliminado de sus palabras, de sus obras y del lenguaje corporal la información que indica que se preocupan muy profundamente por los resultados. Muéstrele a la gente que usted se preocupa y le interesa, si quiere que ellos también lo hagan. Asegúrese de mostrar sus emociones en lo que concierne al éxito de la organización. Por favor, no espere que la gente se inspire si los líderes están dormidos.

7. Ejemplo

El emprelíder sabe que él impone el tono, la velocidad y la ética del trabajo del equipo. Tengo un amigo que ha tenido mucho éxito en su pequeño negocio y sus ganancias anuales estaban justo por encima de un millón de dólares. Es un excelente golfista y sueña con algún día jugar como profesional. Puesto que sus negocios estaban en auge decidió dedicarle tres o cuatro días a la semana al juego de golf de manera que pudiera obtener su tarjeta de profesional. En realidad él tenía el talento para potencialmente hacerlo. Al año siguiente, mientras jugaba golf, las utilidades del negocio cayeron a $300.000. Tomándonos una taza de café me preguntó que pasó. La respuesta era fácil. El ejemplo dejó el edificio para "vivir su sueño". Tan pronto dejó el trabajo, también lo hicieron sus empleados. Tan pronto se volvió aparentemente apático, también lo hicieron los empleados. Le dije que su pequeño experimento con el golf fue un experimento de $700.000 en comportamiento humano y ahora tenía la respuesta a su pregunta, venda el negocio a alguien que se preocupe o vuelva al trabajo.

Un verano mi hijo trabajó para una compañía familiar operada por un personaje extravagante. Me gustó mucho que hubiera trabajado allí porque en solo unos pocos meses le enseñaron cabalmente cómo no debe llevarse un negocio. El dueño era una pesadilla. Le mentía a los empleados, a los clientes y a los proveedores. Llegaba tarde y se iba temprano. Hay muchas historias para contar, pero como para mostrarles lo importante que son los pequeños ejemplos, hace poco íbamos paseando en el auto y pasamos frente al negocio y mi hijo comentó sobre cómo el dueño siempre escogía el mejor sitio de estacionamiento en un punto frente al negocio. El comentario de mi hijo fue, "Papá, en todos los años que llevo desde chico, nunca te he visto estacionar en el mejor sitio de la oficina, tú siempre lo reservas para los clientes. Pienso que eso es sentido común". Sí, es sentido común, pero el sentido común es el menos común de los sentidos. Cuando el dueño hace cosas así, su actitud le dice a gritos a los empleados que el cliente no tiene importancia. No se necesita decir que esa actitud les dice lo mismo a los clientes.

Si usted llega tarde y se va temprano, por favor entienda lo que esto le dice a sus empleados sobre su pasión. Su ética en el trabajo les indica la pauta a ellos. No se puede esperar que los que no son dueños van a preocuparse más por el negocio que lo que se preocupa el dueño mismo. El ejemplo que usted dé en todas partes y en todo movimiento de la organización es enorme.

Conclusión

Probablemente usted no ha leído nada en este capítulo que realmente le haya revelado algo nuevo o que fuera tan complicado o sofisticado que fuera inalcanzable. En cambio, es probable que usted esté asintiendo con la cabeza, diciéndose para sus adentros que esto tiene sentido. La cosa es recordar que hacer negocios bien no es tan complicado, pero tiene que ponerle atención a los detalles. De modo que es tiempo de que haga un mejor trabajo reconociendo e inspirando a los miembros del equipo, a usted mismo y a su familia.

13

Tres cosas que la gente exitosa nunca pasa por alto

Lidiar con contratos, vendedores y recaudos

Yo estaba muy disgustado y estaba que echaba chispas. No debería admitirlo, pero los ojos se me estaban saliendo, mi corazón latía muy fuertemente, mis puños estaban apretados y estaba lleno de ira. Pete estaba al otro lado del teléfono diciéndome que estaba rompiendo conmigo y que no había nada que yo pudiera hacer para detenerlo. "Pero tenemos un contrato, ¿eso no significa nada para ti?" Virtualmente, lo grité. Yo casi exploto cuando le añadió una pizca de insulto a la injuria riéndose de mí y diciendo: "Bueno, entonces, simplemente tendrás que demandarme".

Estaba al principio de mi carrera y todavía era tan ingenuo que creía que si tenía un contrato con alguien, eso significaba que esa persona tenía que cumplir con su palabra. Un par de semanas antes, yo había estado en una ciudad donde Pete tenía una estación de radio; habíamos hecho un evento allá y habíamos hecho un montón de dinero para Pete. Apenas algunos días después, llegó una notificación en la que decía que iban a sacar nuestro programa del aire inmediatamente, a pesar del contrato de un año que teníamos. Él espero hasta que lo ayudé a conseguir dinero y luego me trató muy mal. Esto me dejó con dos opciones: demandarlo, gastando más dinero que el que esperaba recuperar; o apretar los dientes y alejarme. Algunas veces vale la pena entrar en demandas, pero en otras simplemente no vale la pena.

Contratos

Los contratos no constituyen una protección en contra de las demandas. Uno puede tener un contrato y aun así ser demandado, obligándolo a uno a defender el contrato. Los contratos no son garantía de que la gente cumpla o haga lo que dice; no tienen poderes místicos que hagan que la gente que no tiene integridad cumpla con su palabra, ni que la gente se vuelva competente cuando no lo es. Así que cuando usted o yo decimos "¡Pero tengo un contrato!" estamos diciendo que somos personas ingenuas respecto a los contratos. Usted tendrá dificultades en los negocios si trata de usar las palabras y el papel en forma de contrato para crear una realidad que simplemente no existe. La gente deshonesta será deshonesta con usted a pesar de que ustedes hayan firmado un contrato; la gente que no sabe cantar no puede comenzar a cantar simplemente porque un contrato lo dice. En los negocios, sea realista respecto al verdadero poder que tiene un contrato.

Donald Miller dice que las personas más felices son las personas con expectativas bajas.* Cuando usted usa un contrato como si éste tuviera el poder de hacer que las personas sean algo que no son, está dando pie a que usted pase mucho tiempo disgustado y frustrado en los negocios. Disminuya sus expectativas sobre el poder que tiene un contrato.

Si los contratos son inútiles, ¿por qué los usamos? En ningún momento dije que los contratos fueran inútiles, dije que mantuviéramos expectativas basadas en la realidad sobre lo que es y lo que no es un contrato. Un contrato no hace que una persona deshonesta se vuelva honesta y no va a convertir un gato en un canario. Un contrato es tan bueno como las personas con las que usted está tratando, así que trate únicamente con buenas personas. Hay algunas ocasiones en las que usted puede gastar una suma considerable de dinero y hacer que un juez obligue a alguien a cumplir, pero es, en conjunto, un proceso poco provechoso para

---

* La cita de Donald hace referencia a este estudio sobre la gente danesa: www.cbsnews.com/stories/2008/02/14/60minutes/main3833797.shtml.

usted. A los abogados les encanta, pero a usted no le gustará. Algunas veces, por principio o para sentar un precedente en el mercado, usted tendrá que luchar a muerte en el ámbito legal a pesar de los costos. De hecho, yo ya he estado en esa situación algunas veces y le digo que inclusive después de haber ganado, uno queda con el sentimiento constante de haber perdido realmente. No trate con gente incompetente o deshonesta pensando que su contrato lo protegerá porque no lo hará.

Los contratos son simplemente una forma de comunicación en el frente sobre los puntos de un acuerdo. Los contratos sí ayudan a la gente íntegra a mantener su palabra en caso de que las múltiples ocupaciones de la vida les hagan olvidar a lo que se comprometieron.

Personalmente, yo he estado listo a abandonar más de un acuerdo, pero al sacar el contrato y recordar cuál fue mi promesa, he decidido quedarme. Los abogados llaman esta comunicación completa y concienzuda "una reunión de las mentes". Usted debería firmar contratos con buenas personas de tal manera que tanto usted como la otra parte puedan contar con lo que se prometió, y siempre hacerlo por escrito. Si su apretón de manos no es bueno, su contrato tampoco lo será. De todas maneras, escríbalo para ayudar a la comunicación y darle una mano a la memoria. El viejo adagio reza que un contrato verbal tiene el valor del papel en el que está escrito. Un viejo amigo abogado dice que "si no está escrito, nunca sucedió". Utilice contratos escritos solamente para asegurarse de que tanto la memoria como la comunicación se ponen en práctica entre personas de alta calidad, pero no espere más del contrato que lo que usted espera de las personas con las que hace negocios.

Lo que se debe hacer en los contratos

Yo no soy abogado y este no es un libro de leyes, así que busque la asesoría de su abogado antes de seguir algunos de mis consejos. Esto no quiere decir que no me haga responsable, es solo un hecho. No estoy tratando de enseñar leyes aquí. Sin embargo, como emprelíder, tengo algunas nociones básicas sobre contratación que quiero que usted aproveche.

Haga que su abogado realice una primera versión del contrato si usted no está utilizando un formato estandarizado. El abogado que lo haga tiene la ventaja de redactar un documento que tenga en cuenta los pequeños detalles a su favor. Muchos de esos puntos a su favor no son los que se incluyen en el contrato sino los que se excluyen intencionalmente. ¿Alguna vez ha escuchado sobre el contrato original de George Lucas con Fox para la primera película de *La guerra de las galaxias*? La brillantez de Lucas consistió en que él se reservó todos los derechos de comercialización en el contrato. Al estudio verdaderamente no le importó, pero Lucas quería estar en capacidad de hacer camisetas y afiches para promocionar la película por sí mismo, en caso de que el estudio no hiciera un trabajo de mercadeo lo suficientemente bueno. Él es dueño de *todo* lo que tenga un logo de *La guerra de las galaxias* por esa parte del contrato que le reservó una increíble fortuna.

Asegúrese de que usted está trabajando con un abogado competente cuando haga el borrador del documento central. Es una práctica común entre muchos jueces dictar sentencia a favor del abogado que no escribió el documento sobre puntos que son confusos o están pobremente redactados, por lo tanto, asegúrese de que tiene un buen abogado en el tema de contratos escribiendo su borrador.

Planee para el mejor de los casos, pero haga contratos para el mejor y el peor de los casos

Siempre planee para los mejores escenarios, pero también haga los contratos para los peores escenarios. Los contratos del tipo empresarial siempre tratan de poner en el papel lo que ocurre cuando todo funciona y todo el mundo se enriquece, sin embargo, se destacan por no tener en cuenta los posibles inconvenientes de un acuerdo. Generalmente, denominamos los inconvenientes de un acuerdo como los puntos "Por" del mismo.

Por incumplimiento

Detalla lo que le sucede al acuerdo en el evento de que alguien no haga lo que se supone que debe hacer. ¿Qué ocurre cuando alguna de las partes queda en la quiebra? De hecho, en algunos de mis acuerdos de publicación, ha quedado consignado que en caso de que la casa editorial se fuera a la quiebra, todos los derechos sobre mis libros me serán restituidos. Una vez un gerente general me preguntó por qué quería que se incluyera una cláusula como esa en el acuerdo y respondí que así lo quería porque estaba haciendo un acuerdo de publicación con una casa editorial y con ese gerente general y no con un síndico que se encargara de administrar la compañía hasta que pudiera venderla y sacarla de la quiebra. No quiero que ninguno de mis libros quede atrapado por un acuerdo que se venga a pique.

Por fallecimiento

¿Qué le ocurre al acuerdo si alguna de las partes fallece? Usted podría no tener inconvenientes con trabajar con la viuda o la familia de la parte con la que usted firmó un contrato, pero realmente quizá no quisiera hacerlo. Cuando me contratan para respaldar a alguna compañía, mi respaldo sería de un valor muy limitado si yo muriera, así que ese contrato obviamente tendría que terminar en el momento de mi muerte. Piense en qué tendría que ocurrir en un acuerdo determinado si alguna de las partes muriera. Gran parte de nuestra empresa funciona conmigo como el producto. Los acuerdos que se hacen sobre lo que digo, lo que publico o los programas de radio que produzco tendrán que hacerles frente a las responsabilidades de mi empresa en el momento en que yo muera.

Por incapacidad

¿Qué sucede en el evento de que alguna de las partes resulte incapacitada? Esto puede ser muy importante si el contrato confía en una o en ambas partes de manera personal. Muchos de los contratos de los artistas les prohíben practicar paracaidismo de caída libre, buceo e inclusive esquiar en la nieve. Sería muy difícil para un artista envuelto en yeso subirse a un escenario a tocar la guitarra solo porque debe cumplir con una obligación multimillonaria en un concierto.

Por consumo de drogas

¿Qué ocurre si la otra parte se ve involucrada en malos comportamientos que no le permiten cumplir con el acuerdo según ha sido acordado? La cocaína hace que las personas se vuelvan absolutamente locas, así que escriba su acuerdo con una opción de rompimiento en caso de que se presente alguna "vileza moral". La vileza moral cubre muchos de los malos comportamientos posibles, por lo tanto, es una buena idea incluirla en donde sea necesario. Recuerde, si usted sabe que está haciendo negocios con una persona que consume drogas, simplemente no haga el negocio; aléjese antes de molestarse en redactar un contrato.

Por divorcio

¿Quiere que lo obliguen a cumplir un contrato con la ex esposa loca de la otra parte, que no parecía tan loca cuando la conoció por primera vez? Los contratos pueden tener un valor y la otra parte puede cedérselo a su cónyuge como parte de los trámites de un divorcio, a menos que específicamente se establezca algo diferente dentro del contrato. Otra idea, en este caso, es que usted firme un contrato con una determinada compañía siempre y cuando el señor Juan Rodríguez sea su gerente general y en el evento en que Juan se vaya, la opción de permanecer en el acuerdo sea exclusivamente *de usted*. Solamente haga esto si la presencia de Juan es lo que hace que el acuerdo sea posible de la forma que usted quiere que sea.

Por desinterés

Créalo o no, en ocasiones, la gente simplemente pierde el interés. Usted puede quedar atrapado en un contrato en el que a la otra parte simplemente no le importa nada y quiere retirarse. Realmente, lo que usted está haciendo aquí es decidir con anterioridad cómo se van a dividir las cosas y cuáles serían las concesiones o ganancias que se harían en el evento de que alguna de las partes quiera abandonar el acuerdo. Un entrenador de fútbol en una universidad que quiere renunciar y aceptar un trabajo en otro lugar tiene a menudo una cláusula determinada de concesiones o ganancias en su contrato. Esto hace que la ruptura sea más fácil de hacer.

Por destrucción

¿Qué sucede en el evento de que se presenten destrucciones, huracanes, hambrunas, guerras u actos de Dios? Esta cláusula se menciona generalmente en la mayoría de los contratos, pero piense en ella a la luz de lo que significa para la economía en el caso en que Estados Unidos vaya a la guerra. ¿Qué tal si usted tuviera un proveedor en la Florida y un huracán destruyera sus oficinas? Esta cláusula le da la oportunidad de definir sus opciones en caso de que alguno de estos eventos ocurra.

Todos ganan

Asegúrese de que sus contratos sean de mutuo beneficio. Yo sugiero únicamente formalizar aquellos acuerdos que hacen que todo el mundo gane. No haga acuerdos en los que la otra parte tenga que salir del negocio en caso de que se presente alguna falla. Solamente celebre acuerdos de los que vaya a estar orgulloso dentro de diez años.

Copias

Asegúrese de que todas las partes hayan suscrito sus copias. Por ejemplo, en algunos estados de Estados Unidos, algunos tipos de contrato no son legalmente vinculantes a menos que todas las partes hayan suscrito completamente las copias respectivas. Recuerde que el propósito aquí es tener una reunión de mentes y una comunicación completa, que se representan en las copias plenamente suscritas en las manos de todo el mundo.

Léalo

Lea cada palabra y haga que alguien le explique las partes que no entiende. En los acuerdos menos importantes o más pequeños usted equilibra el tiempo que usted ha invertido con respecto al riesgo que corre, sin embargo, en los acuerdos más grandes invierta el tiempo en conocer en lo que se está metiendo.

Prórrogas, renovaciones y opciones

Negocie el derecho de prorrogar o extender el acuerdo. Este derecho es particularmente práctico para un contrato de arrendamiento de bienes raíces o para un contrato de producción. Si usted puede asegurar cuánto dinero paga por algún objeto que produzca, puede predecir más acertadamente cuánto dinero en efectivo y cuántas ganancias producirá. Si usted puede asegurar su ubicación de acuerdo a su opción, podrá estabilizar su negocio. Originalmente, nosotros arrendábamos nuestro edificio por cinco años con opciones de tres y cinco años a un precio predeterminado. No había desventajas porque al final de los cinco años, si el precio predeterminado era más alto que el precio en el mercado, no tenía que tomarlo y podría renegociarlo, sin embargo, si los alquileres en el área se disparaban, yo ya había asegurado un gran negocio y simplemente ejecutaría la opción.

Lo que no se debe hacer en los contratos

En nuestra compañía, nosotros no usamos contratos de empleo. Tal y como usted leyó en otros capítulos, nosotros tratamos a nuestro equipo de una manera maravillosa porque es lo que se debe hacer y porque tratar bien a la gente genera dividendos a largo plazo. Nosotros no necesitamos un contrato que nos lleve a hacer esas cosas, pues queremos hacer lo que hacemos inspirados en un buen corazón y no en una falsa obligación. Cuando llega el momento de que una persona deje nuestra compañía, queremos que lo haga inmediatamente con el menor drama y dificultades posibles. Nosotros somos buenos con las personas que renuncian y con las personas a quienes despedimos, pero nunca porque sea nuestra obligación contractual. Nuestra compañía opera en Tennessee, que es un estado con empleo voluntario en los Estados Unidos. Nuestro estado, como la mayoría de los estados en

Estados Unidos, permite que una empresa despida a alguien en cualquier momento y por cualquier razón diferente a la discriminación. Legalmente, yo puedo decidir que ya no lo quiero hoy y despedirlo por esa razón y usted no tendría ningún recurso legal para demandarme. Nuevamente, el emprelíder valora a su equipo y nunca lo maltrata, pero aquí estoy discutiendo nuestra obligación legal. Nosotros no tenemos y no tendremos ninguna obligación legal de empleo que surja de un contrato. Yo no quiero que nadie se quede en mi equipo por su obligación contractual, puesto que eso significaría que no tiene pasión ni creatividad, algo que le añade un elemento pésimo a nuestra cultura. Además, tampoco quiero que me obliguen a mantener a alguien cuando ya es tiempo de que se vaya.

No trate de dejar de lado una ley o estatuto en virtud de un contrato. Por ejemplo, usted no puede dejar de lado una responsabilidad legal. Una vez, el propietario de un edificio de oficinas nos presentó una opción de arrendamiento en la que declaraba no tener responsabilidad respecto a los daños en la propiedad. De todas maneras, él no puede deshacerse de su responsabilidad. Si alguien fuera caminando y se cayera por culpa del mal estado de las aceras, el dueño del edificio sería legalmente responsable y ningún contrato lo libraría de dicha responsabilidad. El arrendamiento habría podido hacer que mi compañía lo indemnizara (protegiera) de su responsabilidad legal, pero un contrato no puede descartar el hecho de que él es legalmente responsable. Un contrato no puede hacer que un acto delictivo sea legal. Usted puede tener un contrato o un arrendamiento que dice que servirles alcohol a menores de edad está bien, pero de todas maneras usted hará que la compañía se meta en un mundo de problemas si lo hace.

Las disposiciones varias de un contrato

Este es el momento para las definiciones. Tómese el tiempo de mirar algunas cuestiones básicas, de tal manera que usted sepa en lo que se está metiendo cuando firma un acuerdo. Apréndase la definición y el significado de las cláusulas que contienen las disposiciones varias para que no se lleve sorpresas posteriormente.

Cláusula de divisibilidad

Dicho de una manera simple, una cláusula de divisibilidad indica que si una cláusula resulta inválida, todo contrato no se echaría a perder. En algunos estados de Estados Unidos, y con algunos jueces, sin esta cláusula todas las partes buenas de un contrato se rechazan junto con las malas.

Cláusula de la integridad del contrato

El sentido común diría que el acuerdo íntegro es lo que está escrito en el contrato, pero esta cláusula lo plantea claramente. Estoy asombrado por el número de veces que, a lo largo del tiempo, alguien me dice que tenemos un contrato, pero que no es necesario poner "eso" por escrito. Traducción: "eso" nunca ocurrirá. Si alguien no quiere poner algo por escrito es porque no sucederá.

Cláusula del lugar de la ley aplicable

La cláusula del lugar de la ley aplicable determina qué cortes estatales escucharán cualquier disputa que se presente respecto al contrato. Este parece un pequeño punto hasta que usted tiene que comprar pasajes aéreos, pagar abogados que se encuentren fuera de su estado y darse cuenta de que el juez juega golf con la persona a la que usted está demandando. Esto puede ser un error muy caro. De manera particular, si usted se encuentra en Estados Unidos, usted generalmente querrá que el estado de aplicación de la ley sea su propio estado, a menos que algún otro tenga una ley particular que juegue a su favor.

Una vez, yo estaba negociando un acuerdo para una nueva serie con la cadena televisiva CBS usando un abogado más bien caro en Washington, D.C. Cuando el lugar de la ley aplicable llegó al campo de discusión, yo dije que quería que fuera en mi estado, en Tennessee, y mi abogado rápidamente me corrigió, diciéndome: "No, queremos que sea California". Luego, él me explicó que debido a que gran parte de la industria del cine y la televisión se encuentra en California, las leyes allí son más minuciosas y a favor del talento. En vista de que yo estaba haciendo contratos para ser el "talento", fácilmente aproveché esa idea y dejé que CBS eligiera California como el lugar de la ley aplicable. Nunca hubo una disputa con ellos, por el contrario, tuvimos una gran relación; sin embargo, aprendí algo en la negociación del contrato.

En perpetuidad

No trate de hacer un contrato sin final, en perpetuidad. En la mayoría de los estados de Estados Unidos, la mayoría de los contratos no son válidos sin una fecha de finalización.

No firme a nivel personal

Si su compañía es una sociedad de responsabilidad limitada o una sociedad constituida, entonces, tenga cuidado de nunca firmar a nivel personal. Siempre firme como representante de la oficina de la que es responsable y en nombre de la empresa. Si alguien en mi equipo pone un documento de importancia sobre mi escritorio para que lo firme como Dave Ramsey, éste es devuelto y será modificado para que yo lo firme como Dave Ramsey, presidente de nuestra compañía. Yo solo firmo como funcionario de nuestra empresa con el fin de evitar la responsabilidad legal a nombre personal.

Si usted no tiene cuidado en hacer negocios únicamente como parte de una sociedad de responsabilidad limitada o de una sociedad constituida, puede hacerse responsable *en su calidad personal* de un gran enredo. Hacerse responsable legalmente en su calidad personal se conoce como "levantar el velo corporativo". Así que si usted simplemente pone su nombre sin ningún título que haga referencia a que usted está firmando en nombre de una compañía, el vendedor puede demandarlo a usted como persona así como a su compañía. De esa manera, va en contra de una de las mayores razones para conformar una sociedad de responsabilidad limitada o una sociedad constituida, en primer lugar.

Firmar personalmente también puede aplicarse a las deudas. En la mayoría de los casos, la gente que tiene pequeñas empresas tendrá que firmar de manera personal para pedir prestado; eso no es a lo que me refiero aquí. Recuerde, sin embargo, que yo recomiendo no asumir ninguna deuda, o sea que, de todas maneras, eso elimina cualquier responsabilidad legal por deudas.

Recaudación

Recaudar el dinero que le deben a su negocio puede resultar frustrante y exasperante. La principal regla general que nosotros utilizamos para los recaudos es: si uno tiene problemas con los recaudos, en realidad uno tiene otro problema, por ejemplo, está vendiendo de manera inapropiada. En algún momento durante el establecimiento de la relación, el cliente se confundió sobre cuándo y cómo tenía que pagar. El momento para resolver cualquier problema con los recaudos es mucho antes de que usted tenga alguno; precisamente se hace cuando usted le está vendiendo al cliente.

> **El momento para resolver cualquier problema con los recaudos es mucho antes de que usted tenga alguno; precisamente se hace cuando usted le está vendiendo al cliente.**

Ya mencioné en el capítulo 9 que la mejor cuenta por cobrar es una que usted no tiene. Si usted elige un modelo de negocio que lo tiene a usted enviándoles facturas a sus clientes, usted enfrentará problemas de recaudo hasta que las ventas no se hagan de manera apropiada. Una venta apropiada es la que se le hace a un prospecto calificado. Si bien es cierto que el sentido de servirle al cliente es importante, usted no debe rogarles para que sean sus clientes, así que no configure el espíritu del acuerdo de tal manera que su cliente se convierta en su jefe.

Yo creo que mi experiencia previa en bienes raíces me preparó para evitar problemas de recaudación. Piense en sus clientes como arrendatarios en un lugar disponible para alquilar. Usted quiere hacerles ofertas para conseguir un arrendatario; usted aspira a que ellos deseen la casa, pero cuando ellos se mudan a su propiedad, usted quiere que lo respeten lo suficiente para que cuiden de la casa y paguen la renta a tiempo.

Sirva a sus clientes sin ser servil. Los vendedores que ruegan en vez de servir terminan mendigando el dinero del cliente porque éste se enfada, pensando que ellos tienen la ventaja. La venta que se hace de manera apropiada implica calificar al cliente financieramente y establecer los términos y el tono de la relación después de la venta. Nosotros no tenemos clientes beligerantes o morosos por mucho tiempo porque los despedimos como clientes.

Cuando usted encuentre un área problemática o una categoría de clientes que tiene problemas constantes pagando, puede entonces cambiar los términos del acuerdo con ellos o dejar de hacer negocios con ese tipo de clientes. Será mejor para usted no hacer una venta en vez de tener a alguien que se ha llevado sus bienes o servicios y que no le paga.

Cuando comencé en el negocio de los bienes raíces, tenía muchos alquileres semanales de bajo ingreso. Luego, me di cuenta muy rápidamente de que no podía ceder ni un centímetro cuando calificaba a los clientes o cuando recaudaba dinero porque no solo perdería el ingreso por los alquileres, sino que la gente comenzaría a pensar que se podría "aprovechar" de mí. En consecuencia, comencé a tener una "conversación con el arrendatario" antes de que se mudara en la que básicamente lo insultaba con cuestiones relacionadas con pagar a tiempo y con cometer algún tipo de actividad delictiva en la casa. Si lograba disgustarlo antes de que se mudara, me daba cuenta de que, con el tiempo, iba a ser un problema; sin embargo, si tenía previsto pagar y no planeaba utilizar la casa con fines delictivos, no se sentía insultado en lo absoluto. Yo comenzaba la relación con unos términos de operación justos y firmes, de tal manera que si surgían los problemas, tenía el espacio relacional para brindarle cortesía a alguien que se comunicaba acerca de sus tiempos difíciles sin parecer débil. No estoy sugiriendo que insulte a sus clientes, estoy indicando que el espíritu de cómo una relación debe llevarse está en el centro de los problemas de recaudación. Los problemas de recaudación de dinero no son problemas en sí mismos, son el síntoma.

Procedimiento

Cuando un cliente se atrasa un día, recibe una llamada de cortesía y un recordatorio amable de la promesa de pago que hizo. Después de que el pago atrasado es efectuado, un vendedor hace una llamada de seguimiento para poner en claro la mente del cliente respecto a la manera en que funcionará el pago en el futuro y asegurarse muy amablemente de que no haya malos entendidos o una falta de servicio de nuestra parte.

Si el pago no se realiza, hacemos seguimiento con otra llamada y comenzamos a enviar notificaciones. En la mayoría de los negocios, las cuentas que sobrepasan los noventa días (a menos que esos sean los términos) tienen una baja probabilidad de recaudación. A las cuentas con sesenta días o más deberían interrumpírsele la entrega o la provisión del servicio o deberían entrar en la modalidad de pago contra entrega. Cuando usted deja de hacer negocios con la cuenta, limita sus pérdidas, pero ellos lo considerarán de baja prioridad porque mantendrán felices a sus cuentas activas primero.

Cuando nosotros tenemos algún cliente que se echa a perder, nos detenemos y nos preguntamos qué hicimos mal para meternos en este aprieto. Un pequeño nivel de pérdida es inaceptable y normal, pero inclusive eso puede tomarlo desprevenido. En los años noventa cuando se estaba dando el boom del punto com, nosotros teníamos alrededor de tres avisos publicitarios punto com en nuestro programa que se echaron a perder. Se trataba de grandes cuentas para nosotros y juntas sumaban más de $100.000, que significaban una gran pérdida. Así que cambiamos nuestra política de hacer publicidad; si el nombre de su compañía o el de su negocio principal está estructurado en el uso de Internet, ahora debe pagar por adelantado para la publicidad: basta de facturas.

Cuando las cuentas por cobrar se echan a perder

Cuando una cuenta por cobrar se echa a perder, usted necesita un proceso al que usted entre automáticamente. Por mi experiencia, le diré que cuando usted tiene una pequeña empresa, la primera o las dos primeras veces que esto ocurre, tiene lugar una crisis emocional. Usted se disgustará como si lo hubieran robado. Como usted conoce esta emoción y sabe que este problema está por venir, usted necesita tener un plan de recaudación. Primero, revise los pasos amables que esbozamos anteriormente para tratar de hacer los recaudos. Segundo, asegúrese de analizar qué errores cometió su empresa para ponerlo a usted en esta situación. Tercero, decida cómo manejar una deuda que está completamente perdida.

Cuando una deuda se echa a perder, usted tiene únicamente dos opciones: puede perdonar la deuda o levantar una demanda. Debería perdonar una deuda en dos circunstancias: uno, si su compañía ha cometido errores en el servicio que le brinda a su cliente y le ha proporcionado algún producto o servicio de mala calidad; o dos, si la persona que le debe dinero está completamente quebrada y no tiene absolutamente nada.

Usted debería perdonar una deuda en dos circunstancias: uno, si su compañía ha cometido errores en el servicio que le brinda a su cliente y le ha proporcionado algún producto o servicio de mala calidad; o dos, si la persona que le debe dinero está completamente quebrada y no tiene absolutamente nada.

Perdonar

Si se discute el tema desde un punto de vista espiritual, existe una diferencia entre el perdón y la reconciliación. Si un criminal atraca a alguien y le roba la cartera, desde una perspectiva espiritual, está bien sentirse herido y de mal genio. Lo mejor es perdonar a esa persona, no por ella sino por usted, porque si no, ese dolor y esa rabia se lo comerán vivo. De todas maneras, muchas personas confunden el perdón con la reconciliación. Si bien es cierto que usted debería perdonar al atracador, esto no significa que deba invitarlo a cenar o a cuidar de sus hijos. Si un perro malo lo muerde, perdónelo, pero aléjese de él porque muerde.

Las deudas para con su compañía deberían verse de la misma manera. Cuando sea apropiado, perdone la deuda. Sin embargo, eso no significa que le esté sugiriendo que continúe haciendo negocios o que le otorgue términos de pago a esa persona o a esa compañía una vez más. Hay una diferencia entre el perdón y la reconciliación. Ese perro muerde.

Nosotros solíamos tener un dicho sobre las quejas y los desaciertos. Yo le decía a nuestro equipo de trabajo: "Si me llega a mí, es gratis". Lo que eso significa es que mi equipo tiene que resolver el problema para y con el cliente, cautivándolo para que no tengamos clientes enojados en el mercado. Si el problema me llega a mí y tengo que manejar las equivocaciones, le voy a dar todo al cliente gratis y a la vista y se lo voy a cargar a la participación de las utilidades o al cheque de comisiones de alguien. En muchos años, no hemos dejado que los desaciertos de la compañía lleguen a mi escritorio, con excepción de algunos casos muy raros. No trate de cobrarle dinero a alguien a quien no le prestó sus servicios; eso es añadirle insulto a la injuria. Simplemente, olvide la deuda y déle a su cliente unas cuantas cosas más gratis para decirle que lo siente.

Usted también debería perdonar una deuda perdida cuando la persona o la compañía está quebrada y no tiene nada. La cuestión es simple: ellos no pueden pagar y usted no le puede sacar sangre a una piedra. Usted podrá estar muy disgustado y golpear la piedra con un martillo una y otra vez, pero no sangrará. La persona en bancarrota que es más difícil de perdonar es la que no está apenada por no pagar. La arrogancia de que no nos paguen lo que nos deben y de que no tengan ni siquiera el honor de sentirse mal nos dan ganas de entablar una demanda o tomar venganza de alguna manera. No desperdicie su energía emocional o su dinero. Usted ganará la demanda y luego ganará un juicio en contra de nada; demandar a alguien no hace que ellos puedan cosechar dinero. Ahórrese su dinero y mantenga bajo su nivel de estrés. Continúe con su siguiente negocio usando la energía que desperdiciaría golpeando una roca con un martillo.

Es mucho más fácil tener piedad y perdonar la deuda de una persona que está en la bancarrota, pero que no le puede pagar y está muy contrariado por ello. Una de las compañías punto com que mencioné anteriormente era administrada por un gran hombre que abrió un página web para ayudar a la gente con sus carreras. El sitio se creó antes de tiempo y no logró hacer dinero. A pesar de toda la promoción que se le hizo en mis anuncios de radio, su modelo de negocio no era bueno y él estaba condenado a fracasar. El pobre hombre vino a mi oficina a reunirse conmigo y con uno de nuestros vicepresidentes ejecutivos porque nos debía cerca de $22.000. Nosotros habíamos investigado qué estaba ocurriendo con el hombre y nos encontramos con que habían embargado su casa, su esposa lo había dejado y las computadoras que operaban el negocio también habían sido confiscadas. Él se sentó en mi mesa de reuniones con lágrimas en sus ojos y nos contó toda la historia. Como él estaba verdaderamente en la ruina, dado que yo ya había pasado por esa situación y en vista de que había prometido pagarme algún día, me sentí conmovido y escribí "Pagado en su totalidad" sobre su factura y lo liberé. Él estaba aliviado y continuamos con nuestro siguiente negocio con la energía que habríamos desperdiciado dándole una paliza a este pobre hombre. Realmente necesitábamos los $22.000, pero no importaba; él no tenía ese dinero y no lo iba a conseguir en el futuro cercano y, además, había sido lo suficientemente hombre para reunirse con nosotros en persona y explicar la situación.

Como cristiano, también me reservo el derecho de perdonar una deuda si siento que Dios me dice en mis oraciones que la perdone. Es extraño para algunas personas tratar de entender eso y, en verdad, a veces es difícil reconocer si me estoy sintiendo triste por alguien o si es la voz de Dios. A veces esas dos cosas son una misma cosa.

En ocasiones, una persona en la quiebra tiene una deuda que no puede pagar, pero uno sigue sintiendo como si esa persona tuviera que pagar algo y realmente quiere hacerlo. Una vez, le vendimos anuncios a una pequeña firma aseguradora que salió del mercado debiéndonos $12.500. El propietario nos dijo que nos pagaría todo el dinero. Nosotros observamos la situación y, sabiendo que no íbamos a recibir dinero por su parte prontamente, le ofrecimos perdonarle la deuda, pero virtualmente, él exigió pagar. Él dijo que nos enviaría $25 o $10 cada mes, lo cual fue un gesto simpático, pero matemáticamente no era más que eso: un gesto. Nos costaba más en horas de trabajo llevar la contabilidad para declarar los pagos que lo que realmente estábamos recibiendo. En ese momento, recordé una historia que Larry Burkett me contó una vez acerca de permitirle a una persona pagar su deuda en alguna entidad sin ánimo de lucro o en una iglesia. Nosotros llamamos a este hombre y le preguntamos qué había hecho como servicio en la comunidad y él nos explicó que cuando su madre estuvo en una residencia privada para personas mayores, él había observado cuantas personas no recibían visitas, así que, después de la muerte de su madre, continuó yendo a esa residencia por lo menos una vez al mes para leerles a los residentes. Nosotros le ofrecimos a él el trato de su vida: léale a las personas que viven en esa residencia y lleve una hoja de horas. Nosotros le dimos $100 dólares por cada hora hacia su deuda y él a su vez pagó totalmente su deuda ayudando a otros. Él se sintió muy bien, muchas personas mayores que vivían en esa residencia tuvieron a alguien que les leyera y, sinceramente, antes de que piense que yo soy un hombre genial, de cualquier manera, no íbamos a ver ese dinero.

Entablar demandas

Yo creo que el único momento en que usted debe considerar entablar una demanda es cuando el cliente transgresor tiene el dinero y simplemente no va a pagar, es decir, cuando su compañía no ha cometido ningún error y los fulanos simplemente no van a pagar a pesar de que están en toda la capacidad de hacerlo. Además, la deuda debe ser de un gran tamaño. Usted no querrá gastar miles de dólares en los honorarios de un abogado y en costos judiciales para recuperar $300. Le cuento que la mayoría de la gente no se da cuenta cuán complicada es una demanda. Si Winnie Pooh se encuentra una colmena llena de abejas, tiene que dar una larga pelea antes de que esa miel sea suya.

Personalmente, no le tengo miedo a pelear y algunas veces vale la pena entrar en la lucha. Sin embargo, entable demandas únicamente después de que esté listo para hacerlo y para esperar años a que salga el resultado. Entable demandas solamente si usted va a recibir un bienestar financiero y emocional tan profundo como para permanecer en los trámites hasta que gane. Con respecto a las demandas por recaudación, hasta el momento en que escribí este texto, únicamente he entablado dos demandas y, a pesar de que las partes estaban equivocadas y tenían los activos, gastamos más de lo que se nos debía y, en últimas, no recaudamos nada. En el primer caso, al final, ellos se fueron a la quiebra y, en el segundo caso, extrajeron los activos de la compañía. Nosotros intentamos levantar el velo corporativo, pero no funcionó. Mi conclusión es que las demandas casi nunca son rentables. Usted puede lograr una victoria moral, pero el costo es alto.

Proveedores

Todos los negocios subcontratan. Hay proveedores con los que usted trabaja con una baja regularidad, básicamente se trata de proveedores ocasionales. Luego, están los proveedores que le proporcionan a usted productos o servicios que son esenciales para su operación. Estos proveedores esenciales se convierten casi que en socios. Usted desarrolla relaciones personales con ellos y los ve prosperar gracias al trabajo que usted les brinda. A menudo, ellos se vuelven amigos y, en algún momento, usted se dará cuenta de que muchos de ellos han hecho negocios con usted por mucho más tiempo que lo que llevan muchos de los miembros de su equipo con usted.

Estas relaciones con los proveedores son tan importantes que le dedicaré el balance de este capítulo a hablar sobre cómo elegir y trabajar adecuadamente con los proveedores. Los errores cometidos sino se cumplen algunos elementos básicos les cuestan a las empresas millones de dólares cada año. Esta es la mecánica de cómo operamos nuestro negocio realmente. Si alguien quiere estar en mi equipo de liderazgo, tiene que conocer este material y ponerlo en práctica. Entre más grande o más importante sea el proveedor para su operación, mayor será la importancia de estos puntos.

Una relación de largo plazo y de alta calidad con un proveedor importante solamente se puede consolidar y mantener si el proveedor tiene cuatro elementos clave.

Integridad

La confianza es la base para cualquier relación. La profundidad de la relación, ya sea personal o laboral, se limita a la profundidad de la confianza que la sustenta. Yo he aprendido, siguiendo la ruta más difícil, qué tan importante es para los proveedores importantes que los guíen hombres y mujeres íntegros. Usted puede superar muchos obstáculos en el camino trabajando en acuerdos que se han venido al piso cuando trata con personas de calidad. Cuando usted se ocupe de sus proveedores principales, esté atento a los cambios sutiles y a las crisis de integridad. Estos signos son sus señales de alarma que indican que la caldera tiene fisuras y que puede explotar en cualquier momento.

Si un proveedor importante no cumple con una entrega o disminuye la calidad en un momento no adecuado, puede dejarlo a usted en una posición en la que no pueda prestarle sus servicios a su cliente. A su cliente no le importan los problemas de su proveedor, a él solo le interesa el hecho de que usted no le haya prestado sus servicios.

Una alta integridad le permitirá que su relación sobreviva los obstáculos y las contusiones propias de un mundo imperfecto. En el primer capítulo hablé sobre el liderazgo de arriba hacia abajo. Expliqué cómo "el óleo precioso que desciende sobre la barba" significa que así como marcha el rey, marcha su reino.

Algunos años antes, tuvimos un proveedor importante, un pequeño negocio local. Habíamos hecho negocios con ellos por años, con algunos inconvenientes menores. Sin embargo, todo comenzó a fallar sutil y lentamente. Dado que era un negocio que se encontraba en nuestra área, comencé a escuchar rumores de que el dueño estaba teniendo una aventura amorosa. Tiempo después, los rumores se hicieron ciertos cuando su esposa se dio cuenta y lo botó de su casa. Él continuó con su novia y se fue a vivir con ella. No fue una sorpresa que con todo este drama las operaciones de su negocio se hicieran cada vez peores. Finalmente, yo terminé en su oficina para discutir nuestros problemas respecto al servicio. Él compartió conmigo sus problemas maritales y cómo estaba tratando de recuperarse.

Puede parecer un poco desagradable, pero me di cuenta de que si la esposa de un fulano no puede confiar en él, ¿cómo podría yo tener confianza en él? Se lo expliqué y le di un último aviso: si él volvía a fallar, cambiaríamos de proveedor. No, yo no soy la policía en la cama de todo el mundo, pues realmente no tengo tiempo para eso, ni tampoco estaba tratando de castigarlo porque pensara que estaba fuera de línea, a pesar de que eso era lo que pensaba. Hay una simple regla aquí: un hombre en el que no se puede confiar no es digno de confianza, así que no iba a poner el futuro de mi negocio en el cumplimiento de los productos que él me entregara. En nuestra cultura, tratamos de dividir muchas categorías para hacer que nuestras racionalizaciones sean cómodas, pero lo hacemos a costa nuestra. Yo continué haciendo negocios con él y algunos amigos me criticaron por hacerlo, pues aparentemente ellos eran la policía de la cama. Tristemente, mi teoría resultó ser cierta cuando aquel negocio, que en algún momento fue muy bueno, se deterioró hasta que no pudimos seguir utilizando sus servicios. De todas maneras, no nos tomaron desprevenidos y estábamos listos porque reconocemos qué tan importante es tener un alto grado de integridad, y todo gracias a un proveedor importante. "Vale más el buen nombre que las muchas riquezas, y ser estimado vale más que la plata y el oro" (Proverbios 22:1).

Capacidad

Usted debe subcontratar porque un proveedor tiene conocimientos que usted no tiene, puede hacer algo que usted no puede o puede hacer algo más eficientemente que como usted puede hacerlo. Cuando usted evalúa la capacidad de un proveedor, usted está determinando no solamente si puede hacer el trabajo, sino si puede hacerlo según el volumen que usted necesita y siguiendo los márgenes de tiempo que usted requiere.

Tener un excelente precio no le ahorrará dinero si usted no tiene nada que vender porque su proveedor no produjo o le entregó su producto a destiempo. Usted puede ahorrarse cinco centavos por minuto en sus recargos de larga distancia, pero eso no le hace ningún bien si los teléfonos están dañados todo el tiempo porque su proveedor es malo. La capacidad puede ser una de las consideraciones más importantes en el momento de elegir o continuar trabajando con un proveedor.

Conforme su negocio crezca, usted se dará cuenta de que seguramente sobrepasará la capacidad de su proveedor, y es muy acertado monitorear esta situación para que no lo agarren desprevenido. Cuando yo mismo publiqué la primera edición de *La paz financiera*, la mandé a imprimir en una imprenta local que pertenecía a un amigo mío. Él publicó las páginas desde una cinta elaborada de mis originales impresos en láser en la sala de mi casa. La portada fue hecha en la misma imprenta, luego él envió las páginas terminadas con las portadas a una encuadernadora local, y *voilà*, teníamos un libro. Mi primera orden fue de mil copias, mi segunda orden fue de cuatro mil copias y luego ordené siete mil copias. Cuando estaba listo para hacer mi siguiente orden de siete mil copias, él me llamo para que habláramos. Parecía que mi librito se estaba haciendo lo suficientemente grande como para superar su capacidad. Él no había podido terminar las impresiones de sus otros clientes porque todo lo que hacía en su imprenta estaba dedicado a mis libros. Entonces me sugirió que hablara con algunos agentes de imprentas y como mi volumen era alto, podría reducir los costos a la mitad. Yo era tan novato en la administración de este tipo de cosas que nunca vi esto venir. Gracias a Dios él sí lo vio. Hasta el día de hoy seguimos siendo amigos y me siento muy feliz de que nuestra carrera en el mundo editorial comenzara con él.

Habíamos llevado al proveedor más allá de su capacidad. Otra regla de la capacidad es conocer los plazos de entrega de sus proveedores para la producción y planear su inventario y sus órdenes para cumplir con su programación. Si usted es un buen cliente o una gran clienta, ellos pueden —y a menudo lo harán— cambiar la programación de su producción y su plan de trabajo para servirle de una manera extraordinaria; sin embargo, si usted lo hace de manera regular, en algún momento lo decepcionarán. Conozca sus plazos de entrega normales y sincronice sus sistemas para que concuerden, o cambie de proveedores, pero no espere milagros de forma regular; es por eso que se llaman milagros, pues no ocurren muy a menudo.

Precio

El precio no debería ser la razón primaria para elegir a un proveedor. Pero si todos ellos ofrecen un mismo precio, eso puede ser el factor determinante. Definitivamente, usted querrá negociar y obtener el mejor contrato cuando trabaje con un proveedor, pero tenga en cuenta que su proveedor importante puede salir del negocio si le vende a usted a precios que le impliquen pérdidas. Usted quiere que ellos hagan dinero para que así puedan crecer juntos. Las empresas que desangran a sus proveedores sin pensar en el futuro generalmente no tienen una larga y maravillosa vida.

Entienda que nosotros negociamos fuertemente y somos muy buenos cuando se trata de obtener el mejor precio, sin embargo, también somos conscientes de que si ellos están perdiendo veinte centavos por sandía, no podrán compensarlo con la producción en volumen. Si usted gana demasiado, su victoria será corta y no se demorará en comenzar a buscar otro proveedor importante.

La ética del precio

Cuando reciba propuestas competitivas y comparta información, usted debe poner en práctica la regla de oro. Trate a su proveedor como a usted le gustaría que lo trataran si usted estuviera haciendo su propuesta competitivamente. ¿Le gustaría que alguien le mostrara a su competidor todos sus números y sus especificaciones para que su competidor pudiera ganarle esta vez al igual que con otros clientes? A mí no me gustaría, así que no lo hago. Nosotros elegimos las propuestas y si hay dos que están muy cerca, les decimos que son una de las dos últimas, de manera que puedan afilar la punta de sus lápices. En ese punto, sin divulgar quienes son los demás jugadores, les decimos que tienen que cumplir con cierto precio para continuar en el proceso. Si yo estuviera presentando mis propuestas, me encantaría saber el rango en el que tengo que estar para tener la oportunidad de quedarme con el negocio.

Cuando negocie, use el poder del dinero en efectivo. En muchos casos, usted no va a pagar, literalmente, su factura con efectivo contra entrega, sin embargo, si usted simplemente aclara su cuentas por pagar semanalmente o cada dos semanas, tal y como le enseñé en el capítulo sobre contabilidad, es como si estuviera pagando en efectivo. Pagar rápidamente es tan poco común que uno esperaría recibir un descuento adicional por hacerlo.

Si su proveedor comienza a decirle a la gente, por medio de folletos o de conversaciones, que ellos tienen negocios con usted, están teniendo una recomendación implícita. En mi mundo, la gente paga por las recomendaciones, así que si van a mencionarles a otros clientes potenciales que ellos hacen negocios con nosotros, no hay problema, pero yo también esperaría un descuento por ese servicio. Esa es una recomendación gratuita y por eso también debería haber alguna ayuda con respecto a los precios.

Cuando negocie, comparta con su proveedor su visión para el futuro. Recuérdele que si usted hace dinero, usted estará expandiendo su negocio y, como resultado, ellos tendrán más trabajo. Algunas veces, usted puede planear maneras de hacer que ellos sean sus socios de tal manera que ellos le proporcionen a usted pequeños servicios gratuitos que expandirán el futuro de los dos. Nunca permita que su negociación sea tan simple como para determinar el precio unitario. Siempre hay múltiples variables.

Calidad

Mantenga una buena reputación en el mercado por ser un proveedor firme, pero justo. Tristemente en nuestra cultura, algunas compañías se han convertido en especialistas a costa de que sus clientes acepten bienes o servicios de baja calidad. Cuando trate con un proveedor, una respuesta inaceptable frente a un problema de calidad es precisamente eso: inaceptable. No sea malo, duro o matón, pero tampoco se vuelva complaciente con los proveedores. A pesar de lo duro que trabajamos en nuestros negocios, todavía nos vemos presionados para ser buenas personas y aceptar productos o servicios que están por debajo de los estándares. Usted puede ser amable, pero nunca estar dispuesto a recibir una respuesta desacertada.

Yo estaba conversando con un cliente que quería que lo excluyeran de un contrato, que afectaría nuestra posición en el mercado por cientos de miles de dólares. El cliente era muy emocional y dijo que yo era increíblemente irracional, a lo que respondí, muy calmadamente, que yo podía vivir siendo increíblemente irracional, manteniéndolos atados a un acuerdo que no tenía ninguna necesidad de romperse, excepto por cuestiones de ego por parte de ellos. Una larga discusión terminó definiéndome como "increíblemente irracional". Una respuesta inaceptable es precisamente esa: inaceptable.

Nosotros le ordenamos a muchos proveedores diferentes decenas de millones de dólares en impresiones cada año para nuestros diferentes departamentos. La impresión no es difícil de evaluar. Simplemente está bien o no lo está. Hay una carta de color y especificaciones para ella, así que es lo que se ordenó o no lo es; aun así, nosotros gastamos gran cantidad de tiempo en conversaciones con nuestros nuevos proveedores diciéndoles que no aceptamos trabajos que estén por debajo de los estándares. Nosotros ayudamos cuando podemos, pero si producimos cosas de mala calidad, nos va a hacer ver muy mal, por lo tanto, no lo hacemos.

Mi programa radial comparte una pared de vidrio con nuestro lobby frontal, así que yo puedo observar lo que está sucediendo en nuestro lobby mientras estoy detrás de un vidrio a prueba de sonido. Recientemente, observé una conversación entre dos hombres en la que el lenguaje corporal y los movimientos de las manos eran tan claros que me recordaban el cine mudo. Un emprelíder que ha estado conmigo por años había ordenado un pequeño tiraje de un nuevo producto impreso para probarlo en el mercado. La carta de color y las especificaciones del producto eran muy claras. El nuevo proveedor trajo el pequeño volumen del producto y se encontró con mi emprelíder. Yo observaba mientras la cabeza de mi emprelíder se inclinaba para inspeccionar el producto. Él sacó la carta de color, el prototipo y las especificaciones y comenzó a mover la cabeza de lado a lado. El vendedor se puso tenso, se paró más derecho y comenzó a agitar sus brazos, gesticulando de una manera cada vez más salvaje. Mi emprelíder sonrió, inclinó su cabeza, escuchó y luego volvió a mover su cabeza en señal de desaprobación. El proveedor se agitó aun más y la escena se repitió nuevamente. La conversación terminó finalmente con un proveedor sonrojado yéndose con su producto, que no cumplía con los estándares de calidad. Fue muy interesante ver cómo ocurría todo esto sin escuchar ni una sola palabra y aun así conocer lo que había sucedido. Mi equipo ha aprendido muy bien estas lecciones.

Conclusión

Este capítulo es muy práctico y mecánico. El emprelíder entiende que administrar un negocio exitosamente es una cuestión muy práctica y mecánica. A veces, el manejo de algunas áreas del negocio, como los contratos, los proveedores y la recaudación puede hacerlo muy exitoso o llevarlo al fracaso. Quizá estas áreas no dañen los negocios en el interior de su organización, pero la manera como usted maneje estas funciones operativas revela con claridad quién es usted como líder. Sea intencional sobre las afirmaciones que hace frente a su equipo, sus competidores, sus clientes y la comunidad en general, a través de sus acciones en estas áreas. Los emprelíderes siempre están considerando las consecuencias no planeadas de cómo se manejan las actividades del día a día.

14

¡Muéstreme el dinero!

Sueldos que entusiasman a la gente

Cierre los ojos e imagine la cara del mejor y más fiel miembro de su equipo. Ahora imagine el rostro de su cónyuge, el de sus hijos e incluso el de su perro. Ahora imagínelo dirigiéndose todos los días a su trabajo entusiasmado con la idea de ayudarle a que su empresa triunfe. Si esa persona ha estado con usted una década y forma parte integral de su éxito, pues ya casi se puede considerar como un socio. Ahora bien, ¿lo remunera como un valioso socio o como una unidad productiva que puede desechar como la basura de la semana pasada? Si tiene miembros de equipo como el que aquí describo y utilidades netas de $10 millones, ¿estaría bien pagarles a esos miembros $1 millón de esos $10 millones?

Los miembros de su equipo, compuesto por gente de antigüedad, madurez y talento variado y, por supuesto, con distintos grados de aportes, pasan por un momento similar al de Jerry Maguire en la película del mismo nombre el día de la paga. Todos gritan por dentro, ¡*Muéstreme el dinero!* Algunos tienen una noción poco realista sobre lo que en efecto han aportado a la mesa y otros merecen que usted sea más generoso. Trate a su equipo como a usted le gustaría que lo trataran si estuviera en su lugar. Págueles.

Jesús dijo: "Donde está tu tesoro, allí está también tu corazón". Es decir, gastamos nuestro dinero en las cosas que nos importan. El sistema de remuneración de una empresa es un claro reflejo de sus valores y cultura corporativos. Ningún líder quisiera un edificio lleno de autómatas marcatarjetas. Por el contrario, los verdaderos emprelíderes se toman la estructura salarial muy en serio, entre otras cosas, para encontrar maneras de incrementar la productividad global e incentivar excelentes desempeños. Ahora bien, la creatividad es la clave cuando quiera que estemos considerando el asunto de la remuneración, ya se trate de compartir ganancias o de pagar comisiones, de dar bonificaciones u ofrecer prestaciones.

De nuevo, una organización invierte su dinero en aquello que valora. Recuerdo una vez que asistí como invitado a la reunión de la junta directiva de una iglesia para aconsejarlos respecto a su presupuesto. Esta iglesia en particular era un lugar extraordinario, sus miembros gente amable y cariñosa. Pero enfrentaban algunas decisiones presupuestarias difíciles y se trataba de un presupuesto multimillonario. No sé si con el propósito de impresionarse a sí mismo o para impresionar a quienes lo rodeaban, uno de los líderes echó un discurso de cinco minutos sobre lo importante que eran los jóvenes y los niños de la iglesia y lo mucho que ésta valoraba a la niñez. No me siento muy bien en esos ambientes —no me gusta participar en juntas, ni siquiera como consejero— de modo que yo permanecía inusualmente callado. Sin embargo, tras su breve discurso me pareció que tal vez valía la pena una pequeña dosis de realidad y entonces tomé la palabra. Me dirigí al pastor y los otros líderes señalando aquellas cosas que venían haciendo bien y finalmente les dije: "Sin embargo, ustedes realmente no consideran que los niños son importantes". Como comprenderán la cosa no cayó muy bien. Les señalé que los directores de los ministerios para la niñez y la juventud eran los miembros peor pagados del equipo y que asignaban menos del 1,5% de su multimillonario presupuesto a la gente con menos de dieciocho años de edad. Podían pasarse el día entero hablando sobre lo mucho que amaban y valoraban a los niños pero, a juzgar por lo anterior, no estaban obrando de acuerdo a sus opiniones... en otras palabras, simplemente no estaban diciendo la verdad.

Si valoramos a nuestro equipo, sus miembros lo sabrán de muchas maneras, y una de las maneras es que se les pague... y que se les pague bien. Ahora, pagar bien no significa pagar más de la cuenta basados en el aporte de cada cual. Su equipo sabe qué aspecto tiene el dinero y cómo fluye a su alrededor; no son tontos. Este capítulo trata sobre cómo compensar a su meritorio equipo. A lo largo de los años he conocido muchos miembros de mi equipo que creían merecer más de lo que recibían—esto, sin embargo, es un asunto para el capítulo de contratación y despidos— pero los muy buenos miembros deben ser premiados con dinero.

Conozco a alguien cuya compañía, en su apogeo, tenía ventas brutas de más de $50 millones al año. Los ingresos personales de este señor ascendían a varios millones al año. El hombre había empezado en su garaje diez años atrás y sus líderes clave habían estado con él desde el comienzo... y a ellos les debía buena parte de su éxito. Tenía cerca de 120 empleados y ninguno de ellos, incluyendo los líderes que habían estado allí desde los inicios, ganaba más de $100.000. Quizá a algunos de ustedes eso les parezca brillante, pero a mi modo de ver no es más que cruda avaricia. ¿Ya imaginaron el fin de la historia? Sí, correcto: los talentosos líderes (socios virtuales) menospreciados se cansaron de oír lo muy importantes que eran sin que eso se manifestara en los cheques. La compañía empezó a desbaratarse a medida que el talento fue abandonando el lugar.

Usted bien puede seguir al pie de la letra todo lo que he dicho sobre cómo armar un equipo e igual fracasar si no les da las gracias a la hora de pagarles. Todo, el reconocimiento, la unidad, la lealtad y la comunicación, empieza a sonar con sordina, a enmudecer e incluso a sonar hipócrita cuando no va acompañado de una paga generosa.

Adoro los incentivos que le permiten a la gente compartir en el triunfo. Si usted trabaja en mi equipo, se levanta, sale de la cueva, caza una presa y la trae de vuelta, yo la compartiré con usted. Le pagaría de buena gana una comisión simple a mi recepcionista si se me ocurriera la manera. Quisiera que todo el mundo trabajara con mentalidad de quienes trabajan por cuenta propia, con cierto sentido de propietarios, para que luchen hasta ganar. Me alegra ver gente que se hace rica a punta de comisiones, pero me tienen sin cuidado aquellas que se mueren de hambre porque no trabajan lo suficiente o por ineficaces. Dado mi gusto por compartir con los miembros de mi equipo que hacen que triunfemos, tengo un programa de remuneración y retribuciones complicado —quizá demasiado complicado, pero deja ver con claridad el mensaje de que triunfar se recompensa y que perder no.

Sea deliberado

Sea muy deliberado respecto a lo que valora. Con los planes de remuneración y compensación ocurre algo muy parecido a lo que ocurre con el reconocimiento: tenga el buen cuidado de recompensar las actividades que quiere que se repitan, que quiere ver duplicadas. La actividad de su equipo pronto gravitará en una dirección que refleja la manera cómo son remunerados sus miembros, de modo que asegúrese de que solo paga por aquellas cosas que quiere que se hagan. Hay muchas maneras de pagar a la gente. Observemos unas cuantas de ellas y luego decida a cuáles métodos recurrir para pagarle a su equipo.

Salario

Son muy pocos los modelos de cargos con salario único que en verdad motivan e inspiran a la persona en procura del triunfo. En última instancia, hasta la persona más contenta y satisfecha se cansará de ver a su alrededor gente que prospera a pesar de que ella trabaja igual de duro. Son muchos los puestos en una empresa en donde un salario fijo es la única manera lógica de pagarles a esas personas, pero vale la pena meterle imaginación y creatividad al asunto para encontrar maneras de agregarle algo a ese paquete. En nuestro equipo no hay un solo miembro con salario único. Todo el mundo de alguna manera participa de las ganancias.

Compartir utilidades

Compartir sus utilidades es una excelente manera de dar las gracias, de decirles a los miembros de su equipo "apreciamos su trabajo". Sin embargo, hacerlo puede ser muy peligroso si no se hace bien. De hacerlo mal, el empleado puede llegar a dar por sentado ese compartir de utilidades o empezar a ver ese dinero como un "derecho" o, peor aun, ni siquiera "contar" ese dinero (ver más abajo). Todas esas cosas han ocurrido en nuestra empresa, de manera que en verdad hemos trabajado muy duro para superar esos problemas.

Cuando empezamos a compartir nuestras utilidades pensamos que todo el mundo iba a quedar encantado. El efectivo era escaso, de modo que apartamos algo de las utilidades para el equipo, cada trimestre, y lo denominamos "prima trimestral". El método presentaba varios problemas que al comienzo no vimos. Con todo, hace ya varios años empezamos a vislumbrar lo poco eficaz que era este sistema de primas cuando la asistente de uno de nuestros vicepresidentes presentó su preaviso de renuncia. Se trataba de una gran asistente, de modo que mi vicepresidente le preguntó por qué se iba. La mujer contestó que en otra compañía le iban a pagar mejor. ¿En serio? Su nuevo empleador le iba a pagar un salario de $38.000. Nosotros le veníamos pagando $35.000 y su prima trimestral el año anterior había ascendido a $7.000, para un total de $42.000. A la hora de la verdad, ¡la mujer había aceptado una reducción salarial! Cuando se le preguntó por qué no había considerado los $7.000, su respuesta fue que no podía "contar" con ese dinero ya que no estaba garantizado. ¿*Que qué?* Muy bien, si usted no lo quiere "contar" no lo cuente; yo sí, y me lo guardo.

Una vez aterricé, me encontré con unas cuantas instancias similares en la compañía y comprendí que estábamos desperdiciando cientos de miles de dólares. Nuestra idea era ofrecer un salario ligeramente por debajo de lo que se ofrecía en el mercado, pero al compartir las ganancias algunos de los miembros del equipo serían los mejor pagados en su área. ¡Sin embargo emocionalmente no lo estaban "contando"! Esto es lo que yo llamo un programa fallido.

Nuevos animales

Organicé un intercambio de ideas con un grupo de nuestra gente de apoyo, asistentes, personal de informática y otros puestos con salario. Cerca de quince de nosotros pasamos quince días en mi sala de juntas discutiendo el asunto. Escuché y escuché y escuché hasta que empecé a comprender que en esa sala había gente con un cableado completamente distinto al mío. Para ponerlo en términos más sencillos, en nuestra compañía teníamos dos tipos de animales. Aquellos que se parecían a mí eran del tipo emprendedor, que les gusta la comisión simple en mano. El tipo de persona que le gusta cruzar la cuerda floja sin red de seguridad. Confiamos tanto en nuestras capacidades que estamos dispuestos a tomar el riesgo de quedarnos sin ingresos para apostarle a grandes ingresos. No importa cuál sea su caso, no le ponga cortapisas a ese tipo de animal. Nosotros llamamos a ese animal el tigre. Los tigres rugen y corren por la selva haciéndose a lo que quieren; a ellos nada se les puede negar.

En aquellas reuniones empecé a comprender, por primera vez, que en nuestra empresa no todos éramos tigres. Estaba haciendo suposiciones y diseñando planes de retribución como si todo el mundo fuera un tigre. Estimaba mucho a los miembros de mi equipo en cargos administrativos o cumpliendo funciones de apoyo y creía haber contratado tigres para esos cargos porque todos eran excelentes miembros de equipo. Pues estaba equivocado. No eran para nada tigres y todos estaban, para ser honestos, molestos de que se les tratara como tigres.

Una mujer fue clave para conducirme a la anterior revelación. La mujer dijo: "En mi calidad de asistente, me siento más o menos como un mesero pretencioso en un restaurante supercostoso. Vale, lo atiendo, pero en realidad me siento superior. Me siento muy digna y me da el mismo placer que da un logro cada vez que lo ayudo a desempeñarse a un nivel que jamás alcanzaría si yo no estuviera aquí. No necesito salir de la cueva a cazar nada; triunfo haciendo que la compañía y usted sean mejores a pesar suyo". En tanto empezaba a comprender a este distinto tipo de animal, empecé también a respetarlos más. Los llamamos los osos koala porque, si bien parecen muy cucos y adorables, perfectamente pueden llegar a matar cuando menos lo esperamos.

La meta que me proponía al reunirme con este grupo era aprender cómo compartir dinero con ellos y que ellos lo "contaran". No quisiera pagar dinero y luego enterarme de que alguien no "cuenta" emocionalmente ese dinero. En fin, durante aquellas discusiones aprendí que el reconocimiento es muy importante para los osos koala y que un sueldo mensual contribuiría a que lo "contaran" mejor que si lo contaban por trimestre. También aprendí que con todo el mundo hay que hablar sobre el ADN de nuestras utilidades para que repartirlas no se convierta en un *derecho*. El propósito de compartir las utilidades es que todo el mundo llegue a sentirse como un socio empresarial autónomo.

De manera que cambiamos radicalmente nuestra manera de compartir utilidades. Primero, nos deshicimos de todos los miembros del equipo y líderes que trabajaban a comisión y que ya tenían grandes ingresos a partir de otros planes de retribución atados a la producción. Así, el grupo de gente más pequeño dejaba más dinero disponible para los cargos administrativos y sin comisión. Sacamos un poco de las utilidades para compartir y las invertimos en toda la compañía subiéndoles el salario a los osos koala de manera que quedara ligeramente por encima de lo que ofrecía el mercado. Luego transformamos la "prima trimestral" en un plan mensual de "utilidades compartidas". El equipo no conoce el porcentaje de las utilidades que asignaremos porque ese porcentaje lo podemos subir o bajar año tras año con el propósito de alcanzar nuestras metas motivacionales.

Examinamos y desarrollamos, con lujo de detalles, una fórmula para establecer cómo asignar el dinero a todo el mundo. Nosotros somos todos personas a quienes nos estimula la ejecución y el buen desempeño, de manera que aquello de "horas dedicadas al trabajo" o de "antigüedad" nos sonaba demasiado corporativo.

Pero mientras elaborábamos la fórmula y le hacíamos varias pruebas, descubrimos algo sobre nosotros mismos. Descubrimos que si alguien es un empleado mediocre, pues no se queda con nosotros, de manera que las únicas personas que han permanecido años con nosotros están porque son excelentes. También comprendimos que en nuestra cultura empresarial se honra a los pioneros, de modo que entre más tiempo ha estado una persona con nosotros, más le debemos porque nos ha ayudado a estar donde estamos. En consecuencia, y para nuestra sorpresa, la fórmula a la que llegamos le otorga a los años en el trabajo un 50% del peso a la hora de establecer el monto de las utilidades compartidas que se le asignará al miembro del equipo. El 33% del peso lo otorga un puntaje personal que se da por esfuerzo y actitud y el 17% restante se basa en la productividad del departamento en el que la persona trabaja. En breve, será responsabilidad suya, estimado lector, establecer qué quiere premiar y qué peso darle, pero yo le recomiendo invertir todo el tiempo que sea necesario para hacerlo bien, porque de lo contrario más le valdría quedarse con su dinero.

La última cosa que cambiamos fue aquello de cómo pagar el dinero de las utilidades compartidas. Todos los meses, durante la reunión de personal directivo, antes de que salgan los cheques, me paro frente a ellos y repito un tonto y elemental recordatorio. En primer lugar, les recuerdo que compartir utilidades significa que yo estoy "compartiendo" algo de mis "ganancias" (espero hasta que ellos terminen la oración al unísono). Lo hago para que por ningún motivo se vaya a crear la sensación de que se tiene un derecho a ese dinero; la cosa no tiene por qué volverse automática. Luego continuamos la rutina recordándoles que las utilidades se dan cuando los ingresos "aumentan" (de nuevo en coro) y los gastos "bajan" (ídem de ídem). Acto seguido anuncio que nuestras utilidades subieron o bajaron durante el mes pasado y subieron o bajaron respecto al mismo mes del año anterior, explicando que sus cheques subirán o bajarán respecto al mes pasado y que subirán o bajarán respecto al mismo mes del año anterior. Y hacemos esto para recordarle a todo el mundo que, en último término, todos somos trabajadores independientes, autónomos, de manera que alguien que mantiene bajo sus gastos debe ser celebrado tanto como alguien que sube los ingresos, porque ambas cosas inciden sobre el cheque de todo el mundo, el mío inclusive.

Todo esto puede parecer demasiada molestia e incluso algo infantil, pero así las cosas ya no queda confusión alguna respecto a de dónde provienen las utilidades y el papel que cada cual juega haciendo dinero juntos. Nosotros pagamos millones de dólares en utilidades compartidas cada año, y me encanta compartirlas con el equipo que nos ha ayudado a triunfar. También me encanta compartir ese dinero porque lo "cuentan" y lo agradecen y porque la fórmula premia las cosas que valoramos. Eso es lo que yo llamo valor por su dinero. Me encantaría si una de nuestras secretarias en algún lugar de nuestra empresa se está ganando dos o tres veces más de lo que otras compañías pagan por el mismo cargo gracias a que nuestras utilidades compartidas premian el número de años de excelencia que todos nos han aportado. Y no olvide que, cuando las utilidades bajan, el asunto se siente y todo el mundo lo nota, como debe ser.

Las comisiones

Las comisiones son un tema fácil porque no son más que una cuestión de incentivos. Hay varios tipos de programas de comisiones.

La comisión simple

La comisión simple es muy sencilla: alguien vende algo, cobra el dinero y luego recibe un porcentaje. Esto significa que si no hay venta, no hay dinero. Como me formé en bienes raíces, mi cabeza funciona así. Sin embargo, he aprendido que con frecuencia, incluso gente de calidad necesita un poco de ayuda cuando empieza a trabajar conmigo para cumplir su pronóstico de ventas y empezar a hacer dinero.

Sueldo más comisión

Una manera de lidiar con el asunto del período de inicio es ofrecer una comisión que se suma al sueldo, a un porcentaje más bajo. El pequeño salario puede cubrir los gastos de alimentación básicos, de manera que el representante comercial puede comer mientras empieza o cuando tiene un mes malo. Mantenga el salario escasamente por encima de la inanición; lo último que queremos es un representante comercial al que no lo motive el dinero.

Avance sobre comisiones

El avance sobre futuras comisiones es mi método favorito. El avance constituye una especie de salario que le sirve al representante como base para poder empezar o para sortear un mes malo. El porcentaje de la comisión es alto y bueno, pero la comisión no se paga hasta que el avance no haya sido reintegrado cada mes. Entonces, si el avance es de $2.000 mensuales, no habrá pago alguno ese mes mientras no se hayan ganado $2.000 en comisiones.

Ahora bien, si permite que los avances no reintegrados se refinancien de un mes a otro, tenga cuidado de que el saldo acreedor no crezca demasiado. Si crece mucho, es probable que tenga que salir del representante o, si ha estado vendiendo una línea de productos nueva que no había sido aprobada antes, es probable que le toque cancelar el balance y empezar de nuevo. Un avance sobre futuras comisiones que el representante no logra cobrar es muy desalentador.

Una vez lanzamos un nuevo producto y el balance acreedor de la representante llegó a casi $30.000. El gran saldo acreedor de los avances no solo era matemáticamente desmoralizador, también parecía decirle todas las mañanas a la mujer que ella era un fracaso. De haberse tratado de una línea de producto que ya se había probado, con otros diez representantes que estuvieran ganando bien, jamás hubiéramos dejado crecer ese saldo hasta tal punto; hubiéramos salido de ella mucho antes. Pero se trataba de una gran representante comercial y estábamos intentando resolver las complicaciones de una nueva oferta, de manera que resolvimos empezar de cero y permitirle hacer algún dinero. El alivio en su cara fue impresionante y desde entonces nos ha hecho mucho dinero, prueba de que es buena.

Algunas empresas exigen que el representante firme una nota por el saldo debido, lo que convierte el avance en deuda. No me convence ese método. Considero que debo estar dispuesto a invertir en el representante y en la línea de productos como dueño de la empresa.

En algunos de nuestros departamentos suspenden el avance y pasan a la comisión simple cuando ha pasado tiempo suficiente y el representante tiene ya una cuenta de la que puede comer. La cantidad de tiempo que permite continuar los avances debe ajustarse al tipo de producto o servicio que usted vende. Un representante que vende un producto de bajo precio por lo general puede cumplir su pronóstico de ventas en noventa días; a estos los llamamos caza conejos. A los representantes que se dedican a los elefantes, productos que se solicitan con menos frecuencia, necesitan avances hasta de 180 días. Debe ser muy delicado a la hora de establecer el equilibrio entre hambre e incentivo. Implicará hacer pruebas de acierto y error, pero sobre todo lo que debe recordar es que los vendedores quebrados huelen mal. Tienden a presionar a los clientes y llevan su marca a lugares donde usted no quiere ir.

Para los representantes "en comisión" jamás debe ponerles un tope a lo que pueden vender. Hay unas compañías tan chatas que les ponen topes a sus representantes comerciales para que no vayan a ganar más que uno de los ejecutivos. Eso es miopía y estupidez. Si golpea la billetera de quien produce no espere que éste dure mucho tiempo.

Bonificaciones por utilidades y pérdidas

El plan de bonificaciones por utilidades y pérdidas es el plan de remuneración más arriesgado e ingenioso que usamos. Se trata de un plan para emprelíderes al mando de uno de nuestros departamentos o divisiones más grandes. Nosotros montamos nuestras áreas mayores con su propia sección de costos y beneficios o pérdidas y ganancias. El vicepresidente o vicepresidente ejecutivo de esa área maneja su propia compañía dentro de nuestra compañía. Reciben un salario de porquería y un porcentaje de las utilidades netas que se paga el quince del mes siguiente al que se está calculando. Así las cosas, recibirán el cheque con el porcentaje de marzo el 15 de abril. Todas y cada una de las personas en este plan está ganando más dinero del que jamás ganaron en sus vidas.

El plan da miedo porque toca en verdad estar emocionalmente preparado para que alguno de ellos logre hacer crecer su negocio hasta tal punto que se le pagarán millones de dólares. ¡Dios! Ahora bien, lo mejor de que eso llegue a ocurrir, por supuesto, es que para que a ellos se les paguen millones, a usted tendrían que pagarle millones de millones. Con todo, esto pone a prueba lo que quiera que pensemos respecto aquello de compartir con nuestros productores.

El plan es ingenioso porque el método de retribución en cuestión hace que ellos manejen y vean su departamento como su negocio propio. Luchan por manejar el flujo de caja, mantienen los ingresos altos y los costos bajos, conservan a la gente buena y salen de la mala y, para rematar, tienen una visión del futuro. Si pone a la gente indicada en esta silla en su autobús y usted no se deja llevar por la avaricia, tendrá resultados fabulosos; ese ha sido mi caso. Estos miembros de mi equipo no son accionistas de la compañía. Y no tienen opción de comprar acciones, pero tienen la posibilidad de ganarse magníficos ingresos, como si fueran socios.

Investiduras

El último tipo de plan de remuneración que nos inventamos es para líderes clave que no manejan un departamento de costos y beneficios. Yo quiero que mi jefe de finanzas, mi jefe de operaciones y algunos de los líderes clave participen de los altibajos de nuestros ingresos, y con ese propósito hacer que una buena parte de sus muy buenos ingresos se basen en la métrica de desempeño del negocio. Siempre, en un esfuerzo por compartir e incentivar, hemos desarrollado directrices para investir o dotar a ciertos líderes claves. Esta investidura o dotación les otorga su salario más un porcentaje no revelado de los ingresos brutos de toda la compañía o solo de su división. Somos muy claros con ellos en aquello de que esta obligación se limita a la rentabilidad y que está sujeta a cambio dado que debemos cuadrar muy bien nuestras cifras. Sin embargo, casi nunca la cambiamos porque, de nuevo, su intención es entusiasmar a la gente a que participe en las pérdidas y ganancias, de manera que si intervengo allí todo el tiempo, los líderes involucrados perderán la sensación de que tienen algo que ver con el destino de sus ingresos.

Cambios en la remuneración

Los aumentos de sueldo son fáciles y es divertido otorgarlos. Siempre hágalos acompañados de elogios. Elogie a la persona y su desempeño, proceda con el aumento, y vuelva a elogiar a la persona. Asegúrese de hacerlo involucrando a todos los líderes que rodean a la persona para que ésta sepa que el aumento es unánime; esto evita que algún líder diga que respaldó a otra persona. Es decir, presente un frente unido. El supervisor inmediato debe ser el único que habla y los otros líderes "mayores" deben guardar silencio. El supervisor inmediato es quien dirige el día a día, de manera que otórgueles la influencia ganada dejándolos otorgar el aumento; así, de alguna manera, están recibiendo el crédito. Los otros líderes estarán ahí solo para presentar un frente unido.

Nunca baje un sueldo a menos que el desempeño no sea bueno o porque usted tenía un plan de retribución experimental que se reservó el derecho de ajustar. Nosotros casi nunca bajamos un sueldo por mal desempeño: una de dos, mejoramos el desempeño o la persona se va. Nunca trato de sacarle mucho jugo a un jugador mediocre; prefiero pagar buenos dólares a una superestrella.

Cuando esté diseñando un plan de retribución con vistas a una nueva área no probada, resérvese siempre a hacerle ajustes al plan tras un período de tiempo. Si no lo hace, y se ve en aprietos, se puede ver perdiendo dinero para cumplir con su palabra.

Cuando recién empezábamos contraté a un tipo para que nos

pusiera al aire en la radio en más ciudades. Acordamos pagarle $5.000 por emisoras en las cien ciudades más grandes. Recuerden que yo no hago dinero de manera inmediata cuando una emisora saca al aire nuestro programa. Con el tiempo, a partir de ventas en publicidad y asuntos como la venta de libros, hacemos dinero, pero eso toma un tiempo. En fin, mi nuevo representante comercial consiguió cuatro ciudades en un par de meses. Le debía $20.000 y no me estaba entrando dinero. Fue un plan de remuneración espantoso. No fui lo suficientemente astuto como para reservarme el derecho a cambiarlo si no funcionaba y gracias a Dios el tipo se dio cuenta de que estaba en una situación sin salida. Nos sentamos juntos y reelaboramos su plan de manera que ambos pudiéramos ganar algo. Pero eso me enseñó que siempre debo darme un margen para rehacer el plan si la primera versión resulta mala.

Prestaciones

La mayoría de las pequeñas empresas no tienen efectivo suficiente para ofrecer mayor cosa en términos de prestaciones como lo hacen las compañías grandes. Yo solía sentirme en desventaja competitiva cuando trataba de contratar gente. Pero en realidad no estamos en desventaja. El tipo de empleado que asume un empleo por las prestaciones y el plan de ahorros conocido en Estados Unidos como el 401(k) no es el tipo de persona que yo quiero en mi equipo. Quiero gente con mentalidad de emprelíderes autónomos. Quiero gente que valore la atmósfera de familia y la increíble cultura que hemos construido... y que muy pocas compañías tienen. De manera que las enormes compañías con sus grandes paquetes en prestaciones en realidad no compiten conmigo en la búsqueda de talento porque yo ofrezco un mundo completamente distinto. Es probable que aquellas compañías no quieran el tipo de gente que yo quiero y que el tipo de persona que yo quiero no funcione con ellas.

Las primeras prestaciones que ofrecimos eran productos nuestros gratis. Más tarde pudimos hacer canjes con distintos anunciantes y compartíamos comidas gratis con miembros de nuestro equipo. Simplemente no teníamos dinero para ofrecer las prestaciones tradicionales.

Seguro de salud

Cuando finalmente tuvimos miembros suficientes en nuestro equipo como para que las primas del plan de seguro colectivo fueran algo más que una póliza individual, instauramos un plan de seguro de salud, pero los miembros del equipo tenían que pagar el 100% de su seguro. Más tarde acordamos pagar $25 mensuales a favor de sus seguros durante un año, luego $50, luego $75. Y así, cada uno o dos años, a medida que crecíamos y nos hacíamos más rentables, fuimos pagando un poco más, hasta que llegamos a pagar cientos de dólares mensuales. Tomamos la decisión de nunca pagar el 100% del seguro de salud. Las primas cuando se trata de un empresa pequeña suben de manera dramática cada año y además queremos que nuestro equipo conserve siempre esa mentalidad autónoma, de trabajador independiente, esa dosis de realidad. Aquello de pagar el 100% es muy bonito, pero sus costos se pueden doblar en un año y a su equipo eso lo tendría sin cuidado. Un año aumentamos lo que aportamos para el seguro en $50 al mes, pero las primas habían subido $75 al mes, de manera que anunciamos el aumento de $75, dejamos que la cosa ardiera un rato, y solo después anunciamos que nosotros aumentaríamos nuestro aporte en $50. Estoy seguro que esa medida generó más gratitud que el otorgamiento de un derecho. Sé que el tema de la salud es un asunto muy delicado y usted puede hacer como mejor le parezca en su negocio; eso es lo que yo hago en el mío.

Seguro de invalidez

Observemos el seguro de invalidez. Es el único seguro por el que pagamos el 100%. Lo hacemos porque en esta categoría la mayoría de la gente tiene seguros insuficientes y francamente porque no cuesta mucho. Las tarifas para seguros de invalidez para grupos todavía son muy buenas.

Fresco y creativo

Haga por su equipo cosas raras que promuevan cosas que usted valora. Cerca de una tercera parte de nuestro equipo corre en la media maratón local todos los años. Les reembolsamos la inscripción si se ponen la camiseta de la empresa y terminan la carrera. Por lo general logramos que donen la camiseta con logos de algunos patrocinadores, cosa que les da una pinta chévere y las hace gratis.

Pagamos las tarjetas de membresía al economato y las de algunos gimnasios. Tenemos un arreglo muy bueno con un sitio web jurídico, de manera que les ofrecemos un testamento gratis a todos los miembros del equipo. Hicimos algo parecido respecto a la protección contra el robo de identidad, de modo que ofrecemos este beneficio gratis. De vez en cuando arrendamos el teatro local para presentaciones privadas exclusivas para nuestro equipo y sus familias.

Empezamos a organizar ocasionales almuerzos para toda la compañía durante una semana laboral en las que cada persona aporta un plato. Esta construcción de relaciones genera tales sinergias que empezamos a encargarnos de hacer un almuerzo gratis una vez al mes. A partir de lo que ahora escribo, estamos organizando un almuerzo a la semana. Todos los meses anunciamos los cumpleaños en la reunión de personal y repartimos torta y helado después. Compramos boletos para la temporada de fútbol y hockey profesional y los rifamos cada semana. En fin, hacemos muchas cosas realmente divertidas, pero cuando empezamos no hacíamos nada; no teníamos el dinero. Tuvimos que ser creativos para dar las gracias y a medida que las utilidades aumentan asignamos dinero a programas de recursos humanos que permanentemente estamos tratando de soñar.

Semana pastoral

Una verdadera prestación benéfica fue la decisión que tomamos de darles a los miembros del equipo una semana libre si la usaban para trabajar en alguna organización certificada sin ánimo de lucro. De modo que ahora tenemos gente trabajando en orfelinatos en Haití, programando sitios web para refugios para gente sin hogar o mujeres maltratadas, haciendo traducciones para misioneros y tantas otras obras pastorales como usted pueda imaginar, locales o alrededor del mundo. Tienen derecho a esta semana libre después de haber trabajado un año con nosotros y después de presentar la actividad para su aprobación. Tuvimos que definir muy bien la cosa porque hubo gente que quería incluir velar por su perro mientras estaba echado en una hamaca.

Cuentas de jubilación

De nuevo, cuando empezamos no ofrecíamos ningún plan de jubilación. Al tiempo que crecimos empezamos un plan de jubilación conocido en Estados Unidos como SIMPLE 401(k) que cuesta casi nada en gastos administrativos, pero que nos obliga a aportar el 3% del primer aporte del miembro del equipo. Cuando nos hicimos más grandes incorporamos el tradicional 401(k) con opciones Roth y comenzamos a aportar el 4% una vez el miembro había estado con nosotros por lo menos un año.

Educación

John Maxwell dice: "Una de dos: invertimos en nuestro equipo para aprender, en cuyo caso quizá se marchen con la educación que les dimos gratis, o no invertimos en ellos para aprender, en cuyo caso permanecerán tontos pero seguirán con nosotros". Cuando el Internet aún estaba en sus elementales comienzos, Thomas, un asistente, se acercó para preguntarme si podía crear una de esas cosas nuevas que llamaban un sitio web. Prometió hacerlo al caer las tardes y no usar valioso tiempo de trabajo porque sabía que nosotros no teníamos ni idea de lo que él estaba hablando. El tipo diseñó nuestro primer pequeño portal, lo subió a la red y, en efecto, hizo algún dinero. ¿Quién lo hubiera pensado? El hombre empezó a pasar más y más tiempo en su cosa hasta que por fin un día se apareció en mi oficina y me dijo que debíamos invertir en un curso para él. Quería que yo pagara $4.500 por un curso, más pasajes de avión y hotel, para que pudiera asistir a un curso de una semana en ColdFusion en Oklahoma City. Yo no sabía qué era ColdFusion —sigo sin saber— y pensamos que $4.500 era una enorme cantidad de dinero. Sin embargo, la World Wide Web empezaba a parecer como algo que bien podría valer la pena. De manera que nos llevamos la mano al bolsillo para que Thomas se hiciera experto en ColdFusion.

Tres semanas después de su regreso el tipo había reformado y puesto al día todo el asunto. Era un programador entusiasta, por decir lo menos. Entonces, un buen día, levanté la cabeza y lo vi de pie frente a mi escritorio con una cara rara. Me dijo: "Dave, tengo un problema enorme". Al parecer, una de las compañías punto com le acababa de ofrecer a nuestro pequeño experto en ColdFusion $90.000 al año y nosotros le pagábamos menos de $30.000. Era un buen hombre, de manera que entró en conflicto con la posibilidad de irse apenas tres semanas después de que habíamos pagado por su capacitación. Pero yo siempre respiro profundo y hago por mi equipo lo que me gustaría que alguien hiciera por mí. Thomas tenía dos pequeños hijos y yo no podía pagarle esa suma de dinero, de manera que sonreí y le ayudé a desocupar su escritorio, le di mi bendición y le deseé lo mejor. ¡Ayayay!

Sí, algunas veces pagamos por su educación y se marchan con la capacitación que les dimos, pero la alternativa es no pagar por su educación y hacer que se queden, pero que se queden tontos. Si nuestra organización valora el crecimiento personal y el conocimiento, bueno, pues a predicar con el ejemplo.

Nuestro primer programa educativo le pagaba a un miembro del equipo un curso si éste tenía algo que ver con su trabajo. Hoy por hoy se ha ampliado y decimos que tanto valoramos la educación y el crecimiento personal de la gente que pagamos hasta cierto monto todos los años por cualquier curso que aprueben. Y lo curioso es que la gente con la mente estimulada suele ser la mejor, más creativa y apasionada del equipo.

Hemos gastado decenas de miles de dólares para enviar miembros del equipo a los cursos de Dale Carnegie. Son excelentes cursos para capacitar a las personas, hacer que crezca la confianza en sí mismos y, por supuesto, para que aprendan a hablar en público. Hacerlo ha sido una gran inversión y seguimos haciéndolo.

También hemos ampliado nuestro programa educativo para dar un par de becas a bachilleres recién graduados hijos de miembros de nuestro equipo. Mi meta es algún día ser lo suficientemente rentable para poder pagar la universidad hasta cierto nivel de los hijos de los miembros de nuestro equipo. ¿Será que eso atrae talento?

Actividades sociales

Además de alquilar un teatro y de los almuerzos semanales, intentamos organizar otras actividades sociales. Recuerdo la primera vez que éramos lo suficientemente grandes y teníamos el dinero necesario para pagar un sitio por toda la noche. Nos fuimos todos a un sitio especializado en spaghetti y luego a un lugar al lado para jugar con pistolas láser. Eran funciones privadas, exclusivas para nosotros, de manera que las disfrutamos mucho.

En una ocasión alquilamos una pista de patinaje sobre hielo con un espacio para patinar y otro para hockey, además de los perros calientes y las pizzas que ordenamos. Celebramos grandes picnics de verano en parques o campamentos privados, con miles de actividades divertidas para los más pequeños. Un año, durante uno de estos picnics, regalamos cinco automóviles. Hicimos subir al tablado a los dueños de los quince peores autos (cosa que en nuestro lugar es un distintivo de honor) y los rifamos entre ellos.

Nuestras fiestas de Navidad son leyenda. En épocas en las que otras compañías están haciendo recortes, nosotros le subimos a la fiesta de Navidad. Damos primas navideñas generosas, regalamos pases para restaurantes, boletos para cine e intentamos ingeniarnos nuevas actividades. Un año, justo cuando la mayoría de la gente estaba pensando que ya bastaba de comidas cinco estrellas, las puertas de atrás se abrieron y algunos vicepresidentes entraron empujando carritos con televisiones de pantalla plana, computadoras portátiles, iPod Touches, Xboxes, Wiis y dispositivos GPS, una verdadera feria electrónica. La mejor imagen de la noche fue la de todos los miembros de nuestro equipo esperando a los *valets* en la acera con hileras de televisiones y otros aparatos electrónicos para meterlos en los baúles de sus autos. Toda persona que ve u oye estas historias sabe que somos una compañía diferente. Cuando amamos a nuestro equipo es fácil atraer talento.

No olvide, sin embargo, que nuestra primera fiesta de Navidad fue en mi casa y que cada cual trajo un plato. Regalamos jamones campesinos que habíamos canjeado por avisos publicitarios en radio. Nuestro primer picnic de verano fue en un campamento cerca de un lago y yo conduje una lancha para que la gente esquiara. Empiece donde está, pero apunte siempre más alto.

Fondo de pensiones

Asignamos un porcentaje de las utilidades para reinvertirlo en el equipo. Este fondo paga por educación, 401(k)s, prestaciones y cosas como terapias de matrimonio, como dije anteriormente. Recurrimos a este fondo para enviar flores a los funerales o comprar pasajes de avión durante emergencias familiares. Usamos este fondo para todas las cosas de las que he hablado en este capítulo y muchas más. Tenemos un fondo de recursos humanos y otro de utilidades compartidas para mostrar nuestro aprecio a nuestro equipo, ambos se calculan como porcentajes de utilidades. Es así como ponemos nuestro tesoro en nuestro corazón.

Conclusión

Desarrolle un espíritu generoso por su equipo en general. No un espíritu de tolerancia ni uno que pague el mal desempeño, pero sí sea generoso con la gente que lo ayuda a triunfar. Comprenda que su equipo es su arma secreta. En las malas empresas se preocupan mucho por la utilidad trimestral asfixiando así a su arma secreta y matando la cultura que trae utilidades. Cuando en duda, sea generoso. Tendrá menos cosas de las cuales lamentarse y será más rentable porque atraerá y conservará gente muy talentosa y apasionada.

15

El manejo de "la soga"

Delegar: la mejor manera de desarrollar
una empresa más grande que usted

Aquella época, cuando nuestra hija mayor se preparaba para irse a estudiar a la universidad convirtiéndose así en el primero de nuestros vástagos en irse de casa, fue un tiempo emotivo y de reflexión. Era la primera vez que, como padres, soltábamos un hijo a la libertad. Mamá y papá águila sacaban del nido a un polluelo y observaban con tristeza y orgullo como la pequeña abría las alas y volaba con mucha más majestad de la que jamás imaginamos.

Al tiempo que nuestros hijos crecían y tomaban por sí mismos sus primeras decisiones adolescentes, les hablamos mucho sobre la confianza. Reconstruir la confianza era tan difícil como reconstruir a Humpty Dumpty. A los jóvenes Ramsey se les dijo, por tanto, con mucha claridad, que no fueran a quebrar esa confianza... si dices que vas a estar en tal lugar, más te vale que sea allí donde estás. Si dices que estás haciendo algo, más te vale que sea eso lo que haces. Un papá lo sabe todo, de manera que si mientes, se sabrá. Bueno, por lo menos los convencimos de esta idea como si fuera un hecho de verdad.

Les explicamos que si cumplían su palabra y los veíamos tomando buenas decisiones, más libertades se les darían. Imaginen que tienen una soga amarrada al cuello y que entre más confianza se vayan ganado, más se estirará la soga. Si mienten o toman malas decisiones por andar con malas compañías, la soga se encogerá. No hay nada que un adolescente anhele más en el mundo que "ser tratado como un adulto". De manera que si quieren una soga más larga, si quieren más libertad, entonces actúen más y más como actuaría un adulto. Así las cosas, si alguno llega más tarde de lo que prometió, la soga se acorta y para la próxima salida quizá la respuesta sea no. Los padres que permiten que sus hijos adolescentes anden por ahí con la libertad aún no conquistada de un adulto, son ingenuos y estúpidos. Criarán hijos sin noción de límites y por lo general terminarán en serios problemas. Los padres que utilizan una soga muy corta o una camisa de fuerza, impidiendo así que los adolescentes desarrollen jamás esa capacidad emocional que se necesita para tomar decisiones sabias, son demasiado controladores y criarán hijos que se enloquecen en el primer semestre en la universidad porque no saben cómo tomar decisiones sensatas.

Aquella semana, la misma en la que cargamos el auto con las cosas de quien pronto remontaría el vuelo para ir a la universidad, se me ocurrió una gran idea. Me detuve frente a la tienda local de mercería y compré una extensión de soga. La enrollé y la até con cintas. Una cinta morada para su camino espiritual, una roja para su vida académica, una blanca para la pureza sexual, una amarilla para que tuviera la seguridad de que su casa siempre la estaba esperando y una color naranja porque iría a la Universidad de Tennessee. Nos reunimos toda la familia en el cuarto de juegos y le entregamos la soga. Le dije que estábamos muy orgullosos de la joven y madura mujer de Dios en la que se había convertido. Le recordé que gracias a su comportamiento en la vida se había ganado nuestra confianza, que era digna de nuestra confianza. Que ahora se disponía a viajar varios cientos de kilómetros y por tanto tendría que tomar sus propias decisiones en todos los aspectos de su vida. Que estábamos seguros que podría hacerlo. Le dije que ahora estábamos de pie tras ella, no sobre ella. Que lo que ahora celebrábamos era un rito de iniciación. Todos lloramos. Fue maravilloso.

Dos meses más tarde la visitamos en su residencia de estudiantes y allí, en la cabecera de su cama, estaba la soga. ¡Uf! Yo había imaginado que aquel regalito cursi estaría escondido en el fondo de una caja. Pero no, la soga en su dormitorio se había convertido en una leyenda. A medida que el cuento se propagó, otras niñas venían a su dormitorio para oír la historia y ver la soga. Poderoso.

Equipos y adolescentes

El arte de delegar responsabilidad en su equipo se parece al asunto de alargarles la soga a nuestros hijos adolescentes. Obvio que en este caso estamos lidiando (o deberíamos estar lidiando) con adultos y por tanto hay algunas diferencias, pero en esencia, delegar es alargar la soga.

Por último, no primero

Este capítulo sobre la delegación de responsabilidades es el último de este libro, no el primero. Hasta ahora he cubierto el asunto de cómo levantar y crear debidamente una empresa y un equipo. Mientras no haya hecho las cosas que hasta este punto se han cubierto en este libro, su organización no estará aún lista para delegar como se debe.

Los líderes que apenas comienzan siempre me preguntan cómo deben delegar para hacerlo bien. Cuando me convertí en el joven dueño de una empresa, yo quería contratar rápidamente gente para que realizara las tareas y metas con las que yo no quería lidiar. Es más, quería que la gente me leyera la mente e hiciera las cosas que a mí no me gustaba hacer. Es probable que esto de delegar sea el asunto menos bien entendido y del que más se abusa en el área del liderazgo. Cuando le delegamos algo a alguien de manera indebida, armamos un tremendo embrollo y le sumamos más drama a nuestras vidas del que podemos soportar. Sin embargo, cuando preparamos bien la cultura que se respira en nuestra organización, cuando contratamos y conservamos solo a la gente indicada, cuando creamos unidad y lealtad, reconocemos los logros y, por último, remuneramos con creatividad, entonces la delegación de responsabilidades y tareas será la alegría de su vida. Convertido en un emprelíder maduro, recibirá muchas satisfacciones al ver cómo su organización funciona sin contratiempos, deja utilidades y tiene un alma rica.

El talento no basta

Delegar en gente desmoralizada en medio de una cultura arruinada simplemente no funciona, no importa cuánto talento tenga. En el capítulo 11 hablé sobre el fracaso de compañías en Estados Unidos en su intento por contratar talento cuando dicha persona no juega bien con los demás. Caemos en el equívoco de creer que el talento califica a una persona para que se pueda delegar en ella; pues no.

Un líder solo puede delegar en alguien en la misma medida que dicho líder y dicho miembro del equipo sean maduros. Y para que una cultura de equipo se pueda conformar, se necesita antes que todo el equipo alcance madurez emocional y relacional. Si no hay una cultura de equipo de buena calidad, no le será fácil delegar en verdad y a satisfacción.

Trabaje en su negocio

Michael E. Gerber escribió un libro maravilloso titulado *El mito del emprendedor*. La tesis del libro es que debemos aprender a trabajar "en" nuestro negocio antes que "dentro de" nuestro negocio. Allí esboza la historia de una nueva pequeña empresa en crecimiento que se dedica a hacer pasteles. Al comenzar, la dueña hace los pasteles, pero si se queda en ese nivel, solo será dueña de su trabajo. De manera que nuestra meta necesita ser la de crecer a modo personal lo suficiente como emprelíder para luego poder delegar. Nuestra primera experiencia de estar trabajando *en* nuestra empresa y no simplemente *dentro de* nuestra empresa, se da cuando emocional y estructuralmente aprendemos a delegar. La primera vez que levantamos la cabeza y comprendemos que estamos a ese nivel, sentiremos algo similar a lo que ocurre cuando por primera vez logramos mantener el equilibrio y pedalear aprendiendo a montar en bicicleta. Es emocionante y sentimos un nuevo nivel de libertad que no habíamos sentido antes.

Construya la cultura y el equipo

El proceso de construir un equipo y una cultura en donde se pueda delegar con tranquilidad y sin tropiezos es largo pero gratificante. Delegar con pocos resultados negativos implica una tremenda inversión. En nuestra actual cultura de los hornos microondas las compañías suelen contratar un talentoso miembro de equipo y creen ridículamente que basta agregarle agua y obtendrán un líder instantáneo listo para delegar en él. Para que una verdadera delegación se geste y crezca, es menester primero haber preparado el terreno, y después faltan todavía tiempo y sudor para sembrar y recoger la cosecha.

Si disponemos de una magnífica cultura, de un excelente proceso de contratación y somos un emprelíder consumado, aun así todavía toma más tiempo educar al nuevo talento en los valores esenciales y los principios operativos. En una ocasión contratamos a un líder de alta calidad que venía de otra compañía para que trabajara en nuestra empresa y liderará un área en problemas. Es talentoso y muy brillante. Sin embargo, al contratarlo, no nos limitamos a arrojarle las llaves, desearle suerte y darnos vuelta. Su líder y yo estuvimos con él y, al comienzo, estuvimos involucrados en todas y cada una de las decisiones que el hombre tomó. A medida que el tipo demostraba lo que podía hacer —no su talento sino que entendía nuestra misión y valores esenciales— más le alargábamos la cuerda. El tipo es un pura sangre, de manera que varias veces nos vimos obligados a tirar de las riendas un par de veces y proceder a una de esas instancias pedagógicas sobre ciertos conceptos. Y, a medida que fue capaz de ir terminando nuestras frases, más soga y más libertad se le dio.

La fórmula mágica

¿Estaba buscando la fórmula mágica para cómo delegar? Aquí la tiene. ¿Está listo? Para que un emprelíder delegue con éxito, lo primero que necesita es confiar en la *integridad* y *competencia* de los miembros del equipo. La gente sabia y sensata solo le confía las cosas importantes a otra cuando ha pasado un tiempo con ella. Mientras más importante la instancia de delegación, más importante será que pasemos tiempo con la persona para asegurarnos de que ésta entendió. Ahora, lo de "importante" puede ser relativo; lo que es importante para una empresa puede no serlo para otra. Cuando empezábamos y no disponíamos de dinero, el precio que pagábamos por el papel para las fotocopias era importante para permanecer abiertos. Hoy en día, si alguien la embarra y paga el doble por nuestro papel, pues la cosa no nos va a obligar a cerrar la empresa. No quiero decir por eso que ahora pasemos por alto los detalles, pero antes era yo quien solicitaba el papel y hoy la verdad es que no me estreso por quién solicita el papel ni lo que pagamos por ello.

Si maneja una pequeña o mediana empresa y le entrega todas las decisiones financieras y deberes contables a alguien cuya trayectoria no ha conocido lo suficientemente bien, se está exponiendo a un atraco. Conozca pues, durante un buen tiempo, a la persona que trabajará con su dinero. Y no basta con la recomendación de su trabajo anterior.

Cuando dije con anterioridad que la construcción de un equipo y de una cultura organizacional en la que se pueda delegar sin sobresaltos es un proceso largo, lo dije porque toma tiempo confiar en la integridad y competencia de la gente. Además de pasar enormes bloques sólidos de tiempo físico para crear una relación que fomente confianza suficiente para que podamos delegar, también podemos recurrir a sistemas de seguimiento y de informes. En la actualidad podríamos contratar a un nuevo asistente de cuentas por pagar y permitirle que firme cheques a la primera semana. Pero lo podríamos hacer no porque en ese tiempo hubiéramos llegado a confiar plenamente en él, sino porque el tipo no vive en una isla, queriendo decir por ello que disponemos de cantidades de sistemas y supervisión.

Integridad

Solo delegamos tareas importantes y complicadas en alguien cuando confiamos en su integridad. Es por eso que no hago el menor esfuerzo por rescatar a un miembro del equipo que roba; simplemente lo despido en el acto. Una vez han robado ya no puedo confiarles nada. Es por ese mismo motivo que despido a un miembro del equipo que se involucre en una relación extramarital. Si su cónyuge no puede confiar en él o ella, tampoco puedo yo. Para efectos de la cultura empresarial y la delegación, la confianza es esencial. Solo puedo delegar en alguien en la misma medida que confíe en su integridad.

Y la integridad es más que simplemente decir la verdad y no robar, aunque este par de cosas ciertamente son fundamentales. Mi amigo el doctor Henry Cloud escribió un libro en el que nos da su opinión sobre lo que él entiende por integridad y se titula así: *Integridad*. En su libro explica que la palabra "integridad" viene de la raíz latina *integer* que significa número entero. Un entero es un término matemático que aprendimos en la escuela primaria; un número entero es uno que solo se puede dividir por sí mismo y por lo tanto no tiene fracciones. Una vida sin fracciones es una vida *entera*, indisoluble, íntegra. La integridad, explica Henry, es en verdad una vida vivida en plenitud. Si usted o yo actuamos de manera distinta con distintas personas, nuestro comportamiento será hipócrita. Si en términos generales no nos comportamos del mismo modo todo el tiempo, estamos fracturados, divididos, no enteros o, en otras palabras, carecemos de integridad. Cuando la gente ve que actuamos de manera irregular en distintos lugares, no confiará en nosotros. El predicador que es muy santo y muy dulce con sus feligreses pero un terror en casa perderá toda influencia sobre sus hijos. Aunque quizá todavía ni siquiera puedan deletrear la palabra "hipócrita", entenderán perfectamente bien qué es ser uno. El empleado que es una persona en el trabajo y otra completamente distinta en un ámbito social no funciona de manera integral y le causará problemas.

Este concepto de plenitud como equivalente a integridad es otra de las muy buenas razones por la cual hacemos las entrevistas de cónyuges de las que hablé en el capítulo sobre contratación y despido de personal. Cuando nos relajamos sentados alrededor de la mesa para disfrutar una comida, la gente baja la guardia y revela más sobre quién es que lo que revelaría en una entrevista. Así, a mayor el número de conversaciones y entrevistas que tengamos con una persona en distintos ambientes, mayores posibilidades tendremos de ver a la persona como realmente es. Da mucho placer encontrar personas tan seguras de sí mismas que no importa cuánto tiempo pasemos con ellas siguen siendo siempre igual.

Tengo un amigo dueño de una pequeña empresa que, cuando va a contratar a un posible líder, siempre invita a cenar a su casa al candidato potencial y su cónyuge y les pide que lleven a sus hijos. La manera como el (o la) posible líder trata e interactúa con sus propios hijos es un gran indicador de cómo va a liderar. Críos indisciplinados y rudos comportándose mal por toda la casa de mi amigo son un gran indicador de que la persona no es un líder. De otro modo, unos niños timoratos y excesivamente disciplinados, como pequeños robots y con personalidades opacas, indican que tiene a un maniático del control y el orden o a un tirano ante sí. Si los niños se muestran seguros de sí, se comportan bien y se sienten cómodos frente a otros adultos, es probable que mi amigo haya encontrado al líder de calidad que buscaba.

Contratar personal en busca de plenitud es contratar integridad. Entre más tiempo trabaje con alguien y pueda ver regularidad en su vida y trabajo, más asuntos le podrá delegar. De lo contrario, si le entrega grandes responsabilidades a gente que no se ha probado, se enfrentará a toda suerte de dramas y problemas. No se apresure al delegar.

El mero hecho de que alguien haga un magnífico gol no significa que deba entregarle las llaves de su reino. La maravilla que hizo el golazo con frecuencia se convierte en el favorito de todo el mundo que lo rodea, pero eso realmente no significa que sea una persona de probada integridad. Ser competente o talentoso en un área de la vida no necesariamente indica plenitud, integridad. Todos hemos cometido el pecado de atribuirle integridad o plenitud a alguien simplemente porque es muy talentoso en un área. Pero cuando cometemos ese error, siempre nos veremos defraudados.

Un ejemplo de lo anterior ocurre cuando alguien se hace famoso por algún talento en particular, ya se trate de un atleta profesional o una estrella del rock o un actor. Nos volvemos fanáticos de su desempeño de talla mundial y equívocamente les atribuimos una plenitud que no tienen. Resulta que porque una persona pueda tocar bien una guitarra, eso no significa que sea una gran esposa. Que alguien sea capaz de atrapar por los aires un balón de fútbol americano, no significa que pasado el tiempo no termine en bancarrota después de haber ganado millones de dólares al año. Resulta que solo porque alguien es una gran estrella del cine que nos mueve a lágrimas, no significa que no pasará la mayor parte de su vida entrando y saliendo de instituciones de rehabilitación. El público se desgañita y dice: "¿Pero cómo puede ser? ¡Se supone que usted es un modelo a seguir!". El futbolista se da vuelta para enfrentar las cámaras con una mirada curiosa y dice: "¿Modelo a seguir? Yo pensé que jugaba al fútbol". Por esto no quiero decir que la gente expuesta a la mirada del público no debiera hacer esfuerzos por comportarse, pero sí estoy diciendo que no se ganó la fama por su carácter y plenitud, se la ganó gracias a un talento particular, de manera que es culpa nuestra haberle atribuido algo que no constituye su particular plataforma.

Así que no le delegue a nadie el derecho de ser su modelo a seguir a menos de que dicha persona demuestre con el paso del tiempo la integridad, la plenitud, de su vida.

A los atletas, actores y músicos se les debe respetar su talento y, cuando demuestren ser hombres y mujeres de carácter, pues los respetaremos por su carácter. Es lo menos que podemos hacer. Billy Graham es respetado y conocido alrededor del mundo por su carácter, y bien que lo merece, ya que fue precisamente su *carácter* lo que lo dio a conocer, no tocar el piano. He tenido el placer de llegar a conocer a Tony Dungy, un director técnico de talla mundial, otrora de los Colts. Se dio a conocer y a respetar por su capacidad como director técnico de fútbol americano de talla mundial. Con el paso del tiempo y gracias a su influencia, poco a poco se ha ampliado a ojos del público como un gran hombre y un gran líder. El caso de Tony es un buen ejemplo del público atribuyéndole acertadamente a alguien cualidades más allá de su talento. Pero es perfectamente posible ser un técnico de su talla y no ser un gran hombre; me he cruzado también con esos otros. De manera que no le delegue a nadie el derecho de ser nuestro modelo a seguir a menos de que dicha persona demuestre con el paso del tiempo la integridad, la plenitud, de su vida.

Competencia

Cuando nuestros hijos adolescentes estaban aprendiendo a conducir, tuvimos algunas discusiones interesantes con los padres de sus amigos. Otros padres decían cosas como "¿No te mueres de la angustia cuando tu hijo sale solo a conducir?" o "La primera vez que salieron por el portón del garaje y vi las luces traseras de freno quedé aterrada, ¿no les pasó lo mismo?". No, no me morí de la angustia ni me aterré. Si no hubiera trabajado para confiar en la competencia de mis hijos, jamás habrían salido del garaje. Antes de pasar horas y horas sufriendo sacudones en el asiento del pasajero hasta que sentí que ya eran competentes, no los iba a dejar conducir solos. De modo que cuando mi hijo adolescente salió del garaje, no me aterré… entre otras cosas porque habíamos hablado y visto ejemplos de "idiotas al volante". Y a lo largo del tiempo mis hijos han demostrado un buen nivel de competencia, de lo contrario no habrían salido.

No podemos delegar en alguien mientras no confiemos en su competencia. Y no hay mejor forma de confiar en la competencia de alguien que acompañarlos mientras despliegan sus conocimientos y habilidades. Hemos subido a bordo gente probadamente talentosa muchas veces, pero igual no les entregamos las llaves el primer día. Para que en nuestro equipo consideremos competente a alguien, dicha persona debe tener la capacidad no solo de realizar la tarea sino de realizarla acorde a nuestra cultura. Un equipo de la liga profesional de fútbol puede reclutar un receptor de talla mundial cuya habilidad para recibir el balón sea magistral, pero su competencia será limitada mientras aprende a jugar siguiendo el cuaderno de estrategias del equipo y se ajuste al ritmo de su *quarterback*. Tendrá que pasar muchos días estudiando el cuaderno de estrategias y practicando con el *quarterback* antes de que nada ocurra de manera regular.

No crea que porque contrató talento su dueño es competente. La competencia es mucho más que la mera capacidad para desempeñar la tarea. La competencia implica *cómo* se realizó dicha tarea. ¿Cómo se sintió toda la gente involucrada? ¿Se manejaron bien todos los problemas tratados? ¿Se consideraron todos los inconvenientes? ¿Se tuvieron presentes consideraciones financieras como flujo de caja y utilidades? Si cuando realizamos uno de nuestros eventos en vivo en un escenario para doce mil espectadores y los todos los asistentes pasan una tarde maravillosa, solo una parte de la competencia le corresponde a mi coordinador de eventos en vivo. Si el personal del lugar que sirvió de escenario fue maltratado e insultado, con seguridad vamos a tener problemas la próxima vez que queramos contratar otra fecha allí. Si no se manejaron bien los asuntos con el jefe de bomberos y se descuidó el asunto del estacionamiento, vamos a tener un pulso con alguien la próxima vez que volvamos. Si no hubo utilidades porque no se controlaron los gastos o no pudimos pagar el arriendo del lugar a tiempo porque no planeamos bien lo de disponer de suficiente efectivo, bueno, pues el evento no fue un éxito. La competencia tiene que ver con muchas más cosas que la mera realización de la tarea; también tiene que ver con cómo se realiza la tarea.

En calidad de emprelíderes, jamás esperamos lo que no inspeccionamos. Nunca le suelte toda la soga a un miembro del equipo, ni siquiera a un líder. Tenga siempre en la mano el extremo de la soga, observando y midiendo integridad y competencia. A mayor la importancia de lo delegado, más deben cambiar sus métodos de inspección, pero igual jamás otorgue el 100% de la supervisión. Renunciar a eso no es más que pereza en el liderazgo y hará que su organización se aparte de su visión. Un emprelíder que lleva quince años en mi equipo y lidera cientos de personas dentro de una división que genera decenas de millones de dólares solo amerita una inspección de concepto y problema. Los emprelíderes como él en mi equipo tienen enormes cantidades de libertades que corresponden a los años de competencia e integridad que han desplegado. En principio, me limito a observar los informes de utilidad y ventas en busca de cualquier señal de problemas a ese nivel. Por otro lado, una persona que acaba de entrar a trabajar con nosotros tendrá mucho menos soga a la mano para realizar su trabajo hasta que haya demostrado que entiende nuestra cultura. Quiero formar emprelíderes que terminen mis frases, en otras palabras, que sepan automáticamente cuál es la siguiente jugada.

Niveles de delegación

El doctor Stephen Covey, en su libro *Principle-Centered Leadership*, habla de distintos niveles o capas de delegación. Para entender un poco mejor esto de delegar como es debido, examinemos solo dos de tales niveles, uno en cada extremo del espectro. Los sistemas y los procesos tienen un límite cuando se trata de verificar cosas como la integridad y la competencia. De modo que debemos asegurarnos de que a nuestro equipo se le esté permanentemente enseñando el "por qué" de nuestra organización y luego dejar que el "cómo" fluya a partir de allí.

Los toderos

El nivel más elemental de delegación es el que se da cuando delegamos asuntos entre los toderos. La delegación a nivel de los toderos por lo general se da entre los recién llegados o cargos temporales a quienes se les asignan tareas sencillas fáciles de verificar. En ese caso si la persona sacó la fotocopia, entregó la caja o clavó la puntilla, la persona es competente. La gente a la que se le pide que "vaya por esto" o "traiga aquello" tiene un cargo de todero.

Si usted empieza su negocio y en ese momento es una operación de un solo hombre, entonces se puede decir que una de dos: usted está haciendo o mandando a hacer el 100% de las tareas. Por lo general la primera persona que contrata es un todero. Y es una buena contratación porque resulta práctico y fácil de liderar. No necesitará años de construcción de cultura empresarial de calidad para guiar al todero, todo lo que debe hacer es indicarle con detalle lo que quiere que haga y luego revisar todas y cada una de las tareas encomendadas. En el proceso estará aprendiendo a inspeccionar, delegar, comunicar, establecer áreas de resultados clave y empezar la construcción de una cultura de empreliderazgo con todos los fierros.

Administración

Covey habla de muchos niveles y capas de delegación, pero ubica completamente en el otro extremo del espectro la delegación a nivel administrativo. A este nivel no se delegan tareas; estamos, más bien, delegando conceptos que implican tareas, quizá miles de tareas.

Hace unos pocos años, construimos una casa a la medida. El constructor era excelente y nos hicimos amigos a lo largo del proceso. Una vez acordamos el presupuesto, los planos y el cronograma, oficialmente le había delegado al constructor el concepto de construir nuestra casa. Ese concepto implicaba un millón de detalles, cientos de personas y muchos meses de producción. Mi manera de inspeccionar el proceso de construcción consistía en reunirme una vez a la semana para revisar el cronograma, el presupuesto y hacer algunas correcciones menores de rumbo. Debido a mi entusiasmo visitaba el lugar de la construcción varias veces a la semana. Sin embargo, jamás llamé a un lado a un subcontratista para corregir problemas. Simplemente tomaba unas notas y se las enviaba por correo electrónico al constructor esa misma noche al llegar a casa para que él se encargara de los ajustes. Los clientes que mandan a hacer casas a su gusto y medida son los peores a la hora de delegar y después intervenir. Cuando el cliente corrige a un subcontratista, todo el espíritu de la obra en construcción cambia por la sencilla razón de que el cliente ha pisoteado la autoridad del constructor. Estoy convencido de que una de las razones por las cuales la casa estuvo lista con casi dos meses de anticipación y con un desfase de solo el 2% en el presupuesto se debió a buena delegación y liderazgo. El constructor demostró, de manera continua, su competencia e integridad a lo largo del proceso.

El proyecto se inspeccionó físicamente y sobre el papel semanalmente para hacer correcciones de rumbo menores antes de que se volvieran un berenjenal mayor. El resultado fue una gran casa, un presupuesto cumplido y a tiempo y una nueva amistad. Compare ese resultado con la experiencia de la mayoría de la gente que manda a construir una casa y termina casi divorciándose de la esposa y demandando al constructor. En breve, cuando delegamos un concepto estamos implicando miles de detalles, pero nos encargamos de liderar el concepto y de inspeccionar el concepto. Cuidar de los detalles es asunto de su equipo.

Microadministración

Los microadministradores son líderes que nunca delegan bien. En el mejor de los casos, son buenos jefes. El microadministrador es aquella persona que no es lo suficientemente segura de sí misma como para delegar tareas o conceptos a pesar de que la integridad y competencia hayan sido demostradas repetidamente. Los microadministradores son maníacos del control o personas con escasa madurez emocional.

El microadministrador es como la suegra entrometida que insiste en "ayudar" dando instrucciones después de que la pareja ya lleva diez años de casados. Si se encuentra microadministrando cada nimio matiz y cada detalle jamás hará de su empresa una *en* la que trabaje en vez de una *dentro de* la que trabaja. Y haciendo las veces de microadministrador tendrá muchas dificultades a la hora de atraer y luego conservar gente de alta calidad porque dicha gente no se aguantará esa basura.

Microadministrar en mala hora

Hay una buena hora para microadministrar y dos malas. Empecemos con las malas. Si su microadministración es resultado de su propia falta de seguridad en sí mismo o debida a inmadurez emocional, el capítulo 1 es para usted. En este caso, usted mismo es el factor que está limitando su empresa y eso se puede cambiar.

Si su microadministración es resultado de la incapacidad de su equipo para demostrar su competencia o integridad, entonces es un problema del equipo. Hace un par de años tuve a un jovencito que apenas duró noventa días. Su trabajo era pésimo, le gustaba el melodrama y además sobrevaloraba sus capacidades más de la cuenta. Vino a mi oficina el día que renunció a enseñarme mi problema. Dijo: "La razón por la que me marcho es que, a pesar de mi talento y educación, usted no puede dejar de microadministrarme. Un tipo como yo, con un MBA debería ser dejado en paz para que pueda hacer su trabajo". Al parecer en el currículum de su maestría no le explicaron muy bien los principios básicos de la delegación. En medio de su inmadurez se sintió microadministrado cuando en realidad el tipo no había pasado tiempo suficiente con nosotros para que pudiéramos confiar en él. Todavía teníamos papel higiénico que llevaba en el edificio más tiempo que él y ya quería que le largáramos las llaves del reino.

Si se encuentra incapaz de dejar de microadministrar, pregúntese si su equipo puede tener un problema. Quizá se vea obligado a reorganizar o a incorporar más gente talentosa que sea capaz de ganarse el derecho a que deleguen en ella. De hecho, si su equipo deja caer el balón continuamente, es natural que microadministre hasta que no lo dejen caer o usted incorpore algunos nuevos miembros a su equipo.

La buena hora para microadministrar

Como joven líder solía pensar que no era correcto microadministrar cuando una persona de calidad se había incorporado a mi equipo. Pero ahora que me he vuelto muy bueno para delegar, he comprendido que cuando una persona ingresa a mi equipo por primera vez, hasta que demuestre su integridad y competencia, lo que hago no es microadministrar sino capacitar. Debemos observar cada detalle y tocar todas las teclas hasta que veamos que la persona puede hacer el trabajo. La competencia se puede demostrar con mucha rapidez cuando se trata de cosas básicas, y verla nos permite soltar gradualmente la soga, alargarla. Pero las cosas más complicadas requieren más capacitación y mayor participación nuestra antes de que esa confianza se desarrolle. Esta capacitación no es microadministrar, aunque así se sienta. Esta capacitación es un emprelíder sirviendo como miembro del equipo. Esta capacitación puede ser el proceso gradual de pulir un diamante en bruto hasta convertirlo en un gran emprelíder en su equipo dentro de cinco años.

Autoridad

Si lo que quiere es destruir completamente la cultura de empreliderazgo de su organización, basta con que vulnere una regla muy sencilla: nunca jamás le otorgue responsabilidad a alguien sin la autoridad para desempeñarla. Es muy probable que cuando una persona recién ingresa a nuestro equipo no se le den cantidades enormes de autoridad, pero entonces tampoco los considero responsables.

Si considero a alguien responsable de algo, si lo puedo llamar para que me rinda cuentas, por ejemplo, del costo de un artilugio que se produce en su departamento y al mismo tiempo microadministro su selección del vendedor, la persona se desmoralizará. Debo salirme de mi zona de confort y conceder el poder de la toma de decisiones a esa persona que considero responsable de unos resultados.

Nombramientos y títulos no hacen líderes, de manera que si hacemos el nombramiento y a esa persona le exigimos unos resultados, también tenemos que darle la autoridad para actuar. La responsabilidad sin autoridad es una bomba explosiva que puede acabar con un cargo. Hasta finales de la década de 1980, el gerente de una sucursal local de un banco con frecuencia estaba autorizado para prestar entre $50.000 y $100.000. Eso significaba que ese gerente de esa sucursal podía prestar esa cantidad de dinero como resultado de su propia decisión, de su propio criterio, sin tener que consultarlo con ningún comité, ni siquiera con su jefe. El gerente de sucursal de aquellos viejos tiempos era un señor respetado en la comunidad y con frecuencia un baluarte de la misma. Aquellos gerentes de banco eran por lo general personas con sabiduría, no solo con conocimientos académicos, y tenían en cuenta múltiples variables a la hora de prestar.

Hoy quedan muy pocos de esos cargos o de esa gente todavía en la banca. Si nos cruzamos con uno, por lo general estará en un banco comunitario. Los megabancos han centralizado toda la toma de decisiones, hasta tal punto que un típico gerente de una sucursal hoy no puede tomar una decisión de $3.000 sin aprobación. Hoy por hoy, los gerentes de sucursales de los megabancos se han convertido en poco más que cajeros pretenciosos. Se les entrega la responsabilidad de la producción de préstamos, pero no la autoridad para producir esos préstamos basados en su buen juicio. El resultado es una industria embrutecida que en la mayoría de los casos ha perdido su alma.

Cuando una organización o sus líderes empiezan a repartir responsabilidad sin autoridad, están indicando que tienen gente en cuya integridad y competencia no confían. Ese es el síntoma de una empresa que dejó atrás la calidad de su equipo y que entraron al comienzo de su fin.

Ronald Reagan dijo: "Rodéese de la mejor gente que encuentre, delegue autoridad y no interfiera".

Conclusión

Este es un tipo distinto de libro sobre empresas y liderazgo. Sus páginas abarcan desde filosofía del liderazgo de alto nivel hasta la mecánica diaria de iniciar un negocio en su sala de estar. Tan amplio alcance en ocasiones dificultó enviar el mensaje y resaltar el sello del libro de manera adecuada. ¿Se trata en verdad de un gran libro sobre el liderazgo que cualquier persona que aspire a liderar podría leer? Sí, eso espero. ¿Acaso se trata de una guía para alguien que quiere saber cómo empezar y dirigir una pequeña empresa? Sí, eso espero.

Desde el momento en el que empezamos este proyecto hasta ahora que digito estas últimas palabras, mi meta ha sido compartir con usted nuestro cuaderno de estrategias, que a su vez dio pie para que nuestra empresa alcanzara éxitos que desbordaron mis sueños más descabellados. Para compartir nuestro cuaderno de estrategias con precisión y transparencia era menester cubrir un amplio espectro de temas. Hemos cubierto tales temas en un esfuerzo para servirle al tiempo que usted hace crecer su organización y/o que usted crezca dentro de su organización.

Lo invito a que cada día se convierta en un mejor emprelíder a partir de hoy. Estoy convencido de que las capacidades del liderazgo de calidad, de altura, siempre serán valiosas en el mercado. Estoy seguro de que la pasión del empresario es una habilidad siempre bienvenida en el mercado. Estoy seguro de que hemos sido tan exitosos porque Dios decidió bendecirnos entre otras cosas porque trabajamos muy duro para hacernos no solo líderes y no solo empresarios sino emprelíderes. También estoy seguro de que Dios le otorgará su bendición en el mismo viaje. ¡Vamos, salga al mundo y marque una diferencia en la manera como se conduce un negocio!

Recursos extras en línea sobre el empreliderazgo

Tenía muchas más cosas que decir sobre la construcción y la conducción de su negocio, pero mi editora me pidió que dejara de salir con más grandes ideas... en otras palabras, ¡me cortó! De manera que, y solo para fastidiarla, vamos a continuar esta conversación agregando cantidades extra de grandes fuentes y recursos en línea, entre ellos varios exclusivos capítulos demás. Le será posible descargarlos y seguiremos aportando recursos regularmente. Lo invito a que nos visite en www.entreleadership.com.

Capítulos extra

- *Ad nauseam*: para curar su relación de amor odio con la publicidad

- La plata no crece en los árboles, crece en línea: diseñar una estrategia web que funciona

- Leyendo las cifras: la contabilidad cuenta la historia de su negocio

- La intersección: navegando las distintas maneras de ser dueño de negocios

- Las llaves del reino: haciendo la transición de su negocio de una generación a otra

- Usted, Inc.: crear su jubilación para que sea tan grande como su negocio